Dom Luís de Orléans e Bragança

Dom Luís de Orléans e Bragança

peregrino de impérios

Teresa Malatian

Publishers: Joana Monteleone/ Haroldo Ceravolo Sereza/ Roberto Cosso
Edição: Joana Monteleone
Editor assistente: Vitor Rodrigo Donofrio Arruda
Revisão: Íris Morais Araújo
Projeto gráfico e diagramação: Marília Reis
Capa: Marília Reis

CIP-BRASIL. CATALOGAÇÃO-NA-FONTE
SINDICATO NACIONAL DOS EDITORES DE LIVROS, RJ

M197d

Malatian, Teresa M. (Teresa Maria), 1949-
DOM LUÍS DE ORLEÁNS E BRAGANÇA: PEREGRINO DE IMPÉRIOS
Teresa Malatian. -
São Paulo: Alameda, 2010.
268p.

Inclui bibliografia
ISBN 978-85-98325-96-5

1. Bragança, Luís de Orleans e Bragança, 1878-1920. 2. Monarquia - Brasil - História. 3. Monarquistas - B,rasil - História. 4. Brasil - História - Império, 1822-1889. 5. Brasil - História - República Velha, 1889-1930. I. Título.

10-3971. CDD: 923.181
CDU: 929.731(81)

020874

[2010]
Alameda Casa Editorial
Rua Conselheiro Ramalho, 694, Bela Vista
CEP 01325-000 São Paulo – SP
Tel. (11) 3012-2400
www.alamedaeditorial.com.br

Sumário

Apresentação

Em 26 de janeiro de 1878 nascia em Petrópolis D. Luís, o segundo filho da princesa Isabel e de Gastão d'Orléans, conde d'Eu. Após a proclamação da República, grandes transformações atingiram a família imperial brasileira, que passou a residir na França. Nesse contexto D. Luís acabou por assumir a posição de príncipe imperial e manifestou-se ao longo de vários anos publicamente no Brasil a favor da restauração do trono. Entre seus empreendimentos nesta direção, destacou-se a tentativa de entrada no país em 1907, quando tentou romper o bloqueio do banimento imposto a sua família pelo governo provisório da República. A viagem frustrada do neto de D. Pedro II foi amplamente noticiada pelos jornais e o episódio alcançou grande repercussão nos meios políticos.

No ano seguinte, assumiu o papel de príncipe imperial, em decorrência da renúncia do irmão mais velho, D. Pedro de Alcântara, à posição dinástica. Sua figura jovem, com formação militar, seu interesse pelo Brasil e pela política valeram-lhe ser apontado por Martim Francisco Ribeiro de Andrada como o "príncipe perfeito", o primeiro desde a queda da Monarquia a declarar-se pretendente ao trono.

Neste trabalho coloca-se em pauta a vida e a atuação política de D. Luís, numa retomada do tema do monarquismo durante a Primeira República, pouco estudado pela escassa historiografia sobre o tema. Objeto de diversos artigos publicados em jornais e revistas, nunca D. Luís foi biografado na extensão de toda sua vida. Sua atuação constitui ainda tema lacunar, inclusive porque a reação dos monarquistas brasileiros aglutinados no Diretório do Rio de Janeiro aos seus atos nem sempre foi de aceitação. Saídos dos revezes sofridos pelos golpes e pelo apoio a revoltas desde o 15 de novembro, especialmente em 1900, 1902 e 1904, em 1907 estavam desmobilizados. Porém outro núcleo do movimento restaurador , o Diretório Monarquista de São Paulo, procurava agregar militantes em torno da causa em refluxo. D. Luís tornou-se seu principal interlocutor em uma parceria muito ativa até 1914.

A ação do príncipe deu-se no sentido de reerguer o movimento mediante propaganda e alianças políticas, notadamente com Hermes da Fonseca. Em 1909, lançou seu primeiro manifesto com a intenção de retomar a propaganda da causa e fundar novos centros de militantes. Por esta razão, vários foram os apelidos que recebeu. Príncipe perfeito ou perfeitíssimo, disse Martim Francisco; príncipe socialista, rebateu Gilberto Freyre; príncipe viajante, disseram muitos. Para o movimento monarquista, o D. Sebastião brasileiro, o esperado restaurador do Império.

Chama a atenção um tema de sua plataforma política: a menção ao chamado *problema operário*, parte de um projeto de governo monárquico atualizado aos tempos, em lugar da defesa da mera reprodução do Império de D. Pedro II. A proposta de uma monarquia amparada em legislação social revela um observador atento da sociedade de sua época. Outro tema de seu programa político, a defesa da federação, permitiu articulações com a dissidência oligárquica.

D. Luís não alcançou a revogação do banimento da família imperial, ocorrido pouco depois de seu falecimento prematuro, aos 42 anos de idade. De seu casamento com a D. Maria Pia de Bourbon-Sicília, da casa real das Duas Sicílias, nasceram três filhos, D. Pedro Henrique, D. Luís Gastão e D.Pia Maria.

O estudo deste personagem original e relevante da Primeira República insere-se na renovação historiográfica que na última década tem se ocupado da vida dos membros da Família Imperial visitando os membros desconhecidos, realizando revisões e novas abordagens.Uma biografia clássica segue a ordem cronológica e procura abordar exaustivamente os aspectos principais da vida e da obra de um indivíduo. Neste caso, a opção foi analisar alguns aspectos seletivamente, segundo a relevância para a história política, combinando a linha cronológica com o tratamento temático.

O acesso à documentação abrigada nos arquivos da família imperial em São Paulo (Pró-Monarquia) e Petrópolis (Museu Imperial e Arquivo Grão-Pará) além de arquivos privados, tornou possível a pesquisa. A tradução dos documentos , a não ser quando indicado, foi feita pela autora, seguindo a pontuação original dos manuscritos, atualizando porém sua ortografia.

A lista de agradecimentos corre o risco da incompletude. Amigos foram inestimáveis na emulação, diálogo e busca de fontes, abrindo portas e oferecendo generosamente seus acervos, discutindo pontos controversos. São em grande medida responsáveis pelos resultados da pesquisa. D. Luiz de Orleans e Bragança abriu os arquivos privados da Família Imperial em São Paulo. Antonio Aprígio Pereira acompanhou com seu zelo e generosidade infinita todos os passos da pesquisa desde sua concepção. Bruno de Cerqueira e o prof. Otto de Alencar de Sá Pereira possibilitaram o acesso aos documentos do Instituto D.Isabel I e abriram espaço de discussão e divulgação dos resultados. Armando Alexandre dos Santos, Luciano Cavalcanti de Albuquerque e Jean Menezes do Carmo colaboraram na tarefa exaustiva de localização de fontes. D. José Palmeiro Mendes, ao ler pacientemente os originais completou com seus comentários e sugestões a indispensável oferta de documentos inéditos. Karina Anhezini de Araújo paticipou da localização e Ilka Stern Cohen da tradução de documentos. As equipes do Instituto Histórico e Geográfico Brasileiro, do Arquivo do Museu Imperial de Petrópolis, do Centro de Documentação Alexandre Eulálio da Unicamp, do Arquivo Público do Estado de São Paulo e da Casa de Portugal em São Paulo abriram portas e permitiram o encontro com manuscritos. A Fapesp forneceu indispensável suporte à pesquisa. A todos, minha gratidão.

PARTE I

A educação do príncipe

O círculo familiar

Luís Maria Filipe Pedro de Alcântara Gastão Miguel Gabriel Rafael Gonzaga de Orléans e Bragança nasceu em Petrópolis, em 16 de janeiro de 1878. Segundo filho da princesa Isabel e de Gastão d'Orléans, conde d'Eu, recebeu o nome em homenagem ao avô paterno, o duque de Nemours. O exílio foi condição relevante na vida de sua família. Primeiramente o dos Orléans, retirados da França desde a deposição em 1848 do bisavô, o rei Luís Felipe. Depois, o seu próprio, determinado pela República que baniu a família imperial do território brasileiro.

Seu batizado, realizado em 14 de março do mesmo ano na catedral do Rio de Janeiro pelo bispo D. Pedro de Lacerda, teve como padrinhos o duque de Nemours e a tia Margarida de Orléans, princesa Czartoriska, representados no ato pelo visconde de Bom Retiro e pela baronesa de Santana. Seus três primeiros anos de vida decorreram na Europa, por razões poderosas. D. Isabel terminara um período de regência do Império (1876-1877) e se afastava da política para cuidar da família, só regressando ao Brasil em 1881 após o nascimento em Paris do terceiro filho do casal, D. Antônio. Buscavam na Europa tratamento médico para o primogênito, D. Pedro de Alcântara, atingido por um traumatismo de nascimento que lhe avariou o braço esquerdo.

Alberto Rangel, em sua obra sobre a educação de D. Pedro II, enfatizou a importância da formação para o futuro governante. Assim como o primeiro imperador "apressou-se em organizar em pessoa o programa da vida dos príncipes do Império" e o segundo ocupou-se diretamente da educação das suas filhas, o conde d'Eu e a princesa Isabel inquietaram-se com a formação de seus três filhos.[1]

As questões despertadas pelo tema são instigantes: o tipo de educação recebida e suas repercussões para a formação da personalidade de D. Luís. O objetivo de sua educação consistia de início em formar um príncipe brasileiro, o segundo na linha de sucessão do trono. Com o advento da República, os desdobramentos da questão passaram a ser mais complexos: tratava-se de um jovem adolescente exilado, com perspectivas escassas de alcançar o poder em caso de restauração da monarquia no Brasil. Por outro lado, inseria-se com seus pais no ambiente da nobreza da França. Sua educação esteve sempre voltada para

---

1 RANGEL, Alberto. *A educação do Príncipe*. Rio de Janeiro: Agir, 1945, p. 35.

dois mundos e em nenhum deles convinha ser considerado estrangeiro como ocorrera com seu pai, discriminado na corte do Rio de Janeiro pela sua condição de francês.

Certo é que o conde d'Eu muito se empenhou na tarefa educativa, procurando dar aos filhos uma formação à altura de sua posição de membros da família imperial brasileira e da família real francesa. Proporcionar-lhes formação humanística, incutir-lhes regras de sociabilidade no ambiente aristocrático, enfim, fazer deles príncipes não apenas pelo nascimento constituiu seu grande objetivo. Menos não fez D. Isabel, que foi mãe dedicada.

O estudo de Norbert Elias sobre a sociedade de corte na França é esclarecedor de muitos aspectos da educação dos filhos de D. Isabel e Gastão d'Orléans, pois a vida de corte esteve presente em suas trajetórias acidentadas de deposições e exílios. Essa experiência lhes marcou a visão de mundo e as formas de sociabilidade pautadas por conveniências, exigências e convenções de apresentação social, na qual a convicção da desigualdade dos homens estruturava a teia de relações voltada para a manutenção de uma hierarquia. A origem principesca do conde d'Eu e sua permanência no interior da casa real francesa até o casamento com a herdeira do trono do Brasil não deixam dúvidas sobre os valores aristocráticos que partilhou.

As circunstâncias indicam a persistência de valores da sociedade de corte e ao mesmo tempo a necessidade de atualização de posições diante das reviravoltas políticas que resultaram na perda do trono brasileiro por D. Pedro II em 1889. Segundo Elias, membros dessa sociedade "desenvolveram, no quadro de certa tradição, uma sensibilidade apuradíssima para as atitudes, manifestações e atos que favoreciam ou prejudicavam o seu prestígio social". Mantiveram atenção constante "a tudo o que emana de uma determinada pessoa e, portanto, da sua Casa, para verificar se condiz com o seu estado, a sua posição na hierarquia social, discernindo o que serve e o que não serve para aumentar o valimento social e o prestígio."[2] Os valores predominantes de honra pessoal e distinção constituem sinais de pertença nessa visão de mundo e norteiam as regras de sociabilidade transmitidas pela formação de príncipes.

Mais que tudo, a influência da família contou muito na primeira infância dos príncipes Orléans e Bragança. D. Isabel aproximava-se dos filhos pela sensibilidade, pela fé, e com personalidade afetuosa facilmente desvelava-se em conselhos ao "coração", procurando formar-lhes assim o caráter: "comece bem tudo q. [sic] é um grande passo dado para continuar bem. Tomara que o contentamento de hoje não o distraia, e amanhã você saia-se tão bem. Bem temos rezado por você para que Deus o ajude e o torne atento". Esses conselhos enviou em carta ao jovem Luís, então com 9 anos

---

2 ELIAS, Norbert. *A sociedade de corte*. Lisboa, Editorial Estampa, 1987, p. 21 e 33.

de idade. Sua visão religiosa de mundo manifestava-se na prática devocional assídua do catolicismo. Por extensão, a formação religiosa dos filhos constituía assunto de sua grande atenção e supervisão pessoal nas aulas de catecismo.

Mas também havia a inclinação para o cultivo de flores e o gosto pela música. D.Isabel tocava piano, cantava e fazia cavalgadas com os filhos em passeios nos arredores de Petrópolis, onde os meninos tinham contato com a vida rural, e na mata da Tijuca quando estavam no Rio de Janeiro. Seu comportamento para com os garotos diferia bastante da educação rígida que recebera, junto com a irmã D. Leopoldina, em um ambiente recluso, restrito ao círculo familiar, ainda que com a presença de mestres e preceptores. A diferença de gênero também pesou no contraste entre sua formação e a educação ministrada aos três filhos.

Os estudos de D. Isabel haviam sido amplos em termos de cultura geral e incluíam o aprendizado de línguas (Retórica, Grego, Latim, Italiano, Francês, Inglês), Humanidades (Filosofia, Mitologia, Geografia, História Universal em seus desdobramentos de Antiga, Moderna, do Brasil, de Portugal, da França, da Inglaterra, da América, Eclesiástica), Ciências Físicas e Biológicas (História Natural, Física, Geologia, Mineralogia, Astronomia, Botânica) e Economia Política, além de desenho, pintura e música. O contato com estas disciplinas visava preparar o melhor possível a futura imperatriz do Brasil e a partir da segunda infância seus estudos foram supervisionados pela condessa de Barral. O assunto adquiria tal magnitude que o imperador ministrava pessoalmente lições às filhas.

Esse encaminhamento da formação de D. Isabel não impediu que, após o casamento, Gastão d'Orléans passasse também a nela interferir, atuando como um tutor legitimado pela erudição européia e pelo conhecimento dos meandros da sociabilidade de corte. Sua ascendência sobre a princesa em termos de formação intelectual se revela nas instruções deixadas à esposa ao partir para a frente de batalha durante a Guerra do Paraguai, em julho de 1865, menos de um ano após a celebração do casamento, em 15 de outubro de 1864. A extrema juventude da princesa, então com 19 anos de idade, inspirou os conselhos zelosos. A situação de fato era delicada: D. Isabel ficara na corte em companhia da mãe, D. Teresa Cristina, enquanto o conde d'Eu se encontrava no Rio Grande do Sul, em pleno território do conflito. A carta escrita pelo marido preocupado revela preciosos aspectos da vida privada da família imperial:

> Procura recordar, na medida do possível, onde está cada um dos teus pertences pessoais e, para tanto, guarda-os sempre no lugar.

> Nunca saias da chácara sem eles [o barão e a baronesa de Loreto, mordomos do casal].
>
> Nunca recebas homens, a não ser na companhia de outra mulher.
>
> Não relaxes na postura: fica erguida e bem plantada nos dois pés. Estando sentada, não os mostres. Não faças caretas e pensa em Banting [fazer dieta].
>
> Cuida do teu físico.
>
> Sê gentil, tem deferência pela tua mãe. Na minha ausência, é a tua primeira obrigação. É a tua obrigação com Deus, contigo mesma, comigo, com a humanidade.
>
> Todas as noites e na missa, reza pelo Brasil, por mim e por teu pai.
>
> Relê tudo isto algumas vezes."[3]

Gastão controlava também as aproximações de D. Isabel com a literatura, censurando-lhe a leitura de "romances indesejáveis" e tudo que pudesse beirar as "inutilidades." Ela procurava corresponder às suas exigências de aprimoramento intelectual com leituras de obras sacras, francesas e portuguesas, além de se ocupar com traduções de textos em inglês, italiano e alemão.

Muitas pistas sobre a vida familiar da princesa, sua personalidade e seu relacionamento com a família são sugeridas pelo documento. Inegável o papel preponderante exercido pelo esposo no início da vida conjugal, com seu conceito de sociabilidade, sua formação metódica que incluía não apenas a vida cotidiana em família mas também os cuidados de si. A tal ponto que o documento foi apresentada por Barman como "peça de sublime arrogância masculina." Mais ainda, a vida de corte na família Orléans na Europa norteava seus cuidados com a esposa, que passara a freqüentar desde o casamento os círculos da realeza e nobreza européias. Sociabilidade de tal natureza solicitava elegância, domínio das reações afetivas, distanciamento em relação aos outros, preocupação com sutilezas que demarcavam o terreno das boas maneiras e do bom gosto como símbolos de distinção e prestígio; enfim, de pertença a uma elite como convinha a uma princesa imperial cuja sociabilidade deveria pautar-se por relações hierarquizadas.

Não se poderia esperar que com os filhos seus valores tivessem sido muito diferentes. Gastão havia recebido na infância uma educação rígida, tanto na formação do corpo de compleição delicada, com pouca saúde, como na aquisição de hábitos de sociabilidade. Essa formação foi completada pela formação militar na Espanha, cujo exército integrou durante cinco anos e do qual saiu ao se casar, com patentes de capitão da cavalaria e tenente da artilharia. Teve dificuldades para se adaptar ao Brasil não ape-

3 Carta de Gastão de Orléans a Isabel, Laranjeiras, 22/7/1865. Transcrito por Barman, Roderick. J. *Princesa Isabel do Brasil*. São Paulo: Unesp, 2005, p. 111. São igualmente deste autor as interpolações explicativas do texto.

nas por sua condição de estrangeiro mas também por sua visão de mundo aristocrática. Com o olhar voltado para a Europa ocupara-se da instrução dos filhos procurando mantê-los ligados ao estilo de vida de corte europeu, ministrando-lhes lições sobre os nomes dos reis de França, lembrando-lhes a origem da família Orléans e a alta posição por ela ocupada antes da Terceira República.

Seu modelo de educação para os filhos foi o de sua própria experiência, realizada de início na França e em seguida na Inglaterra, para onde sua família se transferira em decorrência da deposição do avô Luís Felipe. Estava com 6 anos de idade quando isso ocorreu. Em Claremont foi educado por professores particulares sob a observação de seu pai, o duque de Nemours. Trata-se de uma educação principesca, voltada para o aprendizado do trato com cavalos e cães, passeios em parques e bosques que preparavam o jovem para dedicar-se à caça; porém, com o horizonte das limitações pecuniárias decorrentes do confisco dos bens da família pelo governo francês. Do ponto de vista intelectual a ausência de contato com as ciências físicas foi compensada pela formação humanística nos estudos clássicos em grego e latim, além de História; pelo cultivo da composição francesa esmerada, pela leitura em alemão. Já os princípios norteadores de sua educação, o catolicismo e o cultivo dos valores de moralidade e honra pessoal, vigentes nos círculos aristocráticos de fortes tradições militares, constituíram sólida estrutura, sem por isso chegar a extremos de devoção religiosa. Ao contrário da esposa, a religiosidade parece ter sido vivida por ele sem grandes arroubos. De sua personalidade emanava a reserva aristocrática adquirida pela educação e pela posição na família Orléans. Havia aprendido a "manter as distâncias" como solicitava a sociabilidade de corte.

Um aspecto interessante de sua educação foi o contato com a natureza possibilitado pela prática de jardinagem e formação de hortas, que constituíam um derivativo para a leitura, e neste particular sua educação se assemelhou à de D. Isabel, que possuía no palácio imperial de Petrópolis terreno próprio para tal finalidade.

Do ponto de vista político, a historiografia mais recente tem identificado Gastão como liberal e quase como simpatizante da República francesa. Dizer isto é desconsiderar seus valores e atitudes. Alguns intérpretes chegaram a ver nele um leitor de Tocqueville *et pour cause* entusiasta da Marselhesa e simpatizante do voto de seu bisavô Luís Felipe, duque de Orléans, que contribuíra para o envio de Luís XVI à guilhotina. No entanto, sua leitura de Tocqueville parece só ter ocorrido após o casamento, quando residia no Brasil, e mesmo suas atitudes e escritos não autorizam a suposição de que houvesse uma identificação com os ideais revolucionários.

Adquiriu ao longo de sua formação o hábito de escrever diários e, mesmo já casado, residindo no Brasil, remetia-os ao pai. Além da correspondência particular, volumosa e escrita com regularidade, Gastão deixou diários minuciosos como *Viagem militar ao Rio Grande do Sul,* no qual relatou a experiência da Guerra do Paraguai na qualidade de comandante do Exército brasileiro, do qual se tornara marechal. Adepto de caminhadas a pé e alpinismo, empreendeu excursões pelas montanhas da França e da Europa, além de diversas viagens longas, chegando a escrever o *Journal d'une promenade autour du monde en 118 jours*, realizada com o filho mais velho em 1897 (Estados Unidos, Japão, China, Ceilão, Índias, Egito, Palestina) para "completar a educação". Câmara Cascudo, em sua biografia clássica definiu Gastão d'Orléans como um nobre que "gostava de ser príncipe", mantinha o "halo impalpável e visível de distinção que se supunha desejo de superioridade". Seu "ar distante" costumava ser traduzido no Brasil como orgulho. Mas outro aspecto de sua personalidade amenizava-o por ser "um afetivo, familiar, amando os prazeres da casa, o encanto das palestras, o brilho verbal, a graça das frases, a felicidade dos remoques."[4]

Muito dessa personalidade influiu na educação de D. Luís e seus irmãos, a começar pelo contato com a natureza. Até mesmo D. Isabel encontrava grande satisfação em passeios ao ar livre e pôde experimentá-los com os filhos ao longo dos anos de sua infância, como ocorreu durante viagem da família a São Paulo, em 1884. Nessa jornada as pescarias constituíram pontos altos de momentos de lazer conforme relatados em seu diário: "Das oito e meia às 3 e meia, levamos a pescar, com o Couto de Magalhães. Começamos por subir, em escaler e canoa o Tietê, que é lindo(....). Pescou-se de rede, de tarrafa, de couro, de anzol, de peneira, e divertimo-nos bem e pegamos muito peixe, parte do qual comemos ao almoço e achamos gostoso. O almoço foi servido à beira mesmo do rio, debaixo de um telheiro, encostado a arbustos."[5]

A educação dos rapazes visou prepará-los para o mundo aristocrático, de início com perspectivas de sucessão da família ao trono brasileiro formando-lhes o corpo e a bagagem intelectual. Gastão estimulava-os a praticar ginástica e equitação para fortalecer-lhes o corpo e o caráter. Presenteava-os com objetos trazidos de suas viagens para familiarizá-los com aspectos diversos da realidade brasileira, abordados do ponto de vista de seu exotismo. A imagem de Brasil que se formava para os meninos mantinha a tradição européia de "país dos papagaios". Recebiam do pai cachimbos, cestos, flechas, arcos, redes

---

4 CASCUDO, Luís da Câmara. *Conde d'Eu*. São Paulo: Nacional, 1933 (Brasiliana, v.11), p. 61 e 62.

5 DAUNT, Ricardo Gumbleton (org.). *Diário da Princesa Isabel* (Excursão dos condes d'Eu à província de S.Paulo em 1884). São Paulo: Anhembi, 1957. Registro do dia 20 de novembro de 1884, p. 39. D. Luís estava na época com 6 anos de idade.

e outros artefatos indígenas "que Mamãe chama de horrores e que ela acredita que Papai enviou como presentes". Animais também eram apreciados: macacos, mutuns, araras, frangos d'água completavam o lote de curiosidades brasileiras enviadas por Gastão aos filhos, pouco antes do fim do Império (carta de D. Luís ao pai, Tijuca, 12/8/1889).

Todas essas práticas constituem indícios de a educação dos meninos ter sido muito mais aberta ao mundo que a do avô D. Pedro II, confinado aos estudos e desassistido da família desde muito cedo. A visão do conde d'Eu sobre educação se impunha no palácio no sentido de superar o ensino livresco de tradição brasileira.

O aprendizado da arte da correspondência merece um olhar mais detido. Pai e mãe revezavam-se em inculcar a necessidade de escrita de cartas, com o apontamento de erros e descuidos, especialmente por Gastão, que repetindo o treino minucioso e rígido recebido na infância e adolescência não deixava passar oportunidade para corrigir os filhos e aprimorar seu aprendizado do francês: "Papai ficou contente com a carta de Bébé [apelido do príncipe D. Pedro] escreveu no salão do piano. Nela não havia erros, exceto *Mouceur* em lugar de *Monsieur* e doctor em lugar de *docteur*. Mas a carta estava escrita de atravessado e sobre a página onde não deveria estar" (Carta de Gastão d'Orléans a D. Pedro, Fazenda S.Miguel, 1/10/1884).

As cartas eram utilizadas também pelo pai para acompanhar de perto as atividades dos filhos, lendo seus relatos da ocupação diária do tempo e desde cedo impondo controle sobre suas vidas. Escrever ao pai, aos irmãos, à mãe, aos amigos e parentes, tal prática nem sempre parece ter agradado muito os jovens, visto o que escrevia D. Luís em 1892: "Hoje é meu dia de dar notícias nossas a Papai(...) Papai já há de ter lido nas cartas que escrevi a Pedro a narração das minhas excursões nos dias passados (...) Papai há de ter mais minuciosa narração de meus passeios de hoje na carta que escrevo a Pedro."[6]

Por essa época D. Luís, adolescente, rebelava-se contra o hábito imposto, como faria em outras ocasiões, explicando à mãe não lhe mandar cartas por escrever sempre ao pai, "o que dá no mesmo" e por não ter tempo disponível. Revelava pendor para a ironia e o temperamento forte que desenvolveria com o passar dos anos. A prática da correspondência era claramente entendida também como atividade memorialística pois foi preservada em arquivos da família. A percepção do seu valor para a História deve ter dado muitas vezes o tom, daí seu caráter contido e autocensurado que era também um dos códigos da sociabilidade do século XIX e início do XX. Não obstante, na juventude D. Luís foi descuidado na correspondência aos familiares, esquecendo-se de registrar datas e locais de onde escrevia.

---

6 Carta de D.Luis ao pai, Versalhes, 23/4/1892.

Os avós maternos, por acompanharem a vida cotidiana dos três meninos durante a infância, exerceram também influência em sua educação, sobretudo D. Pedro II. Sendo ele um estudioso, que ensinamentos passou aos netos? Teria ele pesado decisivamente em sua educação? Os meninos tinham o hábito de trocar cartas entre si e com os avós, escrevendo em francês aos parentes da França e em português aos do Brasil. Nesse exercício de controle de si aprendiam a manter conversação, a trocar fórmulas de sociabilidade, a marcar datas festivas. Cultivavam também os laços familiares com os parentes distantes, os Orléans. Deles recebiam presentes como um missal pela primeira comunhão de D. Luís, ofertado pelo duque de Nemours, brinquedos e pequenas quantias em dinheiro. Gentilezas e atenções formavam e solidificavam afeto entre os membros da família.

A paixão da família imperial pela fotografia também foi estimulada e rendeu seus frutos. Desde muito cedo os príncipes adquiriram o gosto do avô pela arte e munidos de seus equipamentos fotográficos criavam seu mundo particular. D. Luís foi aficionado dessa prática incorporada na juventude aos seus hábitos de viajante. A carta enviada por ele ao irmão caçula D. Antônio é expressiva da importância atribuída a essa atividade:

> Meu caro Toto
>
> Escrevo para lhe propor comprar a photo-jumelle 185 frs. ou 190 frs. com as bonnettes de aproximação e um chassis presse de 6 placas. Eu refleti que de fato 200 frs. é muito dado que um aparelho novo custa apenas 250 frs. Se portanto você não aceita minhas condições eu creio que comprarei um novo. A propósito, me escreva qual vantagem tem a focalização automática e por que isso custa tão mais caro (50 frs.). Será que o aparelho comprado pelo Pedro tinha isso? Será que além disso não há diferença entre as novas fotos gêmeas e as antigas? [....] Tudo isso bem avaliado, eu ofereço 192 frs.75 por seu aparelho com um chassis presse de 6 placas.

É de se notar que a corte brasileira, onde nasceram e viveram os filhos de D. Isabel e Gastão d'Orléans, era bastante simples em suas regras de sociabilidade, pouco direcionadas para o fausto. Seu nascimento e primeira infância coincidiram com o período de declínio do império e nele o fastio de governar experimentado por D. Pedro II se fez acompanhar pela atrofia de certos aspectos da vida da corte e para uma vida cada vez mais marcada pela simplicidade no palácio de São Cristóvão, pois o monarca desvencilhou-se de alguns aparatos da monarquia. Ao regressar de viagem à Europa em 1877 aboliu, por exemplo, a guarda dos arqueiros e o beija-mão. Suas aparições públicas e seus trajes se tornaram despojados de pompa. O estilo de vida "cidadão" dispensava vida social intensa, negligenciava bailes e festas.

D. Luís viveu até os 11 anos de idade numa corte em declínio, na qual a par do desinteresse do imperador pela sociabilidade cortesã, o endividamento da família imperial restringia as atividades sociais, ainda que seus pais tivessem uma rotina de convívio social em Petrópolis e no Rio de Janeiro. Modesta, como modestos eram seus recursos e seu estilo de vida no Palácio da Princesa e no Paço Laranjeiras, mas requintados pelas experiências decorrentes das viagens do casal à Europa.

Aio e Mestres

O primeiro aio dos príncipes foi Benjamin Franklin Ramiz Galvão (1846–1938). Escolhido pelo imperador em 1882 para ocupar o cargo de preceptor dos filhos de D. Isabel e Gastão, havia sido aluno do Colégio Pedro II, onde, em decorrência de sua origem modesta, fizera o curso secundário gratuito. Do cotidiano do colégio na época, seu contemporâneo Fernando Magalhães deixou um depoimento relatando as visitas constantes do imperador ao estabelecimento, ocasiões em que "corria todas as aulas, subia ao estrado do Professor, sentava-se na cadeira ao lado, e entrava a questionar os meninos, como um mestre cuidadoso e paciente."[7]

Aos 16 anos de idade Ramiz se tornara bacharel em Letras pelo colégio fundado pelo imperador e ingressou precocemente na Faculdade de Medicina do Rio de Janeiro. A escolha desse campo para sua formação não impediu que muito cedo se destacasse escrevendo peças oratórias reunidas em seu primeiro livro, *O púlpito no Brasil* , publicado em 1867, quando tinha 19 anos de idade. Após esses estudos passou a trabalhar nos hospitais militares de Ponta da Armação e Andaraí, no Rio de Janeiro, onde atendia os feridos da Guerra do Paraguai, além de exercer Medicina sanitária. Apesar de sua formação, tornou-se especialista em estudos clássicos, sendo conhecido como helenista e professor no colégio e na faculdade onde estudara. Em sua trajetória de professor, dedicou-se também à Química, Zoologia e Botânica. Ocupou outros cargos de relevo como o de diretor da Biblioteca Nacional e tornou-se membro da Academia Brasileira de Letras e do Instituto Histórico e Geográfico Brasileiro.

Sua nomeação como preceptor atendeu às inclinações e escolhas do avô e do pai dos príncipes pois possuía formação humanista e científica. Era protegido do impera-

---

7 Magalhães, Fernando. Discursos, 3.a série (1924-1930), discurso "Os mestres do meu tempo". Apud Mauricéia Filho, *Ramiz Galvão* (O barão de Ramiz). Brasília: MEC/INL, 1972., p. 7.

dor , tanto que chegou a ser agraciado em 1888 com o título de barão de Ramiz, com grandeza, em público testemunho do prestígio conferido pelo cargo de preceptor dos príncipes. Também não deve ter desagradado D. Isabel a publicação de seus escritos sobre a Igreja Católica, especializados em oratória sacra.

O cargo de preceptor dos jovens príncipes foi exercido por Ramiz Galvão entre 1882 e 1889, com o apoio entusiástico de Pedro II. A escolha feita logo depois do retorno da família de viagem à França foi registrada no Livro 37 da mordomia da Casa Imperial: "Atendendo ao merecimento e mais requisitos que concorrem na pessoa do Dr. Benjamin Franklin Ramiz Galvão: Hei por bem nomeá-lo Aio dos Príncipes, filhos de minha prezada filha, a Princesa Imperial D.Isabel. O Barão de Nogueira da Gama, do meu Conselho, Mordomo de minha Imperial Casa, o tenha assim entendido e feito executar, Palácio da Boa Vista, em 15 de setembro de 1882, 61.o da Independência e do Império".

Para exercê-lo deixou a direção da Biblioteca Nacional e o trabalho como professor da Faculdade de Medicina.

Segundo Pedro Calmon, que consultou os papéis de Ramiz, o cargo foi exercido sem dificuldades junto aos príncipes D. Pedro e D. Luís:

> Um volume sob o braço, vigiando-as [as crianças] com uma atenção indulgente, respeitoso, impecável, lá saía todas as manhãs com elas para o passeio higiênico, de ordinário a S.Cristóvão, senão, em Petrópolis, pelo parque do palácio onde o conde d'Aljezur tinha a seu cargo as hortênsias e as rosas, ou pelos arredores enfeitados de casas brancas com a sua chaminé germânica. D.Pedro II cobrava-lhe assiduamente contas dessa pedagogia.[8]

Até o banimento da família, o "doutor", como era chamado pelos seus pupilos, acompanhou os príncipes. Durante os dias tumultuados de 15 e 16 de novembro, quando eclodiu o golpe republicano, foi encarregado de velar pela segurança de seus alunos e os acompanhou até Petrópolis, onde ficaram por dois dias no aguardo dos rumos que a família deveria tomar.

A escolha de Ramiz para cuidar da educação dos príncipes causou e causa ainda hoje estranheza por ter sido ele republicano convicto. Que tipo de influência teria ele exercido sobre os príncipes e suas concepções políticas, especialmente sobre D. Luís? Quais os ensinamentos passados? Um rascunho de carta enviada ao jovem logo após o banimento da família imperial traz algumas pistas:

---

8 CALMON, Pedro. *A Princesa Isabel.* "A Redentora". São Paulo: Nacional: 1941 (Brasiliana, v. 207), p. 142-3.

> Tenho firme esperança de que aí [Colégio Stanislas] se hão de acentuar os bons predicados que o senhor sempre revelou, enquanto tive ocasião de ser seu mestre: o amor ao trabalho, o rigoroso cumprimento do dever, o culto da Verdade e da Justiça. Estude muito e aprimore o coração. Os frutos deste trabalho e deste aperfeiçoamento, colhê-los-á mais tarde com toda a segurança, não digo já como Príncipe brasileiro, porque a vontade soberana do povo entendeu chegado o momento de mudar a forma do nosso Governo, mas como particular e como homem. Na qualidade de simples cidadão terá mil ocasiões de revelar o seu mérito, que sobrenada em toda a parte. [...] se ainda se lembra do entusiasmo e do amor com que lhe ensinei, e se me julga digno de sua estima, apesar de me haver eu feito sincero e leal servidor da República, escreva-me dando notícia do que faz, do que vence e do que espera vencer. Quando estudar sociologia, saberá que a forma republicana é a mais perfeita e a que pode realizar o ideal dos povos [...] o que fez portanto o Brasil, à imitação dos seus irmãos americanos, o que fazemos todos nós, aceitando de coração as conseqüências do golpe de 15 de novembro, emprestando o nosso concurso à consolidação da República, é um ato de patriotismo. Se alguma coisa há que admirar em tudo isso, é a heroicidade com que sacrificamos os afetos por amor do Bem geral. Certo, pois, de que o seu Preceptor cumpriu e cumpre o seu dever, confio que o estimará e lhe dará sempre o gozo inefável de suas cartas. Mil saudades ao bom e simpático dom Pedro e ao meigo Totônio. Beije-os a ambos por mim, abrace-os muitas e muitas vezes, e não esqueça seu velho amigo.[9]

Espantosa profissão de credo político para um preceptor de príncipes! A carta de despedida das funções junto aos jovens em seu intento de trazer conforto diante do infortúnio da família oferecia a D. Luís uma interpretação republicana com perfumes positivistas para a decadência da monarquia no Brasil. Segundo Mauricéia Filho, "Ramiz foi uma alma de profundas raízes republicanas", tendo sido escolhido para aio por sua formação sólida e não pelas convicções políticas, sabidas publicamente.[10] Tanto que foi posteriormente nomeado pelo Governo Provisório da República Inspetor Geral da Instrução Primária e Secundária do Distrito Federal e a este cargo seguiram-se outros igualmente relevantes na área da educação.

Sabe-se que era auxiliado por outros mestres em sua tarefa educativa. O coronel Manuel Peixoto Cursino do Amarante e o professor alemão de ginástica Frederico Stoll revelam muito das escolhas feitas para o direcionamento da tarefa pedagógica. Para o ensino de música, contavam com o prof. White. O acompanhamento da educação dos garotos se fazia no palácio Laranjeiras do Rio de Janeiro e principalmente no palácio da princesa de Petrópolis, pois ali transcorriam a maior parte do tempo. Tanto que nessa cidade o professor Stoll organizou um curso de ginástica para crian-

9 Minuta de carta de Ramiz Galvão a D. Luís, 1890.

10 MAURICÉIA FILHO, *op. cit.*, p. 49.

ças que deveriam fazer companhia aos príncipes, tirando-os do convívio restrito ao círculo familiar e talvez facilitando a prática de exercícios físicos e jogos. As atividades matinais eram consideradas "passeio higiênico"; exercitá-los fisicamente, uma prioridade (bicicleta, velocípede, patinação, equitação). A necessidade de convivência com outras crianças parece ter sido também o motivo de sua matrícula no colégio do Padre Moreira em Petrópolis, onde poderiam relacionar-se com garotos da mesma idade, ainda que em ambiente modesto. Os irmãos mais velhos foram também matriculados no colégio Pedro II do Rio de Janeiro, segundo Ramiz Galvão.

O depoimento do aio sobre D. Luís é significativo da leitura por ele feita da personalidade do pupilo. Quando de sua apresentação aos meninos, "chegando a vez de D. Luís, este se conservou em distância e de sobrolho carregado; e perguntando-lhe logo a Princesa por que me não falava, respondeu em tom resoluto: Porque não quero!" Este episódio levou o preceptor a concluir ser o menino "mais indiferente aos laços do coração e mais capaz de querer."[11] O julgamento construído desde a infância acabou se cristalizando, numa atividade memorialística produzida e conservada pelo movimento monárquico e ratificado pelo depoimento de seu preceptor por ocasião de seu falecimento em 1920:

> São passados muitos anos; guardo todavia com perfeita nitidez na memória o quadro do primeiro encontro em Petrópolis com os meus jovens e novos discípulos. D. Pedro, o príncipe primogênito, acolheu-me afável, benigno e risonho; D. Luís, reservado, sisudo e, quase se pode dizer, com uma gravidade que não condizia com seus verdes anos. Estava ali o germe de um pensador, de um homem refletido, que não se curva ante as primeiras impressões tanta vez enganadoras.[12]

As cartas da mãe igualmente contribuíram para a consolidação da identidade de D. Luís como afeiçoado aos estudos. Para ela, o filho do meio correspondia mais às expectativas depositadas em seu aprendizado: foi o menino destacado entre os irmãos pelo aproveitamento em escrita, leitura, história sagrada e alemão. O tempo confirmaria o julgamento. Na vida adulta revelou ter sido entre os irmãos o mais formatado segundo o modelo traçado pelos pais, ao aceitar o desafio de lançar-se como pretendente ao trono brasileiro.

---

11 *Apud* LACOMBE, Lourenço Luiz. *Isabel, a princesa redentora*. Petrópolis: Instituto Histórico de Petrópolis, 1989, p. 196.

12 Actas. *Revista do IHGB*, Rio de Janeiro, n. 87, v. 141, 1920, p. 525. Discurso pronunciado por ocasião do falecimento de D. Luís.

Desses empreendimentos pedagógicos resultou que ao seguir para o exílio na França, D. Luís conhecia "mui regularmente a língua pátria e a francesa, iniciara o estudo da alemã, tinha noções adiantadas de Geografia geral e da do Brasil, devassara toda a História Sagrada, conhecia os episódios capitais da história brasileira e generalidades de História natural, de Física e de Desenho; sabia com segurança a Aritmética e começava o estudo da Álgebra".[13]

Campanhas abolicionistas

A infância de D. Luís transcorreu também em meio à campanha abolicionista e ao envolvimento crescente de sua mãe com a causa. Na década de 1880 a princesa "passou a apresentar-se publicamente como crítica à instituição escravista, construindo sua imagem como defensora da abolição" e responsável pela Lei do Ventre Livre por ela assinada em 1871. Mesmo sem participação direta neste ato legislativo, teve também sua imagem associada à Lei dos Sexagenários de 1885, além de participar de alforrias. Uma dessas ocasiões ocorreu na cidade de Itu (São Paulo), quando concedeu catorze cartas de liberdade obtidas com recursos do fundo de emancipação, entregues na Câmara Municipal, em cerimônia que segundo D. Isabel registrou em seu diário pareceu contentar mais os senhores que os próprios libertos. Na ocasião realizava visita à província acompanhada pelos filhos.

Nesse meio efervescente, Ramiz Galvão tomou a iniciativa de criar pequenos jornais, *O Laranjeiras, O S.Christovão* (ambos de 1887),*Correio Mirim*, *Correio Açu* e *Correio Imperial* (em 1888), editados e impressos tipograficamente em Petrópolis, nos quais publicava composições de sua autoria e fazia a propaganda do envolvimento dos príncipes na campanha abolicionista. Conduzidos pelas mãos dos pais e tutores, D. Pedro e D. Luís participavam à sua maneira do movimento amplo e contribuíam para a associação da família, na opinião pública, à emancipação. A propaganda abolicionista fazia-se entusiasticamente nessas folhas divulgadoras de alforrias individuais em Petrópolis. Batalhas de flores, bandos precatórios, concertos e bailes beneficentes para adultos e crianças, listas de contribuições para o fundo de emancipação local direcionavam os esforços anunciados para que em pouco tempo pudesse ser afirmado: "Petrópolis não tem mais escravos". A participação dos filhos mais velhos de D. Isabel

---

13 *Idem*, p. 526.

era bastante ressaltada nessa estratégia de popularização dos herdeiros do trono. Durante o período que antecedeu a Lei Áurea, desde 1887 mas sobretudo de janeiro a maio de 1888, as chamadas boas obras de cunho caritativo foram empreendidas e divulgadas nos jornaizinhos com a finalidade de "livrar esta cidade da nódoa da escravidão"[14] com a participação voluntária dos proprietários instados a seguir o exemplo da princesa.

Um interessante documento, um poema intitulado *Batalha de Flores*, divulgado em panfleto impresso em Petrópolis em 12 de fevereiro de 1888, conclamava à abolição:

> Esta batalha preclara,
> De flores de mil matizes,
> Grandes venturas prepara
> À sorte dos infelizes.
>
> Com ardor é pelejada
> Por uma fila de bravos,
> Sob os auspícios da Fada
> Que se condói dos escravos.
>
> Esta batalha de flores
> é também da Liberdade.
> Aos piedosos lutadores
> Abençoa a Divindade![15]

Para aplainar confrontos e dissolver resistências dos escravagistas, que resultariam na queda do gabinete Cotegipe, os jornais dos príncipes – na verdade redigidos por Ramiz Galvão – eram divulgado amplamente na Corte. Porém, no confronto em torno da abolição, o barão de Cotegipe procurou inutilizar tais esforços ao proibir a publicação de jornais pelos alunos do Colégio Pedro II pois os impressos, sobretudo *o Correio Imperial*, além de ecoarem a campanha abolicionista, enalteciam a figura da princesa como a grande promotora da redenção dos cativos. Após a lei de 13 de maio, terminada a terceira regência, o *Correio Imperial* manteve ainda em pauta o tema em contraponto aos que se indispuseram com a monarquia. Tornara-se um porta-voz da corrente abolicionista moderada, conduzi-

14 *Correio Imperial.* Petrópolis, ano II, n. II, 21/11/1888. Ver também *Programa das festas para a emancipação em Petrópolis*. Petrópolis, Typ. Imperial, fevereiro de 1888 (folheto).

15 *Batalha de Flores*. Petrópolis, 12/2/1888 (panfleto de uma página).

da por políticos e intelectuais da corte e estruturada na proposta de concessão da liberdade como benesse por intermediação da herdeira do trono. Liderada por Joaquim Nabuco, José do Patrocínio e André Rebouças, afastava-se de processos violentos e rupturas bruscas; seu norte era a modernização da sociedade dentro dos parâmetros da legalidade. A associação de D. Isabel à campanha abolicionista nesta vertente pretendia garantir controle dos atos e movimentos de rebeldia e ao ressaltar seu compromisso com a causa mais relevante do momento, pois associava a abolição ao trono do Terceiro Reinado que se anunciava.

A queda da Monarquia

A primeira fase da vida de D. Luís terminou abruptamente com a queda da Monarquia e a instalação da família exilada na França. Foi a ruptura também com o preceptor Ramiz Galvão com quem parece não ter mantido grandes vínculos após o turbilhão do 15 de novembro. A persistência de suas convicções monárquicas indica o quanto foi efêmera e mesmo inócua do ponto de vista político a convivência com um preceptor republicano.

Esse evento decisivo para o destino dos Orléans e Bragança norteou a ação política de D. Luís na idade adulta. Aos onze anos de idade, era muito jovem ainda para emitir opinião própria. Restou dessa reviravolta o depoimento de sua mãe, escrito no calor da hora, que guarda o sabor amargo do que foi considerado "a maior infelicidade de nossa vida". De fato, os três irmãos pouco presenciaram os acontecimentos que se precipitaram. Em 15 de novembro, foram afastados do Rio de Janeiro e enviados a Petrópolis para serem preservados, pois seus pais temiam pela sua integridade física naquele momento conturbado. Ali ficaram com Ramiz Galvão, o professor Stoll e os condes de Mota Maia, "longe do barulho", enquanto a situação política se deteriorava. Na versão da princesa, a queda do trono dera-se por uma série de equívocos e imprevidências:

> Grande incúria, muita falta de cuidado, sobretudo por parte dos ministros da Guerra e Justiça, personificados no C. de Oliv[16].; corda esticada demais pelo C. de Oliv. e Ouro Preto; Exército ou antes oficiais muito minados pelas idéias republicanas e sabendo proceder com muita discrição; tolice do Deodoro que, estou convencida, foi mais longe do que queria; esperteza do Bocaiúva e Benjamin Constant que souberam aproveitar a ocasião; verdadeiro ratoeiro para o ministro e para nós, e finalmente força maior que decidiu tudo."[17]

---

16 Senador Tomás José Coelho d'Almeida, ministro da Guerra do gabinete de 1888.

17 Bragança, Isabel de Orléans. Memória para meus filhos.Cannes, 30 de maio de 1890. In: Magalhães Junior,

O papel do Exército e a chamada questão militar como únicos responsáveis pela queda da monarquia ficariam cristalizados na interpretação da família sobre o infausto acontecimento que a levara ao exílio, aos apertos financeiros e à falta de perspectivas sobretudo para os três príncipes.

Nos dias passados a bordo do *Alagoas* a caminho da Europa, o conde d'Eu desdobrou-se em zelos pelos filhos procurando poupá-los da catástrofe e ordenar tanto a vida das crianças como a própria, mantendo uma rotina cotidiana como substituto de Ramiz Galvão:

> Durante todos os dias da viagem arvorou-se em mestre-escola, velava sobre eles com grandes extremos e severa disciplina. Os príncipes tinham horas rigorosas de acordar e recolher, para o banho, o recreio e as lições. A respeito dos incidentes de bordo, ele sempre achava meios de instruí-los, chegando o seu apuro até os levar à máquina e explicar-lhes o que podia estar ao alcance de inteligências tão novas. De política falava pouco.[18]

O período deixou em D. Luís uma impressão forte, como se pode apreender pela carta enviada a Ramiz Galvão em 1919, por ocasião de homenagem que este recebeu pelo "jubileu científico". Ali afirmou não ter esquecido os sete anos de convivência , nos quais recebera sua "primeira formação intelectual" , os livros lidos, os passeios realizados. Sobretudo lembrou-se da "sua explicação dos acontecimentos, o embarque, a separação comovente a bordo do Alagoas! São essas impressões que dominam uma vida inteira. Muitas coisas compreendo agora que pude estranhar outrora. Sei que, apesar das suas opiniões políticas, o sr. sempre foi nosso amigo."[19]

Nas escolas francesas

A partir do banimento, D. Luís e seus irmãos passaram a frequentar escolas regulares para jovens, integrando-se ao sistema educacional francês num processo de ressocialização pontuado por dificuldades diversas da família em seus primeiros anos de residência na França. Já haviam então perdido, no final de 1889, a avó materna, a imperatriz D. Teresa Cristina, falecida em Portugal.

Raymundo. *Deodoro, a espada contra o Império.* São Paulo: Nacional, 1957 (Brasiliana, v. 12-A), v. II, p. 395-403..

18 Monteiro, Tobias. *Pesquisas e depoimentos para a História.* Rio de Janeiro: Francisco Alves, 1913, p. 304.

19 Carta de D. Luís a Ramiz Galvão, Villa Marie-Thérèse, Cannes, 15/6/1919.

Em Cannes, onde se estabeleceram provisoriamente, foram matriculados no Colégio Stanislas, mantido por religiosos maristas. No palacete denominado Beau Site ou Villa d'Ormesson, alugado em 1890 com o auxílio de uma mesada proporcionada pelo duque de Nemours, a família permaneceu até o final do ano letivo, em julho. Tratava-se de uma vila de alta qualidade, com jardim e *lawn-tenis* que era jogo da moda, obtida por quinhentos francos para todo o período. Não havia largueza de recursos financeiros, pois os bens da família no Brasil estavam indisponíveis, acarretando controle com as despesas. Ali D. Luís fez a primeira comunhão em 14 de maio de 1890, juntamente com outros alunos da aula de catecismo; na mesma data ocorreu a crisma de D. Pedro. A vida religiosa seguia o seu ritmo ao sabor das etapas previstas pelo catolicismo, num dia festivo , com presença do imperador, dos brasileiros que compunham a pequena corte no exílio e alguns parentes da família Orléans.

Na seqüência, após um período de viagens pela França, a família se deslocou para o norte e fixou residência em Versalhes, nas imediações de Paris. Cidade real, lugar da memória da monarquia francesa, Versalhes abrigava o palácio construído por Luís XIV e em 1833 transformado em museu nacional pelo rei Luís Felipe, apaixonado pelo local que visitou cerca de 400 vezes com o intuito de supervisionar as obras de instalação. O simbolismo de Versalhes era extremamente forte para a aristocracia francesa, ainda que a Revolução de 1789 houvesse destruído o edifício social do Antigo Regime e o palácio, morada do rei, tivesse perdido na corte napoleônica seu papel. Transformara-se num lugar da memória da monarquia.

A escolha de Versalhes para moradia sugere busca da proximidade se não do poder, ao menos da evidência do poder real pelos Orléans e Bragança em sua nova vida na França, embora a razão apresentada por D. Isabel ao pai fosse a garantia de facilidades para a educação dos meninos. Na época a cidade abrigava muitas "vilegiaturas elegantes, instituições religiosas e famílias bem nascidas porém com pouca fortuna para morar em Saint-Germain". Grande número de imóveis oficiais ou de procedência aristocrática eram ocupados por famílias de oficiais do exército, eclesiásticos e aristocratas empobrecidos. Sua região sul tornara-se "asilo sonolento, legitimista assumido"[20] e fornecia a ambientação conveniente à sociabilidade da família por evidenciar uma posição social. Sem condições para manter no exílio um palácio como os que habitavam no Brasil, os Orléans e Bragança procuraram se aproximar o mais possível desse ideal com a fixação da residência próxima à antiga morada do rei-sol. Era o momento de tentar manter uma posição que não evidenciasse demasiada decadência.

---

20 NORA, Pierre. *Les lieux de mémoire*. V. 1. La République. Paris: Gallimard, 1997, p. 1312.

Desse período ficaram como testemunho da educação do príncipe as cartinhas endereçadas pelo jovem Luís ao avô materno, nas quais relatava sua vida escolar na França. No colégio Saint-Jean de Hulst de Versalhes, mantido pelos padres Eudistas, o estudo compreendia latim, grego, francês, história romana, geografia e matemática. Parece ter ali alcançado bons resultados nas composições diariamente escritas, como descrevia ao avô adoentado e teimosamente residente num modesto hotel em Paris : "Na última que foi em versão grega fui o quinto" (Cartas de D. Luís a D. Pedro, Versalhes, 29/12/1890 e 5/2/1891).

Em seus relatos da vida escolar D. Luís descrevia o cotidiano de um colégio católico, com inauguração de capela, cerimônias religiosas e um currículo basicamente humanista: "Aqui não estudamos ciências naturais. Enquanto [sic] às matemáticas, estamos na álgebra, na divisão e no começo da geometria", dizia o aluno de Ramiz Galvão com certa nostalgia de seus estudos no Brasil, em carta endereçada a D. Pedro II de Versalhes no início de 1891. Assim, entre os estudos clássicos se fazia a formação do príncipe que manifestava ao avô desagrado pelo currículo:

> Quanto aos estudos são sempre os mesmos: gramaticais, prosódia latina, explicação das *Eneidas* de Virgílio às vezes das *Bucólicas* ou das *Geórgicas do VI*, o livro de César – dos últimos diálogos de Luciano. Também temos todas as semanas 1 h de Matemáticas, 1 de alemão, e 1 de História Romana. Nas Matemáticas estamos começando a geometria e na história romana estamos no fim das guerras contra a Espanha. A última versão latina que deram foi um pedaço da guerra contra Jugurtha, de Salustio" (Carta de D. Luís a D. Pedro II, Versalhes, 4/3/1891).

No final desse ano faleceu o imperador, em 5 de dezembro. Em meio à grave enfermidade do avô, redigiu-lhe em 2 de dezembro uma carta em latim, possivelmente a última, para comprovar seus progressos no estudo de humanidades:

> Meu Avô Caríssimo,
>
> Congratulamos, os seus netos, muito por esta vida.
>
> Tendo chegado finalmente o dia do seu natalício, é justo que peçamos de coração ao criador do mundo, que possuas uma vida longa. Que vivas ao nosso lado por muito tempo. Basta para nós sempre esta alegria. Peço, por este poema, ó pai, com paciência que perdoe as coisas rudes pois aquele que compõe estes versos desconhece a arte poética.[21]

---

21 Tradução gentilmente feita por D. José Palmeiro Mendes, OSB. O original apresenta algumas deficiências de redação.

Ao colégio de Versalhes seguiu-se o Colégio Stanislas de Paris. Em meio à campanha pela laicização do ensino na França os príncipes foram matriculados em escolas onde podiam contar com educação pautada por valores do catolicismo. Embora frequentas um um colégio francês, tinham em casa um suplemento de aprendizado do idioma no qual deveriam conseguir se expressar perfeitamente, embora fosse sua segunda língua. Supervisionar a escrita dos filhos era tarefa árdua para o pai perfeccionista, angustiado com as dificuldades encontradas por eles. Era de seu feitio apontar cuidadosamente os erros, sempre elogiando o trabalho como cartas de que "gostou muito" para em seguida dizer: "Ela no geral está bem, exceto a escrita que está um pouco relaxada demais sobretudo nas maiúsculas como em Candido! Além disso você podia saber que não se diz Lago *d'Eau* e sim *d'O.*" (Carta de Gastão a D. Luís, Stowe House, Buckingham, 6/9/1894).

As angústias sofridas por Gastão para aprender o português fluentemente, sem contar as exigências dos professores, estão por trás da tarefa exaustivamente levada a cabo no aprendizado do francês pelos filhos. Nessa época, D. Isabel se tornara uma exilada porém Gastão alcançara o repatriamento, e na retomada do contato com o pai e a família Orléans os rapazes se inseriam cada vez mais na cultura francesa, ambiente em que completaram sua educação. O aprendizado da História da França se aprofundava, como testemunha o trabalho registrado em caderno escolar manuscrito sobre *"Louis de Bourbon Prince de Condé pendant sa trahison 1650-1659"*, assinado por Louis d'Orléans. Prosseguindo seus estudos, em 1895 D. Luís obteve o bacharelado em Letras, Filosofia e Ciências Naturais pelo Colégio Imaculada Conceição em Vaugirard, conhecido como Liceu Vaugirard. A obsessão de Gastão com a disciplina era patente. Ficou muito satisfeito quando o superior de Vaugirard indicou o "abbé" Massaud,[22] professor do colégio, para acompanhar os estudos dos filhos, por identificar nele a energia necessária à imposição de disciplina e ordem que pensava faltar aos meninos. Especialmente a D. Luís, "sempre mais difícil".

Nessa época a família residia num palacete no subúrbio parisiense de Boulogne-sur-Seine. A casa fora adquirida em 1897 após recebimento das heranças no Brasil e na França, referentes a D. Teresa Cristina, D. Pedro II e o duque de Nemours. Esta habitação se tornaria a casa-de-cidade-no-campo e sobre ela resta apenas o registro exuberante de Isabel de Orléans e Bragança, condessa de Paris, filha do príncipe Pedro de Alcântara e neta da princesa Isabel:

> A residência de meus avós era uma grande construção quadrada de 1880 com uma escadaria e uma marquise sustentada por colunas de ferro. Aqui, ali, sobre as fachadas,

22 Padres diocesanos franceses são chamados por vezes de abades.

> alguns vitrais de cores monótonas de sorvete de pistache ou de framboesa esmagada... Imaginem, em suma, um belo palácio Napoleão III com seu grande jardim, gramados, cavalariça, uma horta e estufas para cultivar flores em todas as estações. No primeiro andar, havia uma pequena capela forrada de tecido vermelho sobre o qual estavam presos relicários, e sobre uma coluna, em um dos cantos, a famosa Rosa de Ouro.[23]

Dessa educação pode-se perceber o resultado em D. Luís no gosto pelas coleções, comum no final do século XIX, desenvolvido por artefatos indígenas, cromos, fotografias e, ao se tornar adulto, troféus de caça, que se tornaria um de seus esportes favoritos. Sobretudo assimilaria o gosto pelas viagens e explorações delas, extraindo relatos em parte publicados. Enfrentar e vencer desafios, dedicar-se a esportes, aos estudos e posteriormente à escrita foram práticas incorporadas a atitudes seletivas em relação ao modo de viver e aos relacionamentos, anunciando desde a adolescência, o caminho que iria seguir, no envolvimento com a causa da restauração da monarquia no Brasil.

---

23 ORLÉANS e BRAGANÇA, Isabel. *De todo coração*. Rio de Janeiro: Francisco Alves, 1983, p. 39. A Rosa de Ouro havia sido ofertada pelo Papa à princesa por ocasião da assinatura da lei Áurea. Em seguida, foi doada por seu neto, D. Pedro Henrique, à Arquidiocese do Rio de Janeiro e se encontra no Museu de Arte Sacra, na catedral dessa cidade.

PARTE 2

Vida de militar

Cadete em Viena

Em 1893, D. Pedro de Alcântara, irmão mais velho de D. Luís, ingressou na Academia Militar de Wiener Neustadt, na Áustria: "é preciso que faça alguma coisa e a carreira militar nos parece a única que ele deve seguir", escrevia sua mãe à amiga Adelaide Taunay. Na mesma academia os irmãos mais moços completaram também sua formação e assim encaminharam-se para uma ocupação considerada compatível com sua posição social.

Fundada em 1752 no reinado da imperatriz Marie-Thérèse (1717-1780), a Theresionische Militarakademie preparava oficiais para o K.u.K, o exército Kaiserlich und Königlich (Imperial e Real) do império austro-húngaro. Próxima de Viena, no centro político do domínio Habsburgo, abria aos formandos com bom desempenho a possibilidade de indicação para um posto militar.

A escolha resultou no ingresso dos príncipes na cavalaria ligeira: D. Pedro chegou à patente de capitão de ulanos (lanceiros), ao passo que D. Luís inicialmente esteve na artilharia e depois, assim como D. Antônio, ingressou em regimento de hussardos. Originária da Sérvia e depois, via Hungria, espalhada pela Europa, essa forma de organização militar terrestre teve grande influência na estratégia nos séculos XVIII e XIX. Seus uniformes coloridos, inspirados na moda húngara, passaram por variações mas basicamente consistiam em jaqueta curta (dólmã), ou jaqueta Átila de comprimento médio e a peliça (capa) atirada sobre um ombro, calças coloridas com trançados e galões, barretina e botas altas de equitação.

A entrada de D. Luís na academia militar em 1895 foi registrada em documento que constitui precioso repertório sobre a visão de mundo do conde d'Eu e de D. Isabel. Os conselhos foram escritos em Viena pelo pai do jovem que aos 17 anos se afastava do convívio da família para completar sua formação, pois a lei do exílio de 1886 interditava aos príncipes da família Orléans servir no exército francês. Seu ingresso na Academia na condição de príncipe estrangeiro fora autorizado pelo imperador Francisco José I, parente pelo lado materno. D. Leopoldina, sua bisavó, era arquiduquesa da Áustria, filha do imperador Francisco I de Habsburgo. Na íntegra, o documento enviado por Gastão ao filho dizia:

> Chegado o momento em que te era preciso encontrar, infelizmente longe de nós, uma ocupação na carreira militar, escolhi, de acordo contigo e deixando de lado a marinha que

não quiseste, a artilharia, como sendo a arma em que terás mais ocasião de desenvolver a capacidade que sempre mostraste, e de entreter o hábito da aplicação ao estudo que tão grande auxílio é na vida, e que perdemos, infelizmente, com muita facilidade quando nos abandonamos à falta de cuidado e à preguiça.

Tem pois, estes princípios constantemente em vista: conserva e mantém, tanto quanto as tuas forças to permitam, o *hábito de te aplicares a todos* os trabalhos que a providência te destine. Lembra-te de que é regra universal, de acordo tanto com a lei Divina como com a sabedoria humana, fazer *da melhor forma possível* tudo o que se deve fazer. É assim que se satisfaz a própria consciência e que se é honrado neste mundo. É assim que terás também a satisfação de obter sempre *as melhores notas possíveis nos teus exames* e na tua *conduta*, e por esse meio darás contentamento a tua mãe e a mim.

Que esses pensamentos te ajudem a suportar com alegria as tristezas e os inconvenientes da tua vida atual, os quais sou o primeiro a reconhecer, mas que saberás levar com paciência, como deve fazer todo homem de coragem, sobretudo se tratando de uma prova destinada a ter um fim, e que comporta freqüentes abrandamentos.

- Sê, antes de tudo fiel aos preceitos da tua religião!

Fica sempre atento quando estiveres na missa.

Recomenda-te freqüentemente a Deus e à santa Virgem, sobretudo nos momentos de desânimo ou de perigo, o que sempre se pode fazer por meio de breves invocações.

Não esqueças as orações da manhã e da noite, nem a tua pequena leitura piedosa, todas as vezes que não estiveres absolutamente impedido, e sobretudo não esqueças a confissão e a comunhão mensais. Fá-las com atenção, fervor, prepara-te para elas desde a véspera e haure delas a força para observar os preceitos que te acabo de traçar.

Foge sempre com decisão das conversas desfavoráveis à religião, à moral ou aos bons princípios, das leituras perigosas, e também dos espetáculos que poderiam apresentar algum inconveniente desse ponto de vista.

Não descuides da tua saúde, nem do hábito dos exercícios físicos, que é tão essencial. Bem sei que no interior da Academia não tens infelizmente muito que escolher. Mas compensa essa lacuna entregando-te *por inteiro* aos exercícios que te forem impostos: exercícios militares, equitação, ginástica, esgrima e também, se possível for, dança!

Nas tuas saídas, em dias de recreio, faz *o mais possível* caminhadas a pé, para não perderes o bom costume da marcha.

Toma cuidado com os resfriados: sobretudo após o banho quente ou a transpiração das marchas, agasalha-te bem e não pares em locais frios ou expostos ao vento.

Esforça-te por seres sempre alegre, amável, *bem educado*, submisso, obediente, muito *pontual, ativo, ordenado*, zeloso da tua limpeza e dos teus guardados.

Manifesta sempre gratidão para com o oficial colocado junto a ti, pelos cuidados que ele tomar para te guiar, para te encorajar e sobretudo para te facilitar os estudos um pouco árduos que tiveres que fazer.

Recorre a ele nas dificuldades e, mesmo quando elas parecerem desde o primeiro momento invencíveis, não te entregues ao desânimo.

Graças à Bondade Divina, tens uma natureza capaz de muita coisa boa e até de sucessos, como felizmente já pudemos muitas vezes comprovar, se bem que ela ainda tenha, como deves reconhecer, necessidade de ser corrigida em vários pontos.

- Eis porque, no momento em que pela primeira vez vais ficar longe da tua família, quis deixar-te, a título de encorajamento, estes poucos conselhos inspirados, filho querido, no fundo do coração; o mais desenvolvidos ainda do que pude fazer para o teu irmão mais velho em semelhante ocasião.

Tenho confiança de que este período da tua existência, talvez penoso, será para ti de grande utilidade para o futuro, forçando-te a regras um tanto austeras, e ensinando-te a ver a vida do lado sério, que é, *hélas*!, o principal, não podendo e não devendo ser a diversão senão um alívio passageiro.

Não te esqueças da tua família e dos teus amigos, nem dos bons ensinamentos que recebeste na França e dos que pudeste conservar da tua primeira infância e do país em que nasceste.

Escreve-me ao menos uma vez por semana, assim como a tua mãe.

Toma o cuidado de responder, ainda que em breves palavras, a todas as cartas que receberes, a menos que sejam de desconhecidos; quanto a essas, agirás bem mas enviando para me pedires conselho.

Ao me separar de ti, bem a contragosto, por alguns meses, abraço-te ternamente.[1]

A transcrição decerto longa se justifica. Nesses conselhos está contido em síntese o projeto norteador da educação dos três irmãos. Percebe-se nele claramente a mão de D. Isabel na insistência do cultivo da fé e das práticas devocionais do catolicismo, de resto também presente nos sentimentos religiosos do conde d'Eu. A religiosidade era bastante prezada no meio militar austríaco no qual D. Luís ingressava. O pai transmitia-lhe também sua própria experiência sobre a vida de militar. Além de traçar o perfil ideal do príncipe a ser alcançado, o documento revela muito da personalidade e do estado de saúde do filho e das inquietações do pai com a dureza da vida numa academia famosa por sua disciplina.

Ao aconselhar o jovem cadete, o conde d'Eu reunia argumentos buscados em sua visão de mundo e a traduzia em normas de comportamento norteadas pelo conceito de civilização como referência para a vida social pautada por padrão cortês de con-

---

1 Carta de Gastão de Orleans a D. Luís, Viena, 2/10/1895. In: *Conselhos do conde d'Eu ao Príncipe Perfeito*. Grifos originais. Publicado no site www.monarquia-for.dt.com.br/arti22.htm e na *Revista do Instituto Histórico e Geográfico Brasileiro*, Rio de Janeiro, 159, n. 398: 79-84, jan./mar. 1998. (Tradução e notas de Armando Alexandre dos Santos).

duta. Explicitou um código de sociabilidade necessário ao mundo da aristocracia direcionado para o controle das emoções, do uso da agressividade pessoal em prol de uma vida cotidiana e pública ordenada, na qual se preservava o prestígio de uma classe social; mantinha-se a distância entre superiores e inferiores pela rejeição a tudo que pudesse lembrar vulgaridade e pela manutenção de indícios de refinamento e cortesia alicerçada no sentimento de honra. Maneiras polidas, apuro no trajar, respeito à hierarquia constituíam códigos apreciados. Saber manter as distâncias garantia uma posição na sociabilidade rigidamente hierarquizada característica da sociedade de corte. Acatar essa regra significava a manutenção da posição ocupada e do equilíbrio hierárquico, pois implicava o cultivo do senso da medida, da avaliação meticulosa das relações com os outros e o domínio da afetividade, comportamentos que sinalizavam uma pertença e confirmavam prestígio.

O perfil de príncipe que aflora do documento é o de um indivíduo inserido entre os melhores não apenas pelo nascimento, mas também pelo comportamento que lhe garantia o prestígio de início alcançado pela origem. Esse sentimento de fazer parte de uma elite foi muito cultivado por Gastão e parece ter se inspirado em La Bruyère, para quem: Um perfeito cortesão é senhor dos seus gestos, dos seus olhos, do seu rosto; é profundo, impenetrável. Dissimula os maus ofícios; sorri aos inimigos; oculta sua má disposição, mascara as suas paixões, contraria o coração, fala e age contra os seus sentimentos.[2]

Mais que um modelo de masculinidade do conde d'Eu, como interpretou Barman em seu estudo sobre D. Isabel orientado pela perspectiva de gênero, a carta revela exemplarmente um conceito de educação. As virtudes enaltecidas como o amor aos estudos, os cuidados com a saúde, a aparência, a boa conduta, a pontualidade, o zelo, e outros mais indicam ser necessária a aquisição de padrões de convívio que garantissem reserva e prudência em cada contato. Não se tratava apenas de seguir uma etiqueta mas também da obediência ao regulamento da vida militar que se bem conduzida resultaria em confirmação do prestígio do príncipe e de sua família. Presidindo este edifício educativo, o conceito de honra constituía um valor a ser mantido para que não se perdesse o prestígio e a pertença a uma elite no exercício de um ofício adequado à condição principesca. A construção de uma identidade militar embasada hierarquia, na disciplina e na distinção dos melhores não destoava desse modelo, acrescido do espírito de camaradagem, estima e confiança expresso na convivência dos que ocupavam a mesma categoria em círculos hierárquicos fechados.

---

2 La BRUYÈRE. *Caractères*. Firmin-Didot, 1890. Apud ELIAS,N. *A sociedade de corte*. Lisbos: Editorial Estampa, 1987, p. 79.

Na Academia a cada ano eram admitidos 150 alunos, que durante três anos seguiam o curso de formação de oficiais com estudos teóricos , práticas de equitação e manobras de artilharia. Segundo D. Luís, nessa época fazia "exercícios a valer" mas também havia tempo livre para banhos em Baden e passeios em Viena, de preferência no Prater. Neste parque dotado de gramados, bosques e caminhos aprazíveis entre o Danúbio e o canal do Danúbio, divertia-se a sociedade vienense em passeios a cavalo ou nas áreas de restaurantes, bares e espetáculos de variedades que faziam do local um importante centro de sociabilidade durante a Belle Époque. A prática de equitação era ali frequente, na companhia do cavaleiro (Ritter) von Schrey, militar designado para acompanhá-lo em sua instrução militar.

Ao longo do curso de formação, o jovem cadete conciliava a frequência à academia com a vida de jovem aristocrata praticante de esportes (bicicleta, natação, equitação). Se de início manifestou problemas com as pernas e inchaço nos pés causados pelo esforço despendido nas marchas, isso não impediu que admirasse as paradas militares e em especial uma revista feita pelos imperadores alemão e austríaco aos oficiais em abril de 1897 em comemoração do jubileu de Francisco José. O aparato militar, os uniformes multicoloridos e a correção da parada perante os governantes causaram nele forte impressão. Seu entusiasmo pela posição de cadete manifestava-se nitidamente na correspondência à mãe e em especial na descrição da revista militar feita pelos imperadores.

Ao final do curso os alunos aprovados eram promovidos ao posto de oficial em cerimônia anualmente realizada em 18 de agosto, data do aniversário natalício do imperador Francisco José. Os aprovados eram classificados após solenidade militar e religiosa imponente à qual compareciam as famílias dos formandos e a população da cidade. Eram paradas militares com música, missa campal em tenda de campanha de linho branca erguida em meio à praça onde se situava o monumento à imperatriz Maria Teresa, ramos de carvalho verdes que o batalhão ostentava nos bonés; todo o ambiente evocava triunfos militares em aparato espetacular. A cultura aristocrática imperial então resplandecia na ritualística exaltação do poder dos Habsburgo.

A formatura comportava também um banquete e na de D. Pedro, em 1896, seus pais estiveram presentes. O comandante da academia, em especial deferência, convidou o formando a tomar assento à sua direita, entre os generais que ocupavam o centro da mesa principal, e a este gesto de distinção se seguiu a visita do jovem oficial ao imperador em Ischl para agradecer a nomeação, seguida de jantar com o soberano.

Já a formatura de D. Luís, em 1898, foi notícia no *Jornal do Comércio* do Rio de Janeiro, que transcreveu em 10 de setembro a nota final por ele recebida com todas as menções, num relatório assinado pelo capitão Soppe, comandante da companhia, pelo Coronel Obermeyer, diretor de estudos e pelo general Adolf von Schneider. Nele são detalhados os progressos alcançados nos estudos, as dificuldades e aptidões demonstradas, seja no preparo físico ou no treino de atividades específicas da vida militar ou na formação do caráter:

> Tanto como zelo como aproveitamento, o Príncipe nada deixa a desejar nestes últimos tempos. Tomou mais interesse à esgrima e ao exercício de pular sobre o cavalo em marcha a galope e outros, o que teve por conseqüência desenvolver de maneira notável nestes últimos meses sua força física, agilidade e força de resistência.

A avaliação de seu caráter mereceu um destaque, no qual foi considerada plenamente satisfatória a "firmeza que tem mostrado em sua conduta", tendo sido "bem informado da maneira de pensar e julgar própria dos moços que se consagram ao estudo militar". Tido como bom aluno, com bons princípios, "coração bom e corajoso", D. Luís foi elogiado como naturalmente bem dotado, estimado pelos camaradas, professores, instrutores e superiores.

Mais detalhadamente, o boletim traz interessante esclarecimento sobre o currículo da academia destinado à formação de um oficial do exército austro-húngaro. Revela também preferências, dificuldades e habilidades de D. Luís.

> conduta,excelente; aplicação, idem; atitudes, muito satisfatórias, muito boa compreensão; qualidades de caráter, vivo alegre; modo de apresentar-se, muito polido; correção de uniforme, muito limpo e bem tratado; redação de atos militares e oficiais, bem; língua polaca, muito bem; língua francesa, excelente. Organização militar, muito bem; artilharia, excelente; tecnologia do armamento, idem; tática, bem; regulamento do exercício, bem; geometria descritiva, idem; matemáticas superiores, idem; guerra de fortaleza, idem; serviço de engenharia, idem; física, excelente; hipologia, muito bem; exercício e instrução no serviço das tropas, bem; ginástica, suficiente; esgrima, bem; equitação, excelente; preceitos de serviço e modo de apresentar-se, muito bem; dança, suficiente.

O currículo evidencia o ensino militar promovendo intensa socialização e uma educação voltada para a formação do técnico da guerra, do soldado profissional, a partir de estudos teóricos e práticas. Essa educação visava o desenvolvimento de certos traços de caráter estruturantes da personalidade do oficial com os valores da honra, lealdade, obediência, coragem, responsabilidade, que lhe davam aptidão para o comando. Na academia os estudos humanistas e clássicos feitos no Brasil e na França parecem ter sido abandonados pelo jovem cadete ou não mais realizados como atividades curriculares. Atirar, cavalgar, atuar em combate, planejar estratégias foram os principais direcionamentos dessa educação ressocializadora e expressiva da peculiaridade do exército como instituição total. Ali se formatava a personalidade do soldado com o desenvolvimento de traços identitários e a aquisição desse estilo de vida incluía até mesmo o aprendizado da dança, pois os bailes seriam atividades importantes para a sociabilidade dos futuros oficiais. Exercícios de tiro, ordem unida, aulas de tática: tudo convergia para a preparação do oficial dotado de força física, habilidade e agilidade, capaz de se locomover montado pois os cavalos constituíam o principal meio de transporte do exército nessa época. Perceber-se parte da escala hierárquica do Exército, estabelecer relações entre ensino, disciplina e hierarquia, adquirir uma personalidade militar baseada nos atributos de chefia, liderança, iniciativa, disciplina, responsabilidade e espírito de trabalho em grupo convergiam para a formação do oficial. O peso desta formação e o posto ocupado no exército, até os 30 anos de idade, moldaram D. Luís com uma auto-imagem definida: "sou militar", afirmou diversas vezes, evidenciando ser essa condição tão decisiva quanto a principesca. A sobreposição identitária indica a eficácia da educação militar mesmo porque não havia contraste entre sua origem nobre e os companheiros dos bancos acadêmicos, pois os cargos de oficiais eram ainda privilégio da nobreza européia, num processo de recrutamento amplo.

Terminado o curso, obteve a nota geral 96 com a qual se classificou em quarto lugar sobre 46 alunos, com distinção dupla. Fez parte ainda da conclusão de seu curso uma viagem de instrução, com seus colegas de turma, na costa do Adriático; visitou o arsenal da base naval austríaca de Pola (atual Pula, na Croácia) e fortalezas marítimas, além de participar de uma marcha de seis dias pela Stiria. Uma vez formado, foi classificado no exército K.u.K., no qual serviu até 1908 no posto de tenente.[3]

Em 1900, chegou a vez de D. Antônio ingressar também na Academia Militar , onde ficou até sua formatura em 1903. Em seguida, foi designado para o regimento em Marburg, e depois para diversas outras cidades, sempre em regimentos de hussardos. Como D. Pedro, fez a Brigadeschule e dos três irmãos foi o único que permaneceu no exército K.u.K. até as vésperas da Primeira Guerra Mundial.

Pertencer ao exército K.u.K. implicava grandes despesas para a família, desde a pensão semestral e o alojamento na Academia até sua instalação, manutenção e deslocamentos após a formatura, aquisição de uniformes e de cavalos (dois a cinco para

3 Vide Certificado emitido em nome de Ludwig, Prinzen von Orléans und Bragança, K.und k. Reichs-Kriegs Ministerium Abtheilung 6, n. 2895, v.b.n. 28, 9 agosto 1898, Arquivo Pró-Monarquia.

cada um deles), cocheira e trato dos animais. Mas com os filhos na carreira das armas, a formação militar e as experiências de Gastão d'Orléans se atualizavam e lhe traziam grande contentamento. Seu entusiasmo o levava a acompanhar de perto os filhos nesse percurso como escreveu a D. Luís: "Tenho muita vontade de ir ver-te nos teus acantonamentos de Adelsberg como fiz muitas vezes para Pedro a fim de visitar as famosas grutas, ver de longe as manobras de Compere e regressar contigo para a Savóia" (Carta de Gastão a D. Luís, Chamonix, 18/8/1901).

A juventude , pelo contrário, pedia um pouco de distanciamento: em carta ao irmão Pedro, D. Luís comentava a insistência do pai em participar de sua vida militar pois em manobras no sul de Carniole, perto de Zukw (Zolkiew, atual Eslovênia), havia recebido a visita paterna: "Papai naturalmente veio me inspecionar". Igualmente incomodado pela visita do pai ao irmão caçula em Budapeste, manifestava seu espanto perguntando à mãe o que havia levado o pai a fazer tal viagem.

Hussardo na Áustria-Hungria

Uma vez diplomado, D. Luís foi incorporado como tenente ao regimento de artilharia Erzherzog Wilhelm n.o 3 do K.u.K., na guarnição de Graz, capital da província da Stiria, no sudeste da Áustria. Encaminhava-se para a carreira numa arma considerada técnica mas nela não permaneceu. Em 1901 passou para a cavalaria, classificado no 5.o Regimento de Hussardos, denominado Feldmarechal, na guarnição de Neusiedl-am-See, conforme esclarece o depoimento do criado Latapie, que atribui a mudança de armas a um episódio de reprovação do príncipe em exame, frustando-se assim uma promoção. Nos anos de 1903 a 1908 esteve em Neusiedl, Pressburg e Pozsony. Trata-se de um período pouco conhecido de sua vida, e no entanto importante, pois nele formou seu pensamento político e empreendeu viagem ao Brasil em 1907. Foi também durante esses anos de vida militar que realizou diversas viagens e compôs seus respectivos relatos.

O exército da monarquia dual da Áustria e da Hungria sob os Habsburgo constituía um dos elementos de unidade política do império de Francisco José (1830-1916) simbolizada pela águia bicéfala. Um mosaico de etnias integrava o território imperial. Austríacos, eslavos (tchecos, eslovacos, rutenos, poloneses, eslovênios, croatas, sérvios), húngaros, romenos e italianos submetiam-se, porém, cultivavam efervescente nacionalismo. Desde

1867 estabelecera-se o chamado compromisso que assegurou a governabilidade do reino da Hungria por meio de um regime parlamentar próprio, embora a subordinação magiar fosse garantida também por um conselho de ministros comuns. Os governos da Áustria e da Hungria se encarregavam respectivamente do recrutamento, da legislação sobre o serviço militar, do transporte de tropas e da resolução de questões entre civis e militares. A Hungria mantinha o Honvéd, exército recrutado nas províncias do império por ela administradas e, similarmente, a Áustria constituía exército específico.

Durante esses longos anos de 1895 a 1908 D. Luís fez carreira militar mudando de postos em diversos regimentos. De cadete (farda com faixas de galão paralelas no colarinho do uniforme indicando muito bom desempenho), passou a *lieutnant* (uma estrela no colarinho do uniforme) e *oberlieutnant* (duas estrelas no colarinho do uniforme), oscilando entre a vida de militar e a dedicação à escrita de relatos de viagens. Sua permanência no K.u.K. só se prolongou por insistência dos pais, apesar do seu desejo manifesto em alguns momentos de passar para a reserva. Como ocorreu com seus irmãos, a opção colocada pelo pai para o desligamento da vida militar era o casamento. Assim é que diante da férrea determinação paterna, D. Luís só se retirou do exército em 1908 pouco antes de se casar, sem alcançar o posto de capitão para o qual se preparara em 1905.

Os dados mais consistentes desse período de sua vida encontram-se na correspondência trocada com o pai e referem-se à permanência na cidade de Neusiedl–am-See (em húngaro Nezsider), às margens do lago Neusiedl, na Hungria, próxima da fronteira com a Áustria, de 1903 a 1908, com um intervalo de seis meses quando fez a Corpschulle em Pozsony, de janeiro a junho de 1905.

Chegou a Neusiedl no início de 1903, com 25 anos de idade, em meio a um inverno rigoroso ao qual não se acomodava pois tolerava pouco as baixas temperaturas e a umidade freqüentes na região, provavelmente em razão de sua saúde já frágil. Reclamava amiúde do "frio de rachar" (*froid de loup, froid de chien*), da neve, do vento, enfim do "tempo ignóbil" que o impelia a se refugiar em seu apartamento e impossibilitava a equitação, seu esporte preferido. Segundo o depoimento do criado Latapie, que acompanhou os três irmãos alternadamente na vida de militar, D. Luís deixara a artilharia para ingressar no 5.o regimento de Hussardos, no qual:

> todos os oficiais são nobres, há muitos príncipes [...] Se Nezsider é construída sobre a grande estrada que tem casas de cada lado da estrada, é tudo, desde que anoitece, não se vê nada, por vezes pode-se acreditar estar no caminho e tem-se os pés num riacho, triste região. Para os caçadores há um atrativo agradável, há um lago de uns cinquenta

> quilômetros que tem seis ou sete metros de profundidade, que é coberto de juncos. Os caçadores vão ali com barcos de fundo plano, há muitos gansos, patos, narcejas[...].[4]

É notável o tipo de ligação que D. Luís desenvolveu com os animais de montaria desde sua infância e acentuou-se na vida de militar. O cuidado com os cavalos, o trato, a atenção para com seu bem-estar, a compaixão no caso de moléstia ou esgotamento estão presentes ao longo da vida onde se podem ler os ecos da vida de hussardo. Com tal predileção revelava além do preparo de um oficial da cavalaria, a integração aos valores da aristocracia cultivados desde sua infância nas cavalgadas em Petrópolis e no Rio de Janeiro. Possuir e saber manejar cavalos significava além das cavalgadas solitárias, participar de caçadas que eram eventos coletivos e relevantes para a vida social nos círculos aristocráticos. Como assinala Barbara Tuchman, o cavalo era inseparável da vida dessa classe social. "Proporcionava transporte, ocupação e pretexto para conversa; inspirava amor, heroicidade, poesia e façanhas físicas. Era o elemento essencial para as corridas, o desporto dos reis e, para a cavalaria, a elite da guerra."[5]

Durante a permanência na guarnição de Neusiedl, D. Luís ocupava-se dos recrutas mas pouco registrou a respeito de seu trabalho. Apenas se sabe que cumpria diariamente horas de *manège*[6] do meio-dia às 3 horas. Com bastante tempo livre, dedicava-se a escrever o livro sobre a viagem à Ásia Central feita em 1902 e mantinha-se em constante contato com o pai, discutindo os apontamentos. As circunstâncias de recolhimento provocadas pelo clima frio e inóspito para vida ao ar livre, sem contar o pouco tempo dedicado ao trabalho na guarnição, eram favoráveis à sua dedicação à escrita. Mas o livro não lhe agradava: sentia-se enfadado com as constantes correções. Sem entusiasmo, descontente com os resultados, era estimulado pelo pai que intermediava na França os trabalhos de revisão e edição do livro publicado com o título de *À travers l'Hindo-Kush*, em 1906.

Vivendo distante da família, em pequenas cidades que o faziam lembrar-se melancolicamente da França e dos encantos de Paris, D. Luís alternava momentos de depressão e solidão com um certo entusiasmo pela vida social, procurando consolo na

---

4 LATAPIE, Albert. *Lembranças de um lacaio da Casa de Orleans e Bragança no exílio. A Leurs Altesses Royales Monseigneur Le Comte et Madame la Comtesse de Paris*. s/d.., p. 32.

5 TUCHMAN, Barbara W. *A torre do orgulho*: um retrato do mundo antes da Grande Guerra, 1890-1914. Rio de Janeiro: Paz e Terra, 1999, p. 57.

6 *Manège* tanto pode indicar o local para exercícios de equitação como o local onde se fazia a vida militar propriamente dita em tempos de paz, comportando a instrução dos recrutas, a ordem unida, a administração. Pode comportar além de salas de exercícios e aulas, local de paradas das tropas.

leitura e na escrita, mas isto nem sempre era suficiente para animá-lo. A carta a seguir registra seu estado de espírito, ao retornar certa vez a Neusiedl após uma viagem:

> Retomei meus trabalhos. Tenho muito tempo mas não sei o que fazer dele neste tempo sombrio, nos meus apartamentos ainda mais sombrios e povoados de pulgas. Eu me pergunto cada vez que volto para cá se de fato eu não faria melhor em largar o serviço militar que decididamente não está na minha natureza para me consagrar a alguma coisa mais interessante. Começo a imaginar que poderia levar em Paris uma vida muito agradável e em suma mais preenchida que aqui. Não se pode ler nem escrever o dia inteiro e quando não se monta a cavalo as horas parecem bem melancólicas em companhia de camaradas amáveis mas bem pouco interessantes (Carta de D. Luís ao pai, Neusiedl , ce samedi [1903]).

A grande questão que se colocava ao jovem era o que fazer de sua vida, o rumo a tomar, de que se ocupar. A pressão do pai para que ali permanecesse foi muito grande, embora já tivesse se lançado na carreira de escritor e alcançado reconhecimento de sua obra, com a admissão no Instituto Histórico e Geográfico Brasileiro como sócio honorário em 6 de novembro de 1903, após a publicação dos livros de relatos de sua excursão aos Alpes e o *Tour d'Afrique*. Nessa época a tensão entre os dois ofícios resultava do anseio de plena realização pessoal que lhe parecia impossível alcançar na condição de militar, na qual pairava a monotonia que o predispunha ao enfado: "A Câmara húngara continua a obstruir de modo que nós não teremos provavelmente recrutas antes do mês de fevereiro. Ninguém aliás sonha em reclamar" (Carta ao pai, Neusiedl, 3/12/1903).

Para compensar o isolamento e a distância da família, com os pais na França e dispersos os irmãos pela Europa danubiana, empreendia viagens a Viena e arredores mantendo um estilo de vida de alto nível adequado à sua posição social com cavalos, automóvel, motocicleta, festas, bailes servido por Kandler, seu ordenança hussardo.

Constantemente atormentado pela falta de dinheiro, as mil coroas que como os irmãos recebia mensalmente eram-lhe insuficientes para viver. Lamentava-se nos indefectíveis balancetes que acompanhavam as cartas semanais a Gastão d'Orléans e resultavam na relutante remessa dos recursos solicitados, pois os pais controlavam os bens da família. Com isso conseguia levar um estilo de vida que mantinha e acrescentava prestígio pois além dos círculos militares tinha também trânsito na fechada corte dos Habsburgo. O consumo de prestígio salvaguardava a posição da família e evidenciava uma situação, mas implicava em grandes gastos. Fazer economia e regular despesas, como aconselhava o pai, era descabido nos meios aristocráticos que frequentava. Para a família, manter um patamar de prestígio era relevante também por proporcionar oportunidades para a escolha da noiva adequada, algo considerado uma sequência natural dessa fase de juventude e que com o casamento marcaria a entrada na vida adulta.

Durante todo esse período, Viena foi o centro de sua vida social, onde freqüentou bailes e recepções na corte. Viveu a Belle Époque vienense descrita por Karl Schorske em *Viena fin de siècle*: cidade de grandes edifícios e palácios, centro político, financeiro, industrial, artístico, de vida mundana. Capital não só do império Habsburgo mas metrópole da Europa danubiana e balcânica, por ali circulavam os arquiduques, as grandes linhagens da nobreza alemã, húngara e polonesa. D. Luís integrou-se a essa sociedade e nela, além de teatro e ópera, outras experiências lhe foram proporcionadas , como os esportes de inverno (patinação no gelo e trenó a vela no lago congelado), equitação, caça e balonismo. Os bailes, sobretudo os oferecidos pelos arquiduques, o atraíam, mas muitas vezes afirmou em suas cartas-relatório ao pai não se divertir neles, aborrecendo-se "mortalmente" ao sabor de seu humor instável, do seu estado de saúde oscilante e dos freqüentadores dos eventos. No mundo da valsa de Strauss, do *cotillon* e da *quadrille,* nem sempre parecia muito à vontade, queixando-se de que as viagens à capital com a finalidade de diversão mundana o exauriam. É possível que se manifestassem já os sinais de sua enfermidade cardíaca e do reumatismo agravados com o passar dos anos.

Prezava porém o convívio com os mais seletos círculos de arquiduques que gravitavam na Ringstrasse em torno do imperador Francisco José e frequentava seu palácio barroco, o *Hofburg*, além do *Hofburgtheater* (teatro) e da *Hofoper* (ópera) e os esplendorosos *Hofball* (baile da corte), vitrines de visibilidade e de oportunidades matrimoniais.

Pelos ares em balão

Na primeira década do século xx desenvolvia-se na Europa a prática do balonismo e D. Luís também foi seduzido pela novidade. Foi contemporâneo de Santos Dumont que desde 1901 realizava experimentos no ar, e conviveu, ainda, com os Orléans e Bragança. Também manteve por vários anos contato com o conde Henri de la Vaulx, célebre aeronauta francês, autor entre outras peripécias de um recorde em 1900 voando no balão *Centaur* mais de mil milhas de Paris a Korostícheff, perto de Kiev, na Rússia. O balonismo reunia na época aristocratas e milionários; era um esporte dispendioso e bastante exclusivo.

D. Luís e seus irmãos integraram-se a esse círculo seleto e realizaram nos balões de La Vaulx diversas ascensões noticiadas em revistas européias. A ascensão dos príncipes no *Centaure II* em janeiro de 1904 principiou no Aéro Club de Paris e se desenvolveu em percurso de cerca de 80 kilômetros até Compiègne , conforme o relato de d.Antônio publicado na revista *Vie au Grand Air*. Com a presença dos pais, fortemente agasalhados em pesados casacos de peles, forneceram assunto para o noticiário elegante de Paris,[7] que atribuiu à princesa Isabel o comentário de efeito quando da ascensão em conjunto dos irmãos: havia colocado "tous ses Eu dans le même panier."[8]

Não há dados precisos sobre seu "batismo de ar", mas D. Luís participou de diversas ascensões no *Meteor I*, pilotado pelo tenente Korwin, e no *Djinn*, conduzido por la Vaulx. Não se pode descartar também que tenha realizado experiências aéreas com Santos Dumont, radicado em Paris no início do século, conforme sugere foto tomada junto com o "pai da aviação" em um aeroplano.

Em dezembro de 1903, na Áustria, foi convidado a participar de um ascensão no *Meteor II*, com La Vaulx e outros militares. O balão pertencia ao arquiduque da Áustria Leopold Salvador, filho de Carlos Salvador, arquiduque de Áustria Toscana e de Imaculada de Bourbon, princesa das Duas Sicílias, casado com Branca de Bourbon, infanta de Espanha.

A partida foi dada no arsenal de Viena, após reunião preparatória em casa do arquiduque, e a ela compareceram muitos generais além de toda a seção de Aerostação militar da capital do império. Foi um evento militar dados os participantes, o local de partida e o desenrolar da viagem. Tudo indica que se tratava de um balão exploratório de meteorologia e de fotografia aérea. Como fotógrafo D. Luís tinha um papel a desempenhar na ascensão, mas além disso sua presença em grupo tão seleto indica inserção social no círculo dos arquiduques, que ultrapassava sua posição modesta de tenente do exército imperial, mas era amparada pelas linhagens materna e paterna.

Precursora da aviação militar, a ascensão em balão de gás vinha sendo utilizada no início do século XX para observações meteorológicas e militares. Na Áustria, em 1902, fora estabelecido um recorde com o balão *Júpiter* que pilotado pelo engenheiro Richard Knoller e Josef Valentim chegara a 6.810 m de altitude. Expressão dessa modernidade, a ascensão no *Meteor II* parece ter sido um vôo de reconhecimento aéreo

---

7 *Armes et Sports*, 14 janvier 1904; *Le Monde Illustré*, Paris, 16 janvier 1904; *Armée et Marine*, 17 janvier 1904. No Brasil as proezas foram noticiadas pelo *Jornal do Comércio*, 26 de janeiro e 2 de fevereiro de 1904 (Suas Altezas em Balão).

8 'Sports et Actualités'. *Armée et Marine*, 17 janvier 1904. Na tradução livre, o trocadilho seria algo como 'Todos os ovos no mesmo cesto'.

como indicam suas observações precisas sobre altitude, distância, temperatura, ventos, visibilidade; inclusive porque sugerem a presença de instrumentos meteorológicos no balão, provavelmente barômetro e estatoscópio. A descrição muito bela revela a forte impressão causadanele causada pela experiência de atravessar a região de Viena em direção ao norte da Áustria e adentrar na atual República Tcheca:

> O tempo estava muito bom. Infelizmente havia muitas nuvens muito baixas que nos escondiam a vista da terra. De Viena não víamos um quarto de hora depois da partida senão a torre de St. Étienne saindo de um mar de nuvens brancas. Bem longe, em revanche, o Schneeberg e a longa cadeia dos Alpes estava magnífica. Passamos o Danúbio perto de Klosterneuburg e tomamos a direção de Znaim. Impossível porém se orientar. A algumas centenas de metros abaixo de nós um tapete de nuvens se estendia sem solução de continuidade até o horizonte barrando-nos completamente a visão, apresentando aqui e ali maravilhosos aspectos. Diante de nós corria sobre as nuvens a sombra imensa de nosso balão enquadrado de um arco-íris circular, dito a auréola dos aeronautas. Estávamos a cerca de 100m. de altitude. Pelas 11 h. ouvindo um barulho de cidade através da espessa camada de nuvens decidimos nos fazer cair até a terra para ir ver o que se passava. Nas nuvens o balão se resfriou de repente, o volume do gás diminuiu e caímos com uma velocidade que permitia constatar o barômetro, o zumbido que se sentia nas orelhas e os pequenos papéis que jogados fora na barquinha subiam no ar com uma rapidez extraordinária. A névoa era tão forte que não percebemos a terra senão quando não estávamos além de uns trinta metros. Já o cabo pendente, uma corda de uma centena de metros que serve para a aterrissagem, arrastava sobre as [...] de uma floresta de pinheiros escuros perdidos na neve. Um ou dois sacos de lastro jogados de propósito bastaram para [...] a mais rápida descida. Continuamos nosso passeio a 50 m do solo arrastando atrás de nós o cabo pendente. Não se via aliás nada por causa da névoa e da neve e dos pinheiros. Quase batemos no campanário de uma pequena aldeia perdida na floresta. Os habitantes nos gritaram que era Polna e vimos sobre a carta que deveria ser perto de Iglau. Estávamos a cerca de 800 m acima do nível do mar. O terreno movendo continuamente nos forçava a jogar constantemente lastro para não aterrissar. Fazia um frio de rachar. Finalmente acabamos por sair das nuvens e o balão reaquecido por um sol magnífico (devia fazer +20º) se elevou de repente a 2200 m. Ao mesmo tempo uma forte corrente de ar nos arrastou a uma velocidade de 100 km a hora acima das montanhas escuras coroadas de pinheiros. Não sabíamos muito bem onde estávamos.
>
> Finalmente por volta de 1 hora percebemos ao longe diversas vilas grandes e logo depois a fita prateada de um rio que poderia ser o Elba. O balão se dirigia em direção a uma dessas vilas com uma velocidade fantástica e logo o tenente Gnoyka reconheceu Prelouc , uma das guarnições do 8.o Ulano. Em baixo coisa curiosa não havia quase vento de modo que pudemos aterrissar bem suavemente ajudados por uma vintena de Ulanos no meio do Hauptplatz de Prelouc. De lá em trenó fornecido pelo Capitão Maurig chegamos a Pardubitz (15 km)."[9]

---

9 Carta de D. Luís ao pai, Neusiedl-am-See, 11 décembre [1903].

Ao aterrissar D. Luís encontrou seu irmão D. Pedro, então incorporado ao 11.o regimento de Ulanos, o Ulanenregiment Alexander II Kaiser von Russland. A chegada triunfal a Pardubitz, cidade mundana, dotada de hipódromo e equipamentos para *chasse à courre,* provocou presença no noticiário e a ascensão foi registrada no periódico *La vie em plein air.*

Tempos difíceis

POZSONY, ATUAL BRATISLAVA, CIDADE DO REINO DA HUNGRIA situada às margens do Danúbio, próxima de Neusiedl na fronteira com a Áustria, era um porto de importância estratégica para o controle do acesso à bacia fluvial húngara da planície coroada pela cadeia dos Cárpatos. Na época, tornara-se centro do nacionalismo magiar. Ali D. Luís residiu em 1905 num pequeno apartamento mobiliado, semelhante ao que ocupara em Graz, em frente à ponte sobre o Danúbio, em Baross Útca 13, para cursar por seis meses a Corpschulle. Melhor dizendo, a Korpsoffiziersschullen, curso para formação de oficiais do exército K.u.K., que ministrava alta educação militar, requisito necessário para a promoção da patente de tenente à de capitão, em tempos de paz.

Ali seu tempo era ocupado com cursos seguidos todas as manhãs, de 8 horas ao meio-dia. Entre as matérias do currículo gostava de Kriegsgeschichte (História das guerras, 5 horas por semana). As demais considerava desinteressantes e fáceis pois já as estudara na Academia de Wiener Neustadt. O elenco incluía entre outras disciplinas Tática, Artilharia, Organização; mas a escola lhe parecia pouco exigente em matéria de aprendizado de conteúdos, ainda que rigorosa na disciplina de horários e freqüência. Sua formação anterior na Academia Militar lhe permitia sair-se bem nos exames sem se esforçar muito, relatava ao pai.

Além disso, mantinha vida social na localidade, frequentando famílias húngaras, como um baile em Pressburg, onde ficara encantado com a beleza e os dotes de dançarinas das jovens húngaras: "é preciso saber se adaptar a todos os meios. Agora estou aprendendo o húngaro com um professor e as czardas com as moças da sociedade. Daqui a alguns meses serei um perfeito magiar."

No tom irônico dessa carta de 1905 fica a sugestão de um diálogo invisível com o pai e suas constantes recomendações, recriminações e envio de diretrizes para a vida do jovem. Mas é possível também que o aprendizado do idioma e da dança húngara mais conhecida sinalizassem a necessidade de se adequar à magiarização da vida militar em resposta ao nacionalismo. Até então constava das necessidades dos membros do exército austro-húngaro o aprendizado do alemão por ser esta a língua administrativa do império, na qual o comando era escrito e dado oralmente.

Nesse período passado em Pozsony D. Luís fez duas viagens à Palestina, uma no início de março de 1905 e logo outra em 1906, desta vez, incluindo o Egito, com finalidades terapêuticas e de peregrinação aos lugares santos do Cristianismo. Sua saúde declinara, tanto que em 17 de março de 1905, ao voltar da primeira viagem, anunciou ao pai seu estado precário:

> De fato tenho reumatismo. De manhã ao acordar tenho o punho e o cotovelo esquerdo sempre ancilosados e suponho que o tempo úmido provoque sempre uma recrudescência desse mal e a repercussão sobre o coração. O Dr. Neuman que eu fui ver ontem em Viena me disse aliás que meu coração funciona agora perfeitamente bem e que seria necessário somente voltar de vez em quando para vigiá-lo. Eu suponho então que posso me dedicar moderadamente a exercitá-lo e fazer vir meus cavalos de Neusiedl assim que o tempo ficar bom. Minhas palpitações nunca foram contínuas e não me impediram de adormecer logo senão duas ou três vezes. Elas se fazem sentir em geral durante a digestão ou nos cômodos superaquecidos ou depois de ter fumado. O ar livre ao contrário me faz muito bem (Carta de D. Luís a Gastão d'Orléans, Pozsony, 23/3/1905).

Uma semana depois nova carta respondia a detalhado questionário do pai sobre a enfermidade, que parece ter se iniciado pouco antes, durante a viagem aos Estados Unidos no outono de 1904, quando teve as primeiras palpitações ,prolongadas em janeiro de 1905. Compreende-se assim que preferisse ficar em casa, necessitasse sempre aquecer bastante o quarto nos dias frios e sentisse constante cansaço. A notícia provocou nos pais grande preocupação e, afinal, um apelo para que retornasse à França, não atendido com a justificativa de que a cansativa viagem, a bordo do Orient Express no trajeto Viena-Paris, poderia indispô-lo com o general Gori, comandante da brigada, por implicar em ampliação dos dias regulamentares de folga.

A situação agravou-se ao ponto de ser necessária sua internação no sanatório Lori para tratamento dos males explicitados como problemas no coração e psoríase. Examinado pelos médicos Neumann e Hoffnagel, teve o diagnóstico de distúrbios nervosos que poderiam causar palpitações, além de insuficiência da válvula mitral em grau muito leve. Tratava-se de doença cardíaca não mortal, mas requeria cuidados: "nada de bicicleta de jeito nenhum, nem de alpinismo. Os outros esportes me são permitidos com moderação, o menos de vinho possível e fumar pouco".

Não se sabe por quanto tempo permaneceu internado no sanatório, mas foi suficiente para que recebesse visita do irmão caçula, lotado na guarnição de Graz. Já a proposta de visita do pai encontrou polida porém firme resistência. A Dominique Barral elucidou seu comportamento na ocasião e o modo de encarar a enfermidade como algo muito íntimo: Eu, quando estou doente, não peço senão uma coisa, que não se ocupem de mim. Nesses momentos o médico e a enfermeira são as duas únicas pessoas cuja solicitude aprecio (carta de D. Luís a Dominique Barral,[10] Nezsider, 24/11/1906).

A notícia de sua enfermidade foi discretamente divulgada pelo *Jornal do Brasil* em 9 de setembro de 1905, no momento de regresso ao seu posto.

Enquanto isso, na França a situação da família Orléans e Bragança se estabilizara, com a aquisição em 1905 do domínio d'Eu que incluía o castelo e 320 hectares de parque situados na Normandia, com vistas para o mar pelas localidades vizinhas de Mers e Tréport. O castelo legado por Luís Felipe ao duque de Nemours havia sido confiscado por Luís Napoleão e restituído à família Orléans em 1872. O domínio d´Eu pertencia desde 1894 ao duque de Orléans, filho do conde de Paris (1838-1894) e fora frequentado por Gastão na infância. A aquisição significou uma retomada de posição da família na França, além da abertura de uma nova etapa com a transformação do local, após restauração dos danos causados por incêndio em 1902, em local da memória com a reunião de coleções, papéis, móveis, quadros e livros vindos do Brasil. Surpreendentemente, D. Luís se posicionou contra a aquisição, ao afirmar ao pai:

> Não tenho nada a dizer sobre a compra eventual d´ Eu. Acho isso muito natural. Somente é preciso procurar não se fazer ludibriar por Filipe [de Orléans, seu tio], o que seria lamentável. E além disso não vejo muito Mamãe castelã num pequeno buraco como Eu sem boas obras nem concertos antiescravagistas. Eu compreendo muito bem que o castelo quando se quer retirar para viver tranquilo com amigos do [?] coisa que se inventa de vez em quando. Mas no inverno e no outono, Mamãe não vai querer jamais deixar Paris e no verão nós preferiremos provavelmente ir a outro lugar. Eu temo pois que o manoir fique tão desprovido de habitantes quanto no passado (carta datada de Pozsony, 24/2/1905).

Provavelmente por rebeldia juvenil, sua reação negativa na época não foi levada em conta pelos pais. A princesa havia se adaptado à vida na pequena cidade da Normandia

10 Filho da condessa de Barral.

e a manutenção da residência de Boulogne-sur-Seine, nos arredores de Paris, permitia deslocamentos sazonais. Posteriormente, D. Luís reconheceria e assumiria o valor desta morada ao datar sua correspondência com monarquistas e seus livros de viagem do castelo que se tornou o símbolo da família imperial brasileira exilada, local de prestígio e memória do Brasil e da França.

Com esta nova marca de pertença e distinção, os Orléans e Bragança evidenciavam o estilo de vida da alta nobreza, seja da França ou do Brasil. A necessidade de preservar uma situação social impunha também à família deveres. O grande edifício, com seu aspecto exterior majestoso, sinalizava para seus ocupantes e para a sociedade inclusiva posição, importância, "hierarquia da Casa através dos tempos, ou seja, da linhagem de que o chefe da Casa é o representante vivo". A obrigatoriedade de possuir um palácio e garantir que este tivesse boa aparência expressava assim "um *ethos* próprio da ordem dos senhores."[11]

Com duas esplêndidas moradas a família garantia a sociabilidade de corte, mesmo vivendo em simplicidade, deslocando-se entre elas, alternando campo e cidade. Tanto em Boulogne-sur-Seine como em Eu, a habitação se tornara o núcleo da vida da família, local onde se tecia por meio das visitas e da correspondência a rede de relações e contatos políticos com a França e com o Brasil. O perigo da decadência social e do ostracismo parecia afastado.

A gestação de um plano

Durante o período de sua permanência em Pozsony, D. Luís principiou a externar considerações mais consistentes sobre política , sinalizando que essa dimensão da vida pouco a pouco ocupava um lugar destacado em seu pensamento.

A virada do século XIX para o XX no império austro-húngaro ocorreu num contexto de derrota parlamentar do liberalismo e grandes movimentos de contestação. Movimentos de massa modernos, cristãos, anti-semitas, socialistas e nacionalistas questionavam a ordem liberal e seus valores, que sustentavam o regime constitucional da monarquia dual. O voto restrito garantia aos liberais o controle do legislativo, mas desde 1880 partidos de massa reuniam as classes populares e os povos eslavos com propostas socialistas, nacionalistas, pangermânicas e social-cristãs. A ordem liberal desintegrava-se, ainda que a figura do imperador constituísse o ponto de referência

11 Elias, N. *Op. cit.*, p. 31.

e de aglutinação. No horizonte das reflexões históricas a Revolução Francesa permanecia problemática lição a ser ponderada em sua eficácia como instauradora de uma ordem moderna. Lentamente o império Habsburgo entrava em declínio, até alcançar a completa desintegração após a Primeira Guerra Mundial.

Entre 1905 e 1906 a região onde D. Luís residia atravessou a chamada "crise húngara", sacudida pelo nacionalismo magiar que exigiu e obteve o uso do idioma húngaro no exército, reivindicado pelo Partido da Independência. A inquietação política também acabou resultando na concessão do sufrágio universal à população masculina numa tentativa de esvaziamento desse movimento, pois a mobilização eleitoral ampla poderia diluir os votos entre diversos partidos, garantindo assim a unidade imperial. Em 27 de janeiro de 1907, após dois anos de manifestações e discussões, o imperador ratificou as leis eleitorais que introduziam o sufrágio universal masculino direto no império.

Desde 1895 Francisco José defrontou-se também com a onda crescente do novo catolicismo de cunho social que se expressava num movimento de renovação política inspirado na encíclica *Rerum novarum* (1893), ávido por maior independência, inclusive em relação ao imperador e que adotara novos métodos de ação. Surgiu no império um "catolicismo político" de setores sociais descontentes com o liberalismo:aristocratas, intelectuais, comerciantes, artesãos ou clérigos atacavam a "indiferença social do capitalismo" associando-o ao "espírito de 1789" e dirigindo seus ataques contra o *laissez-faire*. A Igreja Católica, que durante a segunda metade do século XIX fornecera apoio à ordem imperial e se constituíra em sua ferrenha defensora, passava por divisão interna e pressões pela revisão e renovação.

Na seqüência dessa movimentação das fileiras católicas, entre 1889 e 1893 realizaram-se congressos católicos na Áustria; os militantes fundaram imprensa própria e clubes esportivos, confrontaram o papel do Estado na educação e realizaram manifestações de massas para mobilizar a juventude católica.

Essas turbulências estão presentes na correspondência de D. Luís ao pai, embora de modo muito discreto, como era de seu feitio. Provavelmente devido à condição de militar, seus comentários sobre as questões políticas do império eram extremamente parcimoniosos. Em 20 maio 1906, foi enviado para uma cidade onde se realizariam eleições, provavelmente para manter a ordem, conforme relatou ao pai:

> A eleição se passou com a maior calma. Havia apenas um candidato, um cura das redondezas, sustentado pelo governo apesar de pertencer ao Volkspartei.[12] Os bispos

12 O Österreichische Volkspartei (ÖVP), criado em 1893, era um partido austríaco social-cristão germanófono e popular.

> húngaros proibiram os eclesiásticos de se imiscuir na política em geral e de se apresentar à deputação em particular, mas a proibição não produziu efeito algum. Portanto às 9 horas da manhã a luta estava acabada, por falta de combatentes e às duas horas nós retomamos o caminho de nossos penates bem inutilmente deixados (Carta de D. Luís a Gastão d'Orléans, s/d, maio 1906).

Nesse contexto explosivo, o príncipe foi pouco a pouco construindo seu pensamento político balizado pela memória histórica da Revolução Francesa e pela irrupção das massas na política no seio da ordem aristocrática e imperial da Europa danubiana. Dominando o edifício de seu pensamento político, estava sua experiência pessoal traumática da queda do trono dos Bragança e o exílio da família.

Embora em seus comentários sobre o momento vivido passassem superficialmente sobre o nacionalismo e a "crise húngara", demonstrava grande interesse pela conjuntura internacional e sobretudo pela situação da Rússia abalada pela guerra com o Japão e o massacre de São Petersburgo, que esmagou a manifestação popular no chamado Domingo Sangrento (24/1/1905). Tanto o crescimento do socialismo como a guerra imperialista, que colocava frente a frente o império dos czares e o Japão, disputando território da Manchúria e da Coréia, estão presentes nos seus comentários sobre a situação da Rússia e a queda de Port Arthur em poder dos japoneses. A grande derrota da Rússia surpreendeu a Europa em fevereiro de 1904, quando inesperadamente a armada japonesa atacou a frota russa nessa base naval implantada na Manchúria. O longo sítio da fortaleza russa, que resistiu até 2 de janeiro de 1905 e terminou com a capitulação do general russo Anatoly Stoessel ao general japonês Nogi Maresuke, foi comentado pelo príncipe:

> o fato memorável, inaudito: uma fortaleza preparada durante anos por uma das maiores potências européias, defendida por um exército moderno de 60 000 homens, - tomada não de surpresa, mas normalmente por um aparato de força superior de uma pequena raça amarela.
>
> As chances da Rússia me parecem agora bem comprometidas e em minha opinião a única coisa que o Czar poderia fazer seria concluir uma paz honrosa. Em admitindo que Kurupatkine[13] nunca será suficientemente forte para empurrar [?] até a Coréia – o que custaria milhões de existências humanas – eles não poderão jamais sem esquadra retomar Port Arthur. E eles precisam ao menos de dois anos para reconstruir uma esquadra considerável para poder esmagar a de Togo. Será que de fato tantos sacrifícios, sobretudo tantas existências sacrificadas – homens de 20 a 30 an os! – valem as poucas léguas do território em questão?

13 Alexei Korupatkin, general ministro da guerra do czar Nicolau II.

E a Revolução – que cada dia se anuncia mais próxima que começa exatamente como começou a Revolução Francesa por uma eclosão de idéias filosóficas de início, por reuniões de notáveis em seguida, depois por desordens nas ruas de Petersburgo!

Em Lemberg, em Stanisluo [?] , na Cracóvia, em toda a Polônia houve iluminações em honra da tomada de Port Arthur. Os pobres poloneses muito fracos e muito cansados para se defenderem eles mesmos saúdam com entusiasmo seus vingadores do Extremo Oriente. O dia em que esses três fatores a guerra, a Revolução [e] o ódio polonês atuarem conjuntamente a Rússia passará um mau quarto de hora. De todo modo, acabou-se a potência legendária que eu era o primeiro a louvar ainda há dois anos e que hoje se mostra vencida e [...] não pela perda das tropas que são excelentes, nem dos oficiais que são admiráveis, mas somente pela assustadora confusão interior, da corrupção erigida em princípio, da falta de equilíbrio político, administrativo e social. Eis aqui o artigo que eu poderia escrever, mas que – como quase tudo aquilo que se pensa verdadeiramente – não poderia ser publicado.

Em compensação vou retomar minha pobre Ásia Central. Tudo o que eu disse a respeito da Rússia está hoje bem ultrapassado. Os russos não pensarão mais tão cedo em se ocupar do Turquistão chinês, têm verdadeiramente muito a fazer para conservar o que lhes pertence.[14]

Trata-se de um documento importante, pois escrito logo após os episódios e por eles motivado, contém a primeira manifestação política clara e incisiva conhecida de D. Luís sobre temas de então, centrados nos acontecimentos na Rússia, que expressavam a rivalidade entre o império dos Romanov e o dos Habsburgo. Sinalizavam com maior força ainda as transformações da sociedade capitalista liberal, a expansão imperialista da Rússia no oriente e as ameaças revolucionárias que pairavam sobre o trono dos czares. Ao retornarem à Rússia, as tropas derrotadas pelos japoneses haviam sido empregadas para reprimir o movimento popular, surpreendendo D. Luís ao deixarem expostas as fraquezas do regime autocrático dos czares, que acreditava sólido:

Os eventos da Rússia se tornam cada vez mais interessantes e eu os acho apaixonantes. A Revolução segue sua marcha normal. A situação se parece muito com a da França no início da Grande Revolução.

Como o governo russo – vendo as lições que ele pode tirar da história do século passado – irá atacar o problema? Os grandes exércitos atuais recrutados no povo permitem-lhes esmagar pela simples força brutal um grande movimento popular!

Por enquanto parecem ter se decidido pela repressão à força e do meu ponto de vista estão certos. É preciso antes de tudo restabelecer a ordem. Mas o faz assim perdendo um grande elemento de poder: o amor cego de seus súditos. Os jornais de hoje comparam a situação do General Kepov à do Duque de Alba em Bruxelas há mais de 300 anos. Há de fato um estra-

14 Carta de D. Luís a Gastão d'Orléans, Pozsony, 10/1/1905.

> nho anacronismo em ver também no início do século 20 um homem só investido do direito de vida e de morte sobre uma população de mais de um milhão de almas. O Czar mesmo, em minha opinião se mostra de fato abaixo de sua tarefa. Atribui-se a ele a intenção de fugir para a Criméia ou Europa e isso não me surpreenderia. Pobre filósofo idealista perdido sobre um trono do qual o knut e a Sibéria tiveram até o presente tão bem garantido o respeito. Havia lá um belo papel a desempenhar! Restabelecer antes de tudo a sua autoridade comprometida pelas maquinações de sua entourage, depois [?] firmemente tomar nas mãos a grande obra de reformas que lhe impõe o espírito novo. Mas é mais fácil criticar que agir e é uma rede bem inextrincável na qual o pobre Imperador se encontra atualmente preso!

A rendição de Port Arhur sinalizava ao Velho Mundo que uma nova potência alterava o jogo político imperialista e, mais ainda, que nesse novo quadro as massas irrompiam na política com força avassaladora, pois o massacre da manifestação operária em S. Petersburgo resultara na organização dos trabalhadores em sovietes e na greve de outubro de 1905, no movimento que se tornou conhecido como a Primeira Revolução russa. A repercussão do evento na Áustria foi canalizada pelo movimento socialista para a greve geral de 18 de novembro numa manifestação massiva de trabalhadores na capital, como registrou Barbara Tuchman:

> Em Viena, a Maria–Hilferstrasse ficou escura com os milhares de manifestantes concentrados de uma forma tão compacta que levariam uma hora a percorrer os oitocentos metros até a Ringstrasse, onde o cortejo foi reforçado por multidões ainda maiores, de outros bairros da cidade. O ruído da marcha de toda aquela multidão, os punhos cerrados, as bandeiras vermelhas faziam reviver mais uma vez a terrível visão de mme. Hennebau, no Germinal.[15]

Nessas considerações percebe-se a inquietação de D. Luís sobre o tipo ideal de monarquia que considerava valer a pena ser defendida no século XX e estão na raiz de seu manifesto aos brasileiros em 1909.

Desde 1906 estava decidido a mudar de horizontes, negociando com o pai as condições do retorno à vida civil. Em setembro desse ano expôs-lhe uma vez mais a intenção de solicitar licença do exército e avaliava a possibilidade de passar à reserva. A permanência na pequena cidade de Neusiedl lhe pesava ainda mais por não conseguir a almejada promoção ao posto de capitão para o qual vinha se preparando na Corpschule:

> Como Papai sabe, adoro minha existência em Neusiedl embelezada de vagabundagens nos arredores. Mas, como Papai já me fez observar, é uma existência vazia e se ela conti-

15 TUCHMAN, B. W. *Op. cit.*, p. 586.

nuar indefinidamente acabará por me conduzir ao embrutecimento pelo qual sonha uma parte de mim mesmo.

As razões desse descontentamento e tédio foram atribuídas à sua situação estagnada no exército, onde sentia-se inferiorizado, neste ponto, não ajudando muito o parentesco com o tio, o imperador, de quem esperava tratamento mais benevolente considerada situação sem saída de membro de uma família destronada e exilada:

> Do ponto de vista militar não tenho mais nada a aprender nos graus inferiores onde se obstinam em nos deixar. (O Imperador, é verdade, não nos deve nada, mas mesmo assim, se ao menos eu tivesse príncipes espoliados no meu exército eu os trataria certamente mais favoravelmente. Meus camaradas da Academia que passaram pela Escola de Guerra são todos capitães há mais de um ano, enquanto que Pedro, apesar da Corpschule, é ainda Oberlieutenant).

Deixara de acreditar num futuro na carreira das armas e expunha ao pai seus motivos para solicitar a passagem á reserva, embora reconhecesse que mesmo não apresentando vantagens "a vida militar Austro-Húngara nos proporciona ao menos uma situação e nos permite desempenhar aqui - com muito menos despesa - um papel muito mais importante que aquele que poderíamos ter na França". Colocava claramente ao pai a opção entre pedir nova licença e passar à reserva, sabendo de antemão a resposta: assumir a condição de casado, constituir família, como o conde d'Eu impusera aos demais filhos. Mas negociava cada palmo de terreno e afirmava ser a questão do casamento "muito mais complicada" que a decisão de deixar o exército pois não havia ainda visto princesas em quantidade suficiente para tomar uma decisão (Carta de D. Luís ao pai, Nezsider-Hongrie, 18 septembre [1906]).

Com tal estado de ânimo planejou e realizou a viagem ao Brasil em maio de 1907 e após o retorno afinal decidiu-se. Solicitou desligamento do exército em fevereiro de 1908. Era necessária uma audiência com o imperador, a qual foi intermediada pelo ministro Bolfras, encarregado dos assuntos militares do império. Segundo relato de D. Luís, Francisco José teria se mostrado muito amável na ocasião, "reservado somente nas considerações sobre seu pesar de me ver deixar o Exército. Mas, como sobre este capítulo, eu não tenho mais nada a pedir (para mim é absolutamente igual ser capitão ou não) isso não tem importância."[16] Já o coronel de seu regimento havia lhe perguntado se não queria ser capitão (no original *scadron*), ao que respondera negativamente.

---

16 Carta de D. Luís a Gastão d'Orléans, Viena, 11/2/1908. Tradução feita gentilmente por Ilka Stern Cohen.

Com muitas dívidas, cansado de enfrentar o frio da Europa danubiana e o isolamento em pequenas cidades, D. Luís estava feliz por encerrar essa fase da vida: Era a "liquidação da Áustria" e a abertura de uma vida dedicada à família e à política, que o atraía cada vez mais.

PARTE 3

Viajante de quatro continentes

O aprendizado das terras e dos homens

As VIAGENS POR LUGARES DISTANTES PREENCHERAM parte significativa da vida de D. Luís. Começou como jovem "explorador" na Europa e chegou a empreender viagens de *grand tour* possibilitadas por recursos financeiros largos e tempo disponível: África em 1900, Ásia em 1902, Estados Unidos em 1904, Palestina e Egito em 1905 e 1906, América do Sul em 1907. Contemplar paisagens, conhecer outras culturas, registrar as observações por meio de fotografias e escrever relatos integravam essa prática que unia prazer à ilustração e era essencial à formação cosmopolita.

Tornou-se um viajante em busca do exótico dos continentes africano e asiático, além de visitar o que de mais avançado existia na época, os Estados Unidos em fase de grande desenvolvimento material. As viagens contribuíram para alargar-lhe os horizontes geográficos e culturais e constituíam empreendimentos cuidadosamente organizados, desde as leituras de preparo dos roteiros até a elaboração de relatos. Seu olhar de viajante em diferentes ritmos de deslocamento percorreu paisagens estabelecendo comparações e, ao abrir-se para as novidades proporcionadas pelo sentimento de alteridade, revelou, além das paragens exóticas visitadas, a cultura de origem do peregrino.

Para dar suporte a essas viagens foram acionadas redes de conhecimentos capazes de fornecer cartas de apresentação e guias familiarizados com os locais a serem visitados. O que ver e visitar, onde se hospedar, pessoas para se relacionar,constituíam decisões tão importantes quanto a elaboração dos roteiros. Por vezes usando um nome de viagem para dissimular sua identidade, sempre acompanhado, D. Luís viajou com o pai, com os irmãos, com amigos, assistido pelo criado Latapie que amenizava os deslocamentos e providenciava o atendimento às necessidades do cotidiano.

A inserção na Sociedade de Geografia de Paris proporcionou-lhe um direcionamento específico na maneira de viajar e administrar esses deslocamentos. Criada em 1827, a instituição reuniu geógrafos e outros estudiosos em torno do conhecimento da Terra e de sua divulgação. Sociedade de prestígio nos meios intelectuais, teve membros ilustres como Champollion, Auvier, Dumont d'Urville, von Humboldt, Laplace, Jean Charcot, Anatole France, Élisée Reclus e Jules Verne. Aristocratas europeus se integraram à associação, que publicava guias e conselhos para viajantes e exploradores, encorajava expedições, distribuía prêmios e organizava conferências.

A Sociedade mantinha duas publicações, *Bulletin* e *La Géographie*, destinadas a divulgar resultados de explorações e descobertas, périplos marítimos e viagens continentais empreendidos por seus sócios, especialmente na África. Ao registrar neste movimento editorial o percurso dos viajantes de *grand tour* em relatos, cartas, projetos de pesquisa e de viagens, atuou como um centro de documentação que difundia os trabalhos de viajantes e exploradores, inclusive de missões no exterior, e assim acompanhou a expansão colonial da França na época.

Na época das grandes jornadas de D. Luís havia na Europa larga demanda pela literatura de viagem. Elaborá-la significava prolongar os prazeres e as impressões obtidos durante os percursos, mas também atender à expectativa de um público que se formara no gosto pelo exótico, pelo desconhecido, observado por vezes precariamente no decorrer de uma estada breve, ainda assim considerada educativa.

Indo ao encontro dessa demanda, D. Luís escreveu relatos publicados em volume com os títulos de *Dans les Alpes* , *Tour d'Áfrique*, *Onde quatro impérios se encontram (À travers l'Hindo Kush)* e *Sob o Cruzeiro do Sul* , além de artigos publicados em revistas e jornais no Brasil e na França. Incluem descrições de paisagens, de experiências, da vida dos povos considerados exóticos, registros de eventos e mesmo referências a obras clássicas ou de outros viajantes, utilizadas como fontes para fortalecer as narrativas. Neles estão inseridas também fotos, apresentando paisagens e povos aos leitores, em testemunho da viagem realizada. Fotografias posadas revelam em seu cuidadoso arranjo a impressão de deslocamento e movimento.

Nesses relatos são perceptíveis direcionamentos da educação recebida pelo príncipe. A arte de observar os outros constituía qualidade necessária a ser aprendida e cultivada para que pudesse verificar nos indivíduos seu caráter, suas motivações, suas capacidades e seus limites. A decorrência deste comportamento foi a prática da arte descritiva cultivada em gêneros literários específicos como as cartas, as memórias, os diários, as coleções e sobretudo os retratos, os quais constituem testemunhos da maneira como ele encarou e conduziu sua vida.

Nesse sentido, seus diários e cartas-diários de viagem não traduzem preocupações científicas ou filosóficas intensas ou profundas. Em primeiro lugar procurou nas sociedades e nos indivíduos observados a exteriorização de reconhecimento da grande distância cultural que deles separava o viajante embrenhado em paragens exóticas, assegurado pela rígida hierarquização das relações sociais. Seu fio condutor consiste na maneira como as pessoas tratam-se umas às outras, num sistema de referências que ultrapassa as aparências e se estende à confirmação da identidade do viajante pelo reconhecimento de sua posição nas relações sociais. As regras da boa conversação e do bom relato, que a estende e amplia, incluem assim a manutenção de distâncias por aquele que nunca deve falar de si próprio, mas precisa cuidar das aparências e controlar meticulosamente suas expressões.

Transpostas para a escrita dos relatos de viagem, essas normas resultaram na prática de uma "lei da fala" específica que pautou os escritos de D. Luís pela conversação correntemente praticada nos círculos de sociabilidade nos quais se inseriu: não se atêm a um único tema específico e os assuntos apenas são aflorados, dispensando a erudição científica e o emprego de termos técnicos próprios do especialista. A escrita dos relatos não indica apenas a intenção de alcançar um público específico – o da França, mas também fez parte desse *habitus,* uma vez que a leitura dessa língua no contexto da Belle Époque constituía indício de civilização. A ela os brasileiros da elite intelectual estavam habilitados, embora os livros escritos por D. Luís tenham sido pouco divulgados no Brasil, exceto pela imprensa, que os publicou traduzidos parceladamente em capítulos. As narrativas amenizam o real e o depuram de tudo que pudesse ferir a sensibilidade do hipotético leitor. A ornamentação do discurso fazia parte desse cânone que repudiava retratos vivos ou detalhados sobre o drama humano, retirando dele a verdade crua.

Alpinista

As primeiras descrições de viagens que D. Luís escreveu referem-se às experiências de alpinismo. Vários percursos foram por ele empreendidos nos Alpes franceses e deles resultaram relatos de itinerários percorridos entre 1896 e 1898, quando já estava cursando a Academia Militar. Foram publicados em fragmentos no *Jornal do Comércio* e no *Álbum Imperial*, como estratégia de propaganda para manter viva a chama da lembrança da família imperial exilada.

A tradição do turismo de montanha remonta ao século XVII, quando sob a influência de Rousseau a montanha se tornou local de passeio introspectivo, com valor terapêutico e de formação moral. Já no século XIX clubes organizavam excursões para crianças nos Alpes e nos Pirineus e nestas práticas os três príncipes foram introduzidos.

Os relatos de D. Luís, bastante singelos, dão conta das escaladas nos Alpes da Alta Savóia. A descrição dos acidentes geográficos dos percursos e das escaladas exaltam os desafios e o prazer de vencê-los. Entre os aficionados, Mont Blanc, Mont Cervin e Mont Meije integravam o circuito das "grandes courses". As descrições juvenis trazem indícios da personalidade do príncipe e de sua formação, ao valorizar a alegria do triunfo resultante da vitória sobre um obstáculo. A aquisição do *habitus* aristocrático se manifestava na recusa do nivelamento social pela comparação entre as escaladas que conferiam prestígio e a vala comum das excursões feitas "a cada ano por centenas de vulgares turistas",[1] usuários dos guias Joanne ou Baedecker.

Construídos sob o tom da epopeia seus relatos insistem nas dificuldades, nos perigos e nas emoções que tornavam atraente o alpinismo. Não faltava à narrativa o elemento trágico representado pelos predecessores que nas altas montanhas deixaram a vida. A publicação desses relatos na imprensa brasileira ocorreu principalmente entre abril e junho de 1907, no contexto de sua tentativa de desembarque no Rio de Janeiro, divulgando e impulsionando a figura do príncipe em vias de apresentar-se como pretendente ao trono. Vinha a calhar para salientar seu perfil combativo altamente desejável para tal projeto.

Grandes percursos

Desde que atingiu a idade adulta, D. Luís passou a empreender grandes percursos fora da Europa. Foi atraído pelas regiões exóticas que integravam os grandes impérios coloniais europeus estabelecidos no decorrer do século XIX, o que faz de sua obra interessante documento sobre o imperialismo e leva seu leitor a procurar compreender o olhar por ele lançado sobre o mundo que descobriu, seja a paisagem, sejam os homens e sobretudo a política colonial inglesa, conhecida de mais perto, desviando-se cuidadosamente das colônias francesas.

Já eram então empregadas pelos europeus técnicas de observação direta das regiões colonizadas. Elas consagravam a autoridade do testemunho sem intermediários a ser construído pelos viajantes, e poderia incluir a participação dos observados na coleta de dados a serem integrados à narrativa, fossem os nativos/indígenas, ou os funcionários e administradores coloniais civis ou militares. Codificavam tais procedimentos etnográficos o africanismo e o orientalismo desenvolvidos na Franca e na Inglaterra.

1 Excursão nos Alpes pelo príncipe brasileiro D. Luís d'Orléans. Álbum Imperial, São Paulo, ano II, n. 8-11, 1907. Outros relatos sobre as escaladas estão em Au Mont-Blanc – 15-16 sept. 1896. Ed. Thonon-les-Bains, 1897, 20 p. Extrait de La Revue du Mont-Blanc, 26 mai et 9 juin 1897 – BNFR; Quinze jours dans l'Oisans- l'Aiguille Méridionale d'Arves. Le moniteur universal, Paris, 13 de fevereiro, 3, 14 e 16 de junho de 1900; Dans les Alpes. 1896-1898. Mont-Blanc, Aiguille du Midi, Mont-Rose, Mont-Cervin. Paris: Plon-Nourrit, 1900, 96 p. Ver na bibliografia outras publicações sobre o mesmo tema.

A literatura que acabou sendo conhecida como africanismo encontrava facilmente publicação no século XIX e início do XX, ao ponto de conferir também às grandes explorações africanas o caráter de empreendimentos literários.

Além dos grandes percursos na África, Ásia, Estados Unidos e América do Sul, D. Luís empreendeu viagens de turismo terapêutico e peregrinação entre 1905 e 1906, em busca de melhoria da saúde. Vindo da Europa Central, fez a travessia do Mediterrâneo até Jafa, seguindo dali por ferrovia até Jerusalém. A Palestina foi visitada em março de 1905 num giro de curta duração. Além de buscar mudança de clima num momento de debilidade física, é bastante provável que seguisse conselhos da mãe para visitar o Santo Sepulcro e solicitar intercessão divina para sua cura. A viagem durou cerca de cinco dias e seguiu o roteiro turístico tradicional: Jerusalém, Betânia, Jericó, lugares santos para o catolicismo, além de uma mesquita, cuja beleza admirou. Apesar das referências à Bíblia, a peregrinação não provocou comentários indicativos de grande devoção. Suas impressões registram interesse pelos lugares importantes para a cristandade como Jericó, além da decepção com o Santo Sepulcro por ali encontrar ex-votos extraordinários, grande movimento de turistas e mendigos esmolando que o chocaram profundamente. A parte mais tocante desse relato é aquela em que diz ao pai: "Vão aqui algumas flores para Mamãe colhidas no jardim de Gethsemani", indício da participação de D. Isabel nos bastidores da viagem(Carta de D. Luís ao pai, Jerusalém, 1/3/1905).

A segunda viagem terapêutico-peregrinatória ocorreu meses depois, começando no Egito para novamente terminar na Palestina. Assim como a anterior, não inspirou outros relatos que as cartas escritas ao pai, fato que pode sinalizar além de seu estado de saúde, falta de interesse. No roteiro, além da Palestina, o Egito. Referências constantes à temperatura amena, "deliciosa", ao "tempo esplêndido" indicam a importância adquirida por este fator na ocasião. No Egito o grupo formado por D. Luís, D. Antônio e o amigo Cândido Torres Guimarães foi acolhido por autoridades locais e tratado com especial deferência em recepções, jantares e transportes privilegiados. O mesmo ocorreu em relação à legação da França e outras representações diplomáticas. A sociabilidade de corte incluiu também a nobreza egípcia, num circuito de adeptos do estilo de vida a que estavam habituados e incluía jogos de tênis, chás, bailes, ópera. Nesse roteiro foi acolhido em palácios de "estilo árabe", que muito lhe agradaram. Segundo seu depoimento, havia entrado no "turbilhão mundano" desde que chegara. O Egito estava na moda para a elite européia.

Dessa vez o roteiro indica menor improvisação ao referir-se à experiência do pai, que, ao herdar do duque de Nemours, fez uma viagem pela região e escreveu um relato, ao qual D. Luis se reportou em seus registros. Viajou com apoio de agências de viagem que organizaram o roteiro, nisso não diferindo dos turistas comuns. A visita às pirâmides, aos túmulos dos califas e ao alto Egito durou cerca de dez dias. No roteiro, Luxor, a barragem do Nilo em Assuan, Sakara e o canal de Suez.

Ao mesmo tempo em que aproveitava do clima quente e seco, D. Luís fez excursões aos sítios arqueológicos e conheceu as escavações de Karnak. Ali maravilhou-se com as dimensões esmagadoras das construções do antigo Egito, túmulos e templos. À medida em que sua saúde melhorava, lamentava não ter tomado licença mais longa do exército pois seus males "desapareceram como por encantamento" (Carta ao pai, Le Caire, 2 février [1906]). O bem-estar ali experimentado tornava-lhe difícil o retorno ao clima frio da Europa Central. Recuperava a saúde, a alegria, o entusiasmo.

Após o Egito, foi pela segunda vez à Palestina. Já era então conhecedor do local e pôde apreciar melhor Jerusalém ,em especial o Santo Sepulcro: "Esqueça-se o entorno para não se ocupar senão do essencial". Estabeleceu contatos com ordens religiosas de Belém e Jafa e esses encontros sugerem que a religião desta vez ocupava lugar importante na elaboração do roteiro e nos contatos.

Acadêmico

A análise dos relatos de viagem de D. Luís solicita a compreensão de aspectos da sociabilidade em vigência em espaços de produção e difusão cultural onde atuou. Neles foram construídas redes de relações que resultaram em vínculos amistosos ou hostis em torno de uma dada visão de mundo e de posições de poder ocupadas pelos agentes. Nesse sentido, o campo de produção intelectual guardou relações com escolas, associações de intelectuais, revistas, salões, livrarias, enfim, locais de produção e circulação de idéias. Principalmente, manteve relações com o campo de poder ao qual se refere e se dirige a produção cultural.

A atividade de escritor de livros de viagem levou D. Luís à inserção em redes de sociabilidade integrantes de estratégias de legitimação permeáveis ao jogo político mais amplo, difuso em matrizes institucionais, acadêmicas e governamentais. Entre elas, o Instituto Histórico e Geográfico Brasileiro (IHGB) constituiu campo específico dessa produção cultural da Primeira República, atuando no mundo das letras como caixa de ressonância da política interna e externa do período, inclusive por meio de práticas que reuniam intelectuais em grupos rivais altamente competitivos pela obtenção e legitimação de prestígio.

O IHGB constituiu uma das matrizes da historiografia nacionalista, desde sua fundação em 1838. Colocado desde sua fundação sob patrocínio estatal, mesmo com o advento da República preservou este vínculo pelos critérios de admissão dos sócios ; pela escolha do barão de Rio Branco como personagem-símbolo do Estado; pela produção historiográfica nacionalista defensora da ordem. Apegou-se à Monarquia como fator determinante da preservação da unidade nacional brasileira. Não surpreende que o critério da produção de obra histórica constituísse um acréscimo ao patrocínio de candidaturas ao ingresso na instituição, favorecidas se o candidato não apresentasse ardores republicanos conflitantes com as notórias simpatias monarquistas ali vigentes.

D. Luís inseriu-se nessa agremiação em 1903, aos 25 anos de idade, após ter publicado *Dans les Alpes* e *Tour d'Afrique*. Se a primeira obra traz uma abordagem juvenil de suas experiências como alpinista, a segunda representou um salto no alcance de sua capacidade literária ao abordar a temática do imperialismo. Mas além disso, contou certamente para sua admissão a qualidade de príncipe e não por acaso integrou o quadro de sócios juntamente com seu irmão D. Pedro de Alcântara, em continuidade à presença da família imperial na instituição: o avô como presidente perpétuo e o pai, presidente honorário. A proposta de sua admissão nesta mesma categoria foi feita na 16.a sessão ordinária em 9 de outubro de 1903 e assinada pelos sócios conselheiro O. H. de Aquino e Castro (presidente), Manoel Francisco Correia, Marquês de Paranaguá, Barão Homem de Mello, Henrique Raffard, Max Fleiuss (secretário), A. F. Souza Pitanga, Barão de Loreto, A. da Cunha Barbosa, T. G. Paranhos Montenegro, F. R. de Mello Rego, Oliveira Catramby, José Américo dos Santos, Visconde de Ouro Preto, Rocha Pombo, Monsenhor Vicente Lustosa, Luiz de França Almeida e Sá e Alberto de Carvalho. A proposta foi aprovada na 18.a sessão ordinária de 6 de novembro do mesmo ano.

Outras inserções acadêmicas foram ainda obtidas por D. Luís. Na Sociedade de Geografia do Rio de Janeiro foi admitido em 30 de novembro de 1907 como sócio honorário, durante a presidência do marquês de Paranaguá, no bojo da repercussão de sua viagem ao Brasil e da publicação do relato da viagem à Ásia em 1902. *Á travers l'Hindo – Kush*, escrito parcialmente na Áustria-Hungria em 1904-1905 e publicado em 1906,[2] recebeu o prêmio Conrad Malte Brun (medalha de ouro) da Sociedade de

2 D'ORLEANS ET BRAGANCE, Prince Louis. *Á travers l'Hindo-Kush*. Paris: Gabriel Beauchesne & Cie., 1906. Sempre que possível, dado o difícil acesso à obra completa, as citações foram feitas a partir do original em francês, por mim traduzidas. Em português a obra saiu como ORLÉANS E BRAGANÇA, D. Luís de. *Onde quatro impérios se encontram*. Rio de Janeiro: *O Cruzeiro*, 1950, tradução de Lasinha Luís Carlos.

Geografia da França. A obra foi traduzida para o português e publicada em 1950 sob o título *Onde quatro impérios se encontram.*

As condições de escrita do livro e as pretensões anunciadas diferem bastante das estratégias anteriores, pois anuncia tratar-se de simples diário de viagem, composto por notas "quase todas tomadas à noite nos pousos, quando o frio ou a fadiga não me impediam de segurar um lápis entre os dedos". Uma distância de 3 anos é anunciada entre a viagem e a escrita do relato no qual se socorreu também da rememoração das "impressões profundas então experimentadas – no coração dessas misteriosas regiões himalaianas" percorridas a partir das planícies da Índia até o Turquestão russo, passando pelo ponto "onde se encontram os três grandes impérios da Ásia."

A Academia Brasileira de Letras: ingresso frustrado

A Academia Brasileira de Letras também abrigou disputas e polêmicas do campo político e tornou-se um dos espaços de sociabilidade mais articulados da Primeira República. Após a morte de Machado de Assis, seu primeiro presidente, Rui Barbosa assumiu em 1908 a condução da entidade, imprimindo-lhe um sentido de republicanização. Campo social de grande prestígio, foi especialmente reconhecida no início do século como local por excelência de consagração dos intelectuais, construída por meio das intrincadas relações de poder ali vigentes.

Se de início o critério da familiaridade com as letras foi atendido na admissão de novos membros, logo esse requisito foi suplantado pelas exigências do poder, ao qual a agremiação se tornou extremamente vulnerável. Essas peculiaridades organizacionais e funcionais dos dois campos sociais e de sua interseção convergiram na candidatura de D. Luís ao ingresso entre os imortais.

O aspecto eleitoral da vida acadêmica era tão significativo que ocupava bastante espaço na correspondência entre seus membros, exprimindo sua atuação e seu esforço pelas candidaturas reveladoras das redes de sociabilidade ali vigentes. Além de ser reduto de notáveis, ,a ABL também se constituiu como um campo social de natureza aglutinadora em torno de uma unidade nacional mobilizadora dos campos político e cultural no início da República. Apesar de concebida para permanecer um reduto intelectual afastado dos engajamentos políticos e das ingerências institucionais, a ABL não logrou permanecer nessa proposta dada a interligação dos campos sociais que resulta em pertenças múltiplas dos agentes sociais. Constituiu assim uma arena da política onde se manipulava a consagração no mundo das letras como recurso de visibilidade e legitimação do Estado republicano.

D. Luís nela pleiteou ingresso amparado por Oliveira Lima, um dos seus fundadores e ativo participante das cabalas eleitorais. Seus posicionamentos como eleitor acadêmico tiveram preferencialmente dois eixos cruzados, a inserção no Itamaraty e as relações com Pernambuco, seu estado natal e base política. Mas, por ocasião da candidatura de D. Luís, outros valores estavam em jogo e traduziam sua aproximação da causa monarquista.

O confronto estabelecido por ocasião da candidatura patrocinada em 1914 por Oliveira Lima dividiu os eleitores e reproduziu questões da política interna brasileira, cujo eixo era o debate civilismo versus militarismo. Já aposentado do serviço diplomático mas com importante inserção no jornalismo brasileiro mediante colaboração em *O Estado de São Paulo*, Oliveira Lima não deixou de acompanhar da Inglaterra, onde passara a residir, as articulações controvertidas deste pleito, pedindo aos confrades votos para seu afilhado. Os embates acadêmicos repercutiram as correntes políticas mais fortes do momento. A compreensão dos interesses em jogo nas articulações eleitorais e de seu manejo pelas *coteries* é visível pela atitude de Rui Barbosa, em significativo ou enigmático silêncio diante do candidato imperial.

O episódio ocorreu em 1914, pouco antes da deflagração da Grande Guerra, no contexto da atuação política de D. Luís em 1912-1913. Autorizada literariamente pela publicação de *À travers l'Hindo Kush* e pelo grande sucesso de *Sous la croix du sud* (1912), , a primeira de suas obras a ser traduzida na íntegra para o português com o título de *Sob o Cruzeiro do Sul* (1913), sua candidatura não pode ser dissociada de um intento político. O projeto de estabelecer contatos com intelectuais brasileiros parece ter sido um plano traçado a partir de 1908, quando D. Luís correspondeu-se com Euclides da Cunha. Sobretudo, tratava-se de estratégia de propaganda da causa monárquica e de sua figura de herdeiro político de D. Isabel.

O contato com Euclides da Cunha tivera início em fevereiro de 1908, logo após o pedido de desligamento do exército austro-húngaro, quando parece ter se empolgado com a nova direção que pretendia dar à sua vida ao optar pelo ofício de escritor e assumir o lugar de pretendente ao trono. Seu mérito literário foi reconhecido em carta a Francisco de Escobar:

> Um contraste: depois de receber a tua carta, irei responder outra – do príncipe D. Luís de Bragança!... Recebia-a há dois dias. Tem oito páginas maciças, escritas num português impecável e surpreendente. Não preciso dizer que ela não me fere a integridade republicana. D. Luís é sobretudo escritor. Escreveu ao adversário político – ele mesmo o observa – obedecendo apenas às afinidades de temperamento. De qualquer modo é um compatriota que estuda as nossas coisas e que ama o Brasil. E como, ao mesmo tempo, parece-me ter lucidez bastante para compreender que a missão de sua dinastia está completamente acabada, irei responder-lhe desafogadamente.[3]

Quando exatamente o projeto de candidatura à ABL começou a se formar é difícil dizer, mas desde 1910 o príncipe mantinha relações de trocas intelectuais e de correspondência com Oliveira Lima. Tudo indica que a candidatura foi afinal patrocinada e orientada pelo historiador e diplomata, como se vê pela carta enviada a ele por D. Luís em 2 junho de 1914:

> Seguindo o seu conselho escrevi há poucos dias ao Conde Afonso Celso, ontem porém recebi a carta aqui junta do Dr. Martim Francisco. O prazo só terminando em 31 de julho eu ainda teria tempo para me apresentar. Resta a saber se semelhante passo seria acertado do ponto de vista político. Na verdade o meu provável fiasco seria atribuído às intrigas dos nossos adversários e o efeito produzido poderia nos ser desfavorável. Que lhe parece?[4]

A correspondência entre os dois intensificou-se e alguns dias depois os planos de D. Luís ficavam mais claros, quando confidenciava a Oliveira Lima as razões de sua escolha e solicitava "alguma idéia" sobre a carta que deveria apresentar ao presidente da Academia para oficializar sua candidatura: "Assim ao menos, se for aceito, ocuparei a cadeira dum militar, antigo servidor do Império, e não terei dificuldade em compor o seu panegírico"[5].

Evidencia-se assim o caráter político de sua candidatura, que , se vitoriosa, lhe daria consagração literária e social, um título a mais de distinção de grande utilidade na propaganda da causa monárquica. Todo o desenrolar da campanha até o seu desfecho adverso esteve impregnado de conotação política.A candidatura teve início oficial com a carta de D. Luís a Rui Barbosa, então presidente da ABL: "Habituado a considerá-lo

---

3 Carta de Euclides da Cunha a Francisco de Escobar, Rio de Janeiro, 10/4/1908, In: GALVÃO, Walnice Nogueira e GALOTTI, Oswaldo (org.). *Correspondência de Euclides da Cunha*. São Paulo: Editora da USP, 1997, p. 358-9.

4 Carta de D. Luís a Oliveira Lima, Boulogne-sur-Seine, 2/6/1914.

5 Carta de D. Luís a Oliveira Lima, Boulogne-sur-Seine, 14/6/1914.

como o campeão infatigável das liberdades públicas no nosso país, espero que V. Ex. não negará a um exilado o favor e a honra que ele solicita."

Sem resposta, a carta produziu porém seu efeito, pois efetivou-se a candidatura ao ingresso na cadeira n. 6, cujo patrono era Casimiro de Abreu, fundada por Teixeira de Melo e ocupada até então pelo almirante Artur Silveira da Mota, barão de Jaceguai (1843-1914). O almirante entrara na Academia em 1907 apresentando a seu favor sua atuação como bibliotecário da Marinha e outros cargos ocupados na escola naval e sobretudo por sua atuação na passagem de Humaitá, durante a Guerra do Paraguai. Embora não possuísse obra literária que o consagrasse entre os escritores, seu ingresso à ABL fora patrocinado por Joaquim Nabuco baseado no entendimento de que a academia deveria ser representativa de todos os setores da "vida mental nacional". Além disso, é possível que atendesse também aos interesses da facção monarquista. Jaceguai também integrara a *coterie* em que se inseriam os partidários da entrada do príncipe na academia. Na condição de seu adversário no pleito acadêmico apresentou-se o poeta, teatrólogo e engenheiro Goulart de Andrade.

A Oliveira Lima, ao apadrinhar a candidatura, coube o empenho junto aos confrades para obter votos. Mobilizou para isso sua rede de sociabilidade na qual Afonso Arinos, residindo em Paris desempenhou papel relevante, por escrever aos membros da ABL solicitando votos para o príncipe.[6] Arinos era casado com Antonieta Prado, filha do conselheiro Antonio Prado e sobrinha de Eduardo Prado. Jamais aderira à República e contava entre os amigos Coelho Neto, Carlos de Laet e Olavo Bilac.[7]

Já Artur Orlando recusou seu voto em carta a Oliveira Lima na qual deixou clara a conotação política da candidatura de D. Luís:

> Meu voto para a Academia Brasileira de Letras recairá sempre sobre a pessoa cujo nome o Amigo indicar, exceto tratando-se de D. Luis, não por ódio ou antipatia individual, mas por motivo que se me afigura de ordem pública, se não constitucional.[8]

Por seu lado, D. Luís procedeu à costumeira busca de votos entre os acadêmicos, enviando-lhes pedidos formais. Primeiramente, a Afonso Celso em 31 de maio de 1914, ressaltando que, apesar de escrever seus livros em francês – uma dificuldade – o principal obstáculo no seu entender consistia na questão política: temia que "os próceres do regime não tolerariam , por razões políticas", sua eleição.

---

6 Carta de Arinos de Melo Franco a Oliveira Lima, Paris, 3/7/1914.

7 ARINOS FILHO, Afonso. Prefácio. In: ARINOS, Afonso. *Pelo sertão: histórias e paisagens*. 4. ed., Rio de Janeiro: ABL, 2005.

8 Carta de Artur Orlando a Oliveira Lima, Recife, 14 /6/1914.

A Coelho Neto escreveu de Boulogne-sur-Seine nestes termos:

> Como V.E. já deve saber, sou candidato à cadeira de Casimiro de Abreu, vaga na Academia Brasileira pela infausta morte do Almirante Barão de Jaceguai.
>
> Se me permito aspirar um lugar entre os membros da nossa mais alta corporação literária, não é por muito presumir do valor da minha obscura obra, mas pelo desejo de entrar em contato direto com os mais ilustres representantes do talento e da cultura nacionais, e para poder com eles colaborar no esforçado empenho com que trabalham pelo brilho das nossas letras.
>
> Como não me é dado fazer pessoalmente a V.E. a minha visita de apresentação, sirvo-me deste meio para cumprir este grato dever, e bem assim para mais uma vez testemunhar ao autor do Inverno em Flor a minha admiração por sua formosa obra, onde, a par de distintíssimas qualidades de estilo, fulgura toda a pompa da incomparável paisagem brasileira.[9]

O pedido de voto a Coelho Neto foi reforçado por Afonso Arinos, que parece ter se empenhado bastante pela eleição:

> Venho fazer-te um pedido, o primeiro que faço até agora, a tal respeito e para mim: rogo-te deixares de votar na próxima eleição da Academia, para eu não ver teu nome entre os adversários de D. Luís.
>
> Não fiz até hoje a ninguém pedido algum a favor de D. Luís. Fui portador de algumas cartas dele, mas não as entreguei pessoalmente e disso és testemunha. Quando ele se apresentou, nenhum candidato tinha aparecido, afirmando ele, desse modo, não se mostrar adversário de alguém.
>
> Bem sei que o homem é o mais ingrato dos animais e o brasileiro o mais ingrato dos homens. É pois natural que o filho de quem sacrificou um trono pela redenção de uma raça; o neto de quem foi chefe de estado em país da América do Sul durante 49 anos e partiu para o exílio com as mãos limpas de sangue e de dinheiro – não ache guarida no seu país. O resultado da eleição pouco me importa. Será melhor talvez que o Goulart se eleja.
>
> Mas o que eu não quereria era ver o meu padrinho literário, o escritor a quem dediquei o meu primeiro conto publicado na Revista Brasileira, Pedro Barqueiro, contra mim, na liça de agora. Apelo para o coração extremoso de D. Gaby.[10]

A Rodrigo Octávio , o príncipe enviou também carta declarando suas intenções:

---

9 Carta de D. Luís a Coelho Neto, Boulogne-sur-Seine, 14/7/1914, *Anais da Biblioteca Nacional,* Rio de Janeiro, v. 78, *1958, p. 291* (Correspondência passiva de Coelho Neto).

10 Carta de Afonso Arinos a Coelho Neto, *São Paulo, Chácara do Carvalho, 28/4/1915.Apud, Idem Ibidem, p. 292-3.*

> Creia o Snr. que muito hesitei antes de enviar a minha carta de apresentação.Se por fim julguei conveniente ceder às instâncias dos meus amigos, não foi por muito presumir do valor de minha obscura obra, nem da minha posse do nosso belo idioma, mas para manifestar o meu desejo de trabalhar com os mais ilustres representantes da nossa cultura pelo brilho das nossas letras e pelo progresso intelectual do nosso caro Brasil.
>
> Impossibilitado infelizmente pelas contingências políticas de fazer-lhe, como eu quisera, a minha visita de apresentação, sirvo-me deste meio para cumprir tão grato dever e solicitar a honra de seu voto no meu nome.
>
> Não ignoro as suas convicções republicanas, mas conhecendo também a sua imparcialidade e a sua mente generosa, bem sei que essas convicções jamais influirão no seu espírito, para o julgamento do valor literário dum candidato.

A certeza do voto obtido levou D. Luís à carta de agradecimento em 5 de julho de 1915, o apoio de Rodrigo Otávio:

> Além dos predicados inegáveis do meu concorrente considerações de ordem meramente política tornaram impossível a minha vitória na ultima eleição da Academia de Letras. Não quero porém deixar de lhe agradecer a grande honra que o Snr. me fez dando-me nessa ocasião o seu valioso voto. Se o numero dos meus partidários foi reduzido, posso pelo menos, creio, orgulhar-me com o valor representativo que lhes compete no escol intelectual da nossa Pátria. Aceite as mais cordiais saudações do amigo grato e sincero admirador (Carta de D. Luís a Rodrigo Otávio, Uriacq, 5/7/ 1915).

A vitória de Goulart de Andrade em 22 de maio de 1915 ocorrreu após movimentação ampla dos bastidores e foi de 20 votos a 9. O reconhecimento da derrota foi feito pelo príncipe com extrema elegância em carta enviada a Rui Barbosa da frente de batalha. O documento testemunha também seu alistamento no conflito, como se verá adiante:

> Escrevo estas linhas no Quartel General do 1.o Exército Britânico, ao som grandioso dos 1.800 canhões que, à nossa direita, os franceses concentraram ao norte de Arras. Hoje mesmo foi-me dado percorrer o campo de batalha dos recentes combates de Casency e Albin St. Nazaire. Visão sublime e ao mesmo tempo horrorosa! Se por um lado meu atavismo militar me predispõe a compartilhar as emoções guerreiras do ambiente em que vivo, a minha razão não me ilude sobre a bárbara inutilidade de tamanhas carnificinas. Voltando da minha expedição e deparando nos jornais recebidos, com o vulto de V.Ex., surgiu-me na memória, com particular intensidade, o brilhante papel desempenhado na conferência de Haia, pelo nosso ínclito representante. Reunião ilusória, dirão alguns. Que os aconteci-

mentos não tardaram a ridicularizar! Tentativa sublime, direi eu, que teria poupado a vida a milhões de seres humanos, se os algozes da Europa já não estivessem decididos a enfrentar todas as calamidades para a satisfação do seu orgulho nacional."[11]

A carta surtiu seu efeito e Rui Barbosa saiu do silêncio para surpreendentemente confessar ter dado seu voto ao príncipe na eleição e lembrar as relações de cordialidade que mantiveram durante anos, apesar de situados politicamente em campos contrários:

Alteza: Lendo a preciosa carta, com que sua benevolência me honrou a 9 do mês passado, e que acabo de receber, senti muito viva impressão da falta grave, gravíssima, em que estou para com V.A ., não lhe tendo respondido até hoje aos seus obséquios anteriores, já quando se apresentou candidato à Academia Brasileira, já quando, em data mais antiga, me distinguiu, oferecendo-me um exemplar do seu admirável livro *Sous la Croix du Sud*, tirado em linguagem portuguesa.

Aceite V.A. esta confissão do meu remorso e do meu acanhamento como expiação da culpa, que ouso esperar me relevará, à conta das circunstâncias de uma vida sempre acidentada e sobrecarregada em excesso mesmo para um organismo novo, quanto mais para o de um homem já bem entrado em anos como eu.

Muito antes de o conhecer pela sua última obra, já eu começara a lhe apreciar o talento, lendo, há quinze anos, a sua brochura *Dans les Alpes*, onde as qualidades de escritor não estão abaixo dos quadros que descreve, e dos riscos a que se expôs na perigosa excursão. Mas isso era apenas uma distração em confronto do registro das suas viagens e observações *Debaixo do Cruzeiro do Sul*. Aí os dotes do observador fino e do filósofo político hábil no aproveitar os recursos do idioma cristalino em que se exerce, fazem desse volume um belo escrito e um formoso manual de idéias sãs e investigações úteis.

Desde que o li, foi V.A. o meu candidato à Academia Brasileira, que a sua entrada, a meu ver, honraria e prestigiaria.

Escrita do Quartel General do Primeiro Exército britânico, a carta de V.A. vem repassada no ambiente de heroísmo sublime e grandeza moral, que aí se respira. Como me lisonjeia que, entre tais emoções, pudesse V.A. ter um pensamento de generosidade para com o humilde compatrício, a quem se dirigia! Creia V. A. que, se alguma coisa ainda me eleva o ânimo esmorecido com as misérias de nossa política interna, é o espetáculo da luta de gigantes, dessas maravilhas de abnegação e energia moral, esse patriotismo de Titãs, que parece terem acabado, realmente, de roubar o fogo do céu, para alimentar o da liberdade humana, ameaçada pelas potências tenebrosas da mais terrível das barbarias.

Esse quadro espantoso me levanta o ânimo da nossa prostração nacional, dando-me o orgulho de pertencer à espécie dessas criaturas de Deus, que ele ergueu acima das outras,

11 Carta de D. Luís a Rui Barbosa, 9/6/1915, *Apud* CALMON, P. *Op. cit.*, p. 339-340.

e, todavia, andam tão decaídas noutras regiões da superfície do nosso planeta.

Bem feliz é V.A. em poder sentir bem junto do seu esses corações, onde rutila inextinguível a centelha divina do sacrifício pelo dever, em ter o gozo de aquecer a sua alma ao contato dessa raça. A que todo o mundo contemporâneo deve as suas constituições livres, e em associar, com a sua presença, uma porção moral da nossa pátria à defesa desses interesses eternos, desses direitos sagrados, com os quais prende também diretamente o futuro do Brasil.

Não sei se as conveniências autorizam estas expansões. Mas creio que V.A. mas perdoará, considerando que se devem à influência da sua carta, dos nobres sentimentos que nela vibram. Depois, há, no terreno superior da filosofia e do cristianismo, uma comunhão, em que todos nos podemos reunir, por mais que ao acidentes e contingências dos fatos e situações individuais nos separem uns dos outros nesta rápida passagem da vida.

Retribuindo sinceramente a V.A. os sentimentos da afeição que tão generosamente me dispensa, peço-lhe acreditar que sou de V.A.

Verdadeiro admirador e amigo.[12]

12 Carta de Rui Barbosa a D. Luís, Rio de Janeiro, 19/7/1915, *Apud, Idem, Ibidem.*, p. 340-342.

PARTE 4

Tour na África

Repórter de guerra

Em 26 de maio de 1900, com 22 anos de idade, D. Luís embarcou no porto inglês de Southampton com Hubert d'Archer, companheiro de armas, com destino à África do Sul. Ao leitor do *Tour d'Afrique* o relato da viagem anunciava o motivo que movera o príncipe a empreendê-la - o desejo de conhecer de perto a Guerra dos Boers e vivenciar experiências militares, resguardado por sua condição de simples viajante. Logo na abertura do livro-memória declarou a premência de "descobrir a verdade" sobre o conflito, trazendo dele um relato fidedigno: "Os historiadores futuros que quiserem contar a guerra do Transvaal não ficarão pouco embaraçados. Jamais os relatos dos testemunhos sobre um fato histórico foram tão numerosos; nem foram tão contraditórios ou pareceram mais suspeitos."

A guerra foi travada de 11 de outubro de 1899 a 31 de maio de 1902 entre a Inglaterra e a população *boer* descendente de colonizadores holandeses que haviam fundado as repúblicas de Transvaal e Orange no nordeste da África do Sul. Na verdade, o conflito já havia eclodido antes, na Primeira Guerra Boer[1], de 1880-1881, quando a posse desses territórios foi disputada. Dos anos 1870 em diante, a descoberta de imensas jazidas de diamantes e ouro acirrou a competição pelos territórios vizinhos da colônia inglesa do Cabo e resultou no confronto conhecido como o maior dos conflitos coloniais. Dele saíram vencedores os ingleses, que inauguraram na época contemporânea o confinamento do inimigo em campos de prisioneiros, onde houve mortes massivas por falta de alimentos e doenças. Os direcionamentos da guerra provocaram reação internacional contra a campanha militar britânica, que deslocou para a África do Sul 450 mil homens.

D. Luís empreendeu a viagem logo após a tomada de Mafeking pelos ingleses em 18 de maio de 1900, durante a grande ofensiva comandada por Lord Roberts. Qual novo Tucídides, partiu para a aventura de ir até o mais próximo possível do teatro da guerra como observador, movido pelo fascínio pela África e pelo impacto do conflito

---

1 *Boer* tem em língua afrikaans o significado de agricultor. Foi empregado inicialmente pelos ingleses de forma pejorativa para designar os descendentes dos colonos holandeses. Distingue-se no grupo o *boer* nômade, criador de gado, chamado de *trekboer*. A nomenclatura posterior passou a ser a autodenominação de *afrikander* ou *afrikaner*. Ver De Jonge, Klaas. *África do Sul*. Apartheid e resistência. São Paulo: Cortez: EBOH, 1991, p. 12.

sobre os europeus, alimentado pela imprensa que ecoava os debates e envolvia intelectuais e ativistas como Baden Powell.[2]

Um outro fator pode ter pesado na decisão: voluntários franceses participaram do conflito formando uma Legião Estrangeira e nela destacou-se o conde Georges de Villebois-Mareuil, herói da guerra franco-prussiana, que, após sair do exército francês em reação ao *Affaire* Dreyfus, embrenhara-se no Transvaal movido por fortes sentimentos antibritânicos nos quais não estava ausente a derrota de Fachoda em 1898, quando a França perdeu para a Inglaterra esta região vital para os planos de instalação do império Britânico do Cabo ao Cairo.

No Transvaal, Villebois-Mareuil comandou as legiões estrangeiras e acabou morrendo na batalha de Boshof, quando tentava com um comando de apenas 60 homens atacar as linhas de comunicação inglesas. A ele são atribuídos os planos das batalhas de Colenso e Magersfontein vencidas pelos *boers*. Escreveu relatos autobiográficos em periódicos de grande circulação na França na época e deixou diversas obras.[3] Registrou a experiência da guerra favoravelmente aos *boers*, cuja coragem e entusiasmo admirou, lamentando embora o individualismo e a indisciplina que teriam resultado em sacrifícios inúteis. A postura nacionalista e sua aventura na guerra tiveram grande repercussão na época, fazendo dele um herói do movimento monarquista Action Française, que ajudou a fundar.[4]

Assim inspirado, em 1900 D. Luís tirou mais uma de suas licenças do exército e partiu para a África alguns dias após a morte de Villebois-Mareuil. Por não se sentir engajado em nenhum dos lados, acreditava reunir as condições para alcançar o *boer* "real" em lugar do *boer* "imaginário" criado pelos britânicos ansiosos em dominar a região, e por eles revestido "de todas as feiúras e de todos os vícios". No lado oposto, identificava os entusiastas da "nação defensora de seu princípio de vida", que viam nos *boers* camponeses heróicos sacrificando-se pela posse de sua terra, expostos à sanha incendiária dos soldados de Lord Kitchener, comandante do exército britânico enviado à África do Sul para reforçar suas posições após um período de revezes. Renomado por sua agressividade, empreendeu contra a guerrilha boer campanha brutal queimando plantações, destruindo fazendas e povoados.

---

2 Baden Powell , fundador do escotismo, foi oficial do exército britânico e liderou a tomada da cidade de Mafeking.

3 *Cour martiale, souvenir de l'armée de la Loire em 1870* (1888); *Sacrifiés* (1895), sob o pseudônimo de G. Simmy; *Au-dessus de tout* (1897); *Carnets de campagne* (1902).

4 *Action Française Étudiante:* Nos maîtres. Le blog des étudiants royalistes. http://afe.joueb.com. Acessado 19 dez. 2006.

D. Luís inseriu-se nesse debate ao anunciar o plano de "visitar sucessivamente os dois adversários em ação, ouvir de suas próprias bocas os argumentos que empregam para a defesa de sua causa". Acreditava assim poder erradicar erros interpretativos e distorções mal-intencionadas. Seu olhar seria o de mero registrador do que lhe fosse dado observar, descartada a atuação como protagonista.

Sua propensão aos empreendimentos ousados foi também estimulada por outro antecessor, Winston Churchill, contratado pelo *Morning Post* de Londres em 1899 para realizar a cobertura jornalística do conflito. Jovem militar do 4.o Regimento dos Hussardos do Exército Britânico, viveu uma epopéia que o celebrizou como herói. Seu plano era apenas escrever sobre a guerra e filmá-la, mas acabou envolvendo-se em episódios dramáticos pois ao alcançar a tropa inglesa sitiada, ajudou a resgatar um comboio seqüestrado pelos boers. Em Pretória, caiu prisioneiro, porém escapou espetacularmente e adquiriu súbita fama, ao tornar-se manchete de jornais que exaltavam seu talento e sua coragem.Como testemunha ocular dos eventos, não apenas escreveu relatórios ao jornal que representava, mas publicou *De Londres a Ladysmith via Pretória* e *Ian Hamilton's march*, reunidos no volume *The Boer War*, onde relatou o conflito e os problemas do exército inglês na luta de resistência *boer* à ocupação britânica. Provocou grande celeuma entre os leitores ingleses ao mostrar os *boers* de um ângulo mais favorável que o utilizado até então pela imprensa britânica, elogiando em seus captores o tratamento humanitário para com os prisioneiros.

Além desses precedentes, D. Luís dispunha ainda de vasta literatura sobre a África acumulada em séculos de explorações, expedições e viagens empreendidas por europeus. O africanismo desenvolvera-se na França alimentado por exploradores e administradores coloniais que construíram uma cultura etnográfica muito apreciada e difundida.Sua viagem teve início alguns meses após a publicação dos relatos jornalísticos de Churchill e resultou no livro *Tour d'Áfrique*, concluído em Boulogne-sur-Seine em 1901 e publicado em 1902, ano do término da guerra, extremamente raro em sua única edição em francês.Apresenta a estrutura de um caderno de viagem, onde mesclam-se informações resultantes de leituras e observações diretas. O roteiro consistiu numa circunavegação da África desde a ilha da Madeira até Aden, na qual o périplo dos portugueses foi várias vezes evocado, evidenciando que as viagens de expansão marítima movidas pelo capital mercantil também serviam de roteiro implícito.

A escala na ilha da Madeira, a "bela adormecida dos trópicos", durou apenas um dia. Porém a interpretação pouco elaborada do colonialismo não impediu que o viajante notasse agradavelmente serem os portugueses os únicos a resistirem à "invasão inglesa, triunfante em toda parte". Desde o início da guerra os ingleses haviam bloqueado o acesso aos territórios *boers* a partir da Colônia do Cabo. Nada que pudesse beneficiar os *boers*, homens, equipamentos ou mantimentos, recebia permissão para ultrapassar as suas linhas de defesa, e assim as repúblicas de Orange e Transvaal, cercadas por territórios britânicos, somente podiam ser acessadas pela costa ocidental da África, a partir de Delagoa Bay e do Porto de Lourenço Marques. Enquanto o continente africano era retalhado entre as principais potências européias, os portugueses conseguiam manter ainda em seu poder remanescentes do antigo império marítimo.

Na Madeira, D. Luís procurou referências aos arredores do Rio de Janeiro, sinalizando predisposição em descobrir vestígios de uma ancestralidade portuguesa comum aos territórios do império português. Suas descrições da paisagem são marcadas pelo encanto do *cachet local* português, mas os habitantes emergem no relato com toda a sua carga de alteridade. Ao desembarque no cais e em seguida ao episódio clássico do assédio pelos nativos que cercaram os viajantes à procura de algum ganho, D. Luís teve a sensação de estar à mercê de uma multidão "multicolorida" de aspecto pouco tranquilizador. São também expressivos os registros sobre os encantos da natureza pródiga que dão ao leitor a impressão inicial de um vazio humano, a despeito de sua riqueza convidativa ao olhar europeu ávido de paisagens bucólicas e exotismo.

A estada na ilha foi para o jovem viajante uma escala bastante lúdica, de fruição juvenil e despreocupada. Passou pelo que chamou de *plaisirs de Madère*, uma estada doce em seus divertimentos singelos de passeio em carro de boi e pequenas escaladas, vividos num único dia. Mais dezoito dias de mar se passariam antes de chegar ao Cabo. Em 11 de junho, um veleiro vindo do sul trouxe a notícia alvissareira da queda de Pretória em poder dos ingleses. Parecia ter chegado o fim da guerra.

África inglesa

Mas a chegada a Cidade do Cabo, de onde D. Luís pretendia atingir o Transvaal, nada foi além de frustração. A pequena comitiva abandonada a si própria precisou atravessar a pé as largas docas cheias de carvão e poeira, carregando os equipamentos fotográficos, armamentos e bagagens pelas ruas tomadas por lixo e lama.

O impacto do mundo colonial britânico se impôs e despertou a construção de *flashes* disseminados ao longo do relato. Resultou na visão dicotômica da cidade; ao mesmo tempo paradisíaca e moderna, com luxos e conforto europeus, porém habitada por "uma população abjeta, vulgar, ávida de ganho e pouco hospitaleira". Duas cidades se desdobravam ao seu olhar e mostravam aspectos da vida na colônia inglesa que o viajante não chegou a conciliar numa visão de conjunto. A paisagem natural lhe parecia admirável pelo clima, vegetação, urbanização e o atraía mais que os homens, dos quais desconfiava pela ganância ou deplorava pela miséria, ambas ostensivas e irremediáveis. Repudiou a atividade econômica predatória dos europeus e registrou a lamentável situação dos negros nessa dinâmica imperialista.

A Cidade do Cabo passava por um processo de industrialização e desde a descoberta das minas de diamantes de Kimberley, fortunas haviam sido ali construídas em pouquíssimo tempo, em contraste com a miséria dos negros. Nesta sociedade D. Luís descortinou a existência de muitos especuladores, comerciantes de todo tipo movidos pelo desejo de enriquecer para retornar à Inglaterra. A África vista por ele constituía um vasto continente de oportunidades comerciais para os europeus, onde se encontravam dois mundos, o civilizado e o atrasado, que se completavam numa economia globalmente concebida a partir de mercados integrados. A impressionante dinâmica comercial da cidade lembrava-lhe um "bazar cosmopolita" muito aquecido, guiado pela *struggle for life*.

Seu forte estranhamento nesse território colonial foi motivado pela observação de relações econômicas e sociais violentamente estabelecidas entre dois mundos, o europeu e o africano. No entanto, sua condição de europeu prevalecia. O processo civilizador estruturou a narrativa e constituiu a medida das pessoas e das relações, seja o europeu, seja a população local "atrasada" e refratária à ordem capitalista, a ser civilizada pelo trabalho. Negros e comerciantes são os anti-heróis da narrativa, os primeiros, não enquadrados pelo processo civilizador e os demais, avessos à domesticação de seus instintos predatórios: "Para essas pessoas a África não é um home: eles têm-na em horror e a consideram apenas como uma mina de ouro a ser explorada temporariamente."

Desde as primeiras páginas do relato D. Luís mantém o interesse do leitor pelo objetivo declarado da viagem, o conflito, interpretado como guerra de conquista empreendida pela Inglaterra com incerta legitimidade. A análise política foi construída logo nas primeiras páginas do relato por meio de um diálogo travado com dois companheiros de viagem que fazem as vezes de antagonistas. Por meio deles o príncipe apresentou as teses pró e contra a Inglaterra:

> Durante a viagem, conhecemos duas pessoas: M. Brown, um jovem inglês de dezoito anos, que vai corajosamente no Transvaal, como oficial, tomar o lugar de seu irmão morto em Spios Kop, e gordo pequeno negociante de Durban, M. Bland, que conhece a África do Sul como seu bolso (p. 5).

Colocou face a face duas razões, a de Estado, que se confundia com a nação na pessoa do jovem militar, e a do comércio colonial. Assim despertou no leitor a dúvida sobre as motivações da guerra, embora não mencionasse sua conexão com as riquezas minerais da África do Sul, como o diamante, que atraíam a cobiça européia. Deu voz ao comerciante cujas teses abalavam as convicções dos que o escutavam: os ingleses seriam os oprimidos na África do Sul e estariam defendendo a causa da liberdade e do direito. Nesta perspectiva, os agravos sofridos pelos *uitlanders* (termo afrikander usado para designar colonos ingleses das repúblicas de Orange e Transvaal) e pelos negros, a obrigação de vingar a derrota dos ingleses em Majuba (1881) e o ultimato do presidente Krüger aos ingleses seriam motivos mais que suficientes para espoliar os *boers*.

Ou seja, D. Luís estava atento às teses do liberalismo e do discurso colonialista inglês tal como apareciam nas relações internacionais anteriormente à Primeira Guerra Mundial. A desqualificação do *boer* é total nesta perspectiva: grosseiros, rudes, sem palavra e sem fé, inimigos da rainha da Inglaterra e até mesmo de Deus. No entanto, suspeitava que os maiores beneficiados com a guerra seriam os comerciantes europeus cobiçosos dos enormes lucros numa terra tão pródiga de recursos naturais. A rapacidade comercial está desvendada no relato.

O livro traz não apenas um registro de ocorrências mas revela uma tomada de posição diante da política colonial britânica e seu discurso legitimador, que se negava a atribuir à colônia do Cabo o estatuto de terra civilizada. Esse discurso fortemente estabelecido desde o século XIX e persistente ao longo da era vitoriana demarcou a dicotomia entre a civilização européia e a selvageria africana, tomando como medida o conceito de civilização entendido como conformismo e submissão das colônias ao domínio político, econômico, social e cultural. Os *boers* foram assim rotulados como brancos pervertidos e selvagens, rudes degenerados em barbarismo pela influência de outros africanos. Nessa interpretação teriam falhado em sua tarefa civilizadora por abolirem, pressionados pela legislação colonial inglesa, a escravidão em suas terras em 1834, mas nelas instalando um regime de dura exploração da população nativa empregada no trabalho agrícola.

A essa análise política seguiram-se observações de aspectos militares do conflito que constituem seu tema mais detalhado, espontâneo, pitoresco e impressionista.

Foi ao chegar ao Cabo que D. Luís teve o primeiro contato com a guerra, a partir de navios-hospital lotados de "cáquis", cor adotada pelos uniformes coloniais do exército britânico. Porém resultou infrutífera a demanda de autorização do exército britânico para ir ao Transvaal e "visitar ao menos o teatro das operações" militares. O decepcionado viajante teve que se sujeitar a ser tratado como uma pessoa sem privilégios no Castle, a grande fortaleza em forma de pentágono onde se abrigava o Estado-maior britânico. Seu nível de exasperação pode ser avaliado pelo relato:

> Durante horas inteiras, vulgares suboficiais nos fizeram esperar e escrever uma infinidade de papeizinhos pedindo para ver pessoas que se constatava estarem ausentes. Depois eles nos fizeram encalhar com um coronel que, aliás muito amavelmente, nos fez entender que aquilo que nós tínhamos de melhor a fazer era afivelar nossas malas e buscar nosso prazer em outro lugar em vez da colônia do Cabo (p. 24).

Surpreendente sua esperança de furar o bloqueio britânico e alcançar os territórios em guerra. A medida gerava reações cautelosas das autoridades militares britânicas pois era grande o trânsito de voluntários que acorriam de diversos países para alistar-se no exército *boer* para integrar a Legião Estrangeira de franceses, a Irish Brigade norte-americana, a Legião Italiana, os American Scouts, os Russian Scouts, o German Corps.

Inconformado com a negativa de adentrar no interior da África do Sul a partir de Cidade do Cabo, D. Luís consolou-se observando o movimento das tropas. Com a reiteração da negativa de permissão para avançar pelo interior da colônia, a pequena comitiva no dia 16 de junho retornou ao *Dunottar Castle* e partiu em direção a Durban, "depois de ter sofrido pela última vez os tormentos da mais aborrecedora das alfândegas."

Ao passar por Port Elisabeth, East London e Durban surpreendeu-se com o progresso das cidades africanas do império britânico num mundo cheio de contrastes. Mas inesperadamente em Port Elisabeth ocorreu o contato com um campo de "infortunados refugiados *boers*, num estado lamentável, nenhum interesse". Desviou logo seu próprio olhar e o do leitor da cena, evitando abordagens que pudessem chocar sensibilidades. O registro apenas indica ter notado a prática do confinamento, a grande estratégia dos ingleses para vencer os *boers* que resistiram até o *bitter end*.

No campo dos boers

Proibido de alcançar o "teatro das operações" em território britânico, D. Luís deslocou-se para Ladysmith em 23 de junho, onde entrou "como todo mundo" após viagem de trem passando por Pietermaritzburg, capital de Natal. A partir daí percorreu o território tomado aos *boers* após sangrentos combates e seus comentários passaram a ser feitos do ponto de vista militar: efetivos, armamentos, estratégias. Mas não se pode considerar de primeira mão sua descrição do cerco da cidade *boer* pelos ingleses em seus aspectos táticos e estratégicos, avaliando decisões e resultados. Seu relato sobre privações e doenças após as batalhas de Colenso e Spion Kop foi igualmente obtido em outros textos, pois quando chegou, a cidade já se encontrava em poder dos ingleses.

O relato da aventura inclui um percurso de 32 quilômetros em bicicleta de Ladysmith até Colenso, na linha de defesa inglesa, onde buracos de bombardeios e trincheiras abandonadas deram-lhe a dimensão dos combates que não pôde presenciar. Pouco a pouco os viajantes foram se internando pela região por lugares pouco habitados, carregando o equipamento fotográfico sob um sol implacável.

Frustrada uma última tentativa de obter permissão para ir ao Transvaal a partir do território dominado pelos ingleses, D. Luís tomou em Durban o navio para ir até Lourenço Marques (atual Maputo) em Moçambique, que seria afinal sua porta de entrada em território boer.

Desde o início da guerra os ingleses haviam bloqueado esse porto, situado na possessão portuguesa por ser o único caminho que restara às repúblicas de Orange e Transvaal para alcançar o mar de onde vinham recursos, voluntários e notícias, janela *boer* para o mundo. Por outro lado, a guerra trouxera um comércio lucrativo para os portugueses pela cobrança de taxas e impostos de comércio, além de pedágios de trabalhadores, migrantes e voluntários que tinham o Transvaal como destino ou dele saíam. De Lourenço Marques partia a ferrovia que passava pela fronteira e alcançava as cidades boers de Koomatipoort, Machadodorp (capital da república, encruzilhada para as minas de ouro de Lydenberg), Waterval Onder, Middeburg, Pretória e Bronkhorst Spruit. Por ela enveredou D. Luís para alcançar a República do Transvaal. Chegando ao porto da colônia portuguesa, passou pelo controle inglês que reteve seus armamentos e munições destinados à caça, atividade que pretendia fazer na etapa seguinte da viagem. Mesmo assim obteve autorização para entrar na Zuid Afrikaansche Republiek. Conseguiu o passaporte português mediante revelação de sua identidade em entrevista particular com o governador: "quando ficamos a sós, declinei meus nomes, prenomes e qualidades, o que teve um efeito imediato." Na sequência, a intercessão do governador junto ao consulado do Transvaal resultou na obtenção do segundo passaporte – o de entrada nesta República.

O sucesso na obtenção do visto foi devidamente celebrado por D. Luís: "Enfim nós havíamos atingido o objetivo de nossa viagem, a rota do Transvaal nos foi aberta. Esse foi um desses momentos de alegria que só se encontra raramente na vida". Curiosamente o comentário se fez acompanhar de considerações indicativas de planos que seriam anos depois desenvolvidos por D. Luís, pois saindo da recepção festiva dada pelo governador da colônia portuguesa afirmou a surpreendente antecipação de uma viagem que faria sete anos depois ao Brasil e à América do Sul. Levantando os olhos para o céu, D. Luís já idealizava novos planos: "sobre nossas cabeças, o Cruzeiro do Sul, nossa boa estrela parecia, na calma da noite, brilhar apenas para nós". A emoção do momento vivido entre os portugueses propiciava devaneios e acalentava sonhos.

O ambiente de densidade emocional elevada, alimentada pelo sentimento de "estar em casa", o encontro com portugueses e a obtenção dos vistos constituem ponto alto do relato. Sua saída de Lourenço Marques foi triunfal e se fez num vagão oficial do governador acoplado ao trem, até a última estação do território português, Ressano-Garcia, onde ele e seus companheiros foram "obrigados a deixar nosso palácio ambulante, para entrar na igualdade republicana, representada por um vulgar compartimento de primeira classe". Não se deve perder de vista seu parentesco com a casa reinante em Portugal, que certamente aplainou arestas.

A partir daí a obstinação em ir ao território da guerra coloca em questão os riscos da viagem. Aliás essa mesma pergunta foi feita pelos desconfiados *boers* a D. Luís diante de seu equipamento fotográfico e "malas inglesas": que veio fazer no Transvaal? Sua resposta: "viemos simplesmente vê-los agir". A expectativa de que se engajasse na guerra como outros voluntários estrangeiros estava fora de questão, mesmo porque não demonstrou simpatia por esses combatentes recrutados ao acaso e cujos reais interesses lhe pareciam bastante afastados de uma participação solidária.

Uma guerra de cidadãos

APÓS DIVERSAS NEGOCIAÇÕES, D. Luís e seu grupo obtiveram permissão do governo *boer* para ir ao *front,* isto é, avançaram por via férrea até 15 milhas de distância da linha de combate. De Lourenço Marques haviam passado por Ressano Garcia e em Komatipoort alcançaram a fronteira do Transvaal, onde seguiram para Kapmudjen, Krokodilpoort, Waterfaalonder, Waterfallover até Machadodorp, sede do governo republicano. Conseguiram chegar ao campo dos boers, onde se acantonara a resistência aos ingleses após as derrotas de Johannesburg e Pretória, passando por Middelburg, Belfast, Balmoral (sede do QG do exército transvaaliano) e Bronkhurstspruit, retornando pelo mesmo caminho novamente a Lourenço Marques.

De observações e leituras resultou uma visão de D. Luís sobre os boers e a sociedade transvaaliana. Para responder à pergunta fundamental – quem eram os *boers* – leituras antecederam a viagem. Na leitura de Thomas Mayne Reid, romancista de origem irlandesa, encontrou referentes, além de romances de aventuras popularizados desde meados do século XIX na Europa. Destinados aos rapazes, esses livros visavam direcionar os interesses dos jovens para orientar sua formação, desprezando a figura do aventureiro e exaltando a do herói movido por um ideal, disposto ao sacrifício. As mutações desse gênero literário fizeram com que na virada do século surgisse nos romances o tema da aventura pela aventura, na qual a figura do repórter ocupou lugar crescente. Pela aventura os indivíduos se realizam, seguem seu destino e desvendam o sentido oculto do mundo. Ora, neste rol do gênero se situam as obras do capitão Mayne Reid, grande admirador de lord Byron e com uma trajetória de vida romanesca, pois transitou entre Europa e América, alistou-se como voluntário da guerra entre Estados Unidos e México e alcançou grande popularidade com seus livros sobre os Estados Unidos, a África, o Himalaia. Entre suas obras, interessa particularmente *The Bush boys: the history and adventures of a Cap farmer and his family* onde se encontra descrição do modo de vida dos *trekboers* anteriormente à guerra de 1900-1902. Nela todo *boer* é um pacífico e fervoroso crente, fumante inveterado e exímio caçador.

Munido dessas leituras, D. Luís já construíra uma representação sobre os *boers* antes de chegar à África. Por isso mesmo, honestamente reconheceu o peso delas na caracterização da identidade *boer* e na descrição de aspectos da guerra que não lhe foi dado observar. Ao chegar a Koomatipoort o contato foi decepcionante pela aparência dos guerreiros, que lhe pareceram cidadãos comuns sofrivelmente encaixados no papel de militares:

> A primeira impressão não é brilhante. A apresentação sobretudo faz sentir falta da elegância e distinção dos portugueses. O traje do país se reduz em geral a um velho conjunto de cidade, usado, remendado e sujo. Sem colarinho, sem gravata, uma camisa que os elegantes mudam de lado a cada seis meses: para recobrir o conjunto, um chapéu de feltro redondo enfiado até os olhos e, a tiracolo, uma cartucheira da qual o verdadeiro boer não se separa nem para dormir" (p.70).

A identidade *boer* que D. Luís construiu repetia estereótipos correntes na época e incluiu seu apego ao cachimbo e ao consumo de café, além de um jeito pacífico e tranquilo de ser, inabalável até mesmo na guerra. Mas, ao relatar sua religiosidade ocorreu o momento de maior identificação e simpatia para com o grupo observado, chegando mesmo a expressar por ele compreensão, compaixão e respeito:

> À tarde, como é domingo, os *boers* se entregam a cantos religiosos que seriam suficientes para colocar em fuga o Conservatório inteiro. Entretanto, de longe, o efeito produzido não deixa de ser imponente. Primeiro é um comando que começa, depois pouco a pouco os outros se juntam e a plangente melopéia, que parece o canto dos eslovenos austríacos, percorre toda a planície, subindo até as colinas que nos cercam.
>
> O canto, para os *boers*, ocupa o lugar de prece: cantam antes dos combates, cantam antes dos *krijgraads*, cantam para celebrar a vitória, cantam para chorar os mortos, e nada poderia impedir um verdadeiro *burgher* que esteja a apenas dois passos do inimigo, de exprimir em música, e que música! seus sentimentos diversos.
>
> Não riamos desses cantos um pouco selvagens. Eles são a expressão da fé inabalável dessa humanidade patriarcal simples, resistente, obstinadamente fiel a suas próprias idéias.
>
> Adormecemos em nosso quarto de hotel ao som da marcha *Unter dem Doppeladler* que é tocada com frenesi na sala ao lado, num velho piano desafinado. Quantas vezes na Áustria desfilamos ao som dessa mesma marcha!...
>
> Fatalmente em nosso espírito fatigado a ária conhecida evoca a imagem de uma parada lá, e nos toma o contraste das grandes máquinas vivas às quais a Europa nos habituou e esses bandos de camponeses sem disciplina nem instrução militar que, no entanto, fizeram grandes coisas (p. 100).

A bela passagem não apenas responde a uma das perguntas iniciais sobre o quem seriam os *boers*. Também evidencia a simpatia por sua causa e o pesar por sua desvantagem perante o inimigo esmagadoramente superior do ponto de vista militar. A identificação assume aqui o importante diferencial de *nós* e *eles* (os ingleses) que define posições e campos escolhidos.

Essa identidade foi construída no relato paulatinamente e na parte dedicada ao tema específico a estratégia narrativa inclui a incorporação de palavras em *afrikaans* ao texto em francês aproximando assim o leitor do campo visual de observação do narrador que por ele vê, estabelecendo uma distância temporal e geográfica entre os espaços e povos exóticos e seus consumidores europeus, revelando o campo cultural em que a obra se insere. A vivência da situação de guerra pelos *boers* e o surpreendente encontro com o "exército transvaaliano", resultaram na estupefação de D. Luís, admirado pela maneira como os *boers* lidavam com a situação:

> Ao anoitecer, das elevações que dominam o campo descem as patrulhas que durante o dia bateram a região em direção a Springs. Ao ver esses bravos patriarcas fumando pachorrentamente seus cachimbos e caminhando ou a furta-passo de seus pequenos cavalos, os quais ninguém conseguiria alterar a tranquilidade, poder-se-ia pensar serem antes inofensivos fazendeiros voltando de uma caça qualquer que de homens vindo de colocar suas vidas em risco para atentar à dos outros.

Seu equipamento de guerra constituiu igualmente uma surpresa, pelo inusitado de incluir utensílios de cozinha, cavalos sem estribos ou esporas. Tudo lhe parecia uma grande improvisação, ao longo do percurso que fez pelo território, convivendo com quartéis, generais, tropas, sem contudo tomar parte nos combates, cujo ruído ouvia à distância. D. Luís avaliou assim a grande disparidade entre os dois exércitos beligerantes. As forças britânicas contavam com um corpo regular altamente especializado, mantido com grandes recursos e comandado por oficiais com grandes cabedais de teoria e prática de guerras.

Já os *boers* haviam formado sua defesa a partir de um agregado de fazendeiros precipitadamente convocados e infensos à disciplina, desprovidos do treinamento militar dos exércitos regulares e sem uma teoria da guerra conhecida. Mas montaram uma estratégia que lhe permitiu resistir, pois além de hábeis no manejo dos rifles, conheciam o terreno a ser defendido, formando um sistema militar que qualificou de espontâneo, dotado de liberdade de ação e de iniciativa dos indivíduos, bem como de extrema mobilidade dos *burghers* (cidadãos).

Admirou-se com a falta de persistência dos *boers* diante de situações favoráveis ou adversas e demonstrou surpresa pelo fato de os *burghers* regressarem ao trabalho nas fazendas e abandonarem os comandos quando sentiam ser esta a prioridade, retornando quando lhes aprouvesse, segundo sua percepção das coisas. Lamentou tal forma de combater, sem se perguntar o porque de tal procedimento estratégico. De fato, negou-se a chamar essas forças militares de exército, no máximo identifica ali *tropas*, *armas federais* ou *comandos* de guerrilheiros. Tampouco pareceu compreender muito bem esse tipo de luta travada por uma população claramente identificada como civil em sua origem, preparo, armamento e ação. Avaliando a situação a partir de sua própria experiência, criticou as forças dos *boers* pela aparência altamente anárquica, pela falta de disciplina e ordem entre os combatentes. Tais características fugiam ao seu aprendizado do ofício das armas e à sua prática profissional. A descrição de um encontro com os combatentes no Transvaal ressalta o "pitoresco" desse povo em guerra:

> Os *bughers* estão instalados nos compartimentos de primeira classe, seus fuzis carregados negligentemente empilhados nos compartimentos de bagagens. Todos carregam, além de muitas cartucheiras abastecidas, montanhas de cobertas. A julgar por seus risos homéricos e seus cantos pouco harmoniosos, eles parecem de excelente humor. Enquanto isso eles se regalam com latas de conservas e chocolate puxados das profundezas de seus sacos.
>
> Quanto aos cavalos, foram amontoados em desordem nos vagões para animais descobertos, sem mesmo serem amarrados. Os animais desta terra devem ter o hábito de viajar: ninguém está ali para os vigiar e apesar disso não ocorre nunca o menor acidente.
>
> Uma vez chegados, cada um vai buscar sua montaria, que não foi mesmo desselada, monta em cima com armas e bagagens e continua tranquilamente seu caminho, sem parar de fumar seu cachimbo, como se não tivesse havido interrupção (p. 85).

A última etapa da viagem consistiu num safari ou expedição de caça no vale do rio Pungue, Moçambique, Zanzibar, Dar-es-Salan, Aden e finalmente o Egito, por seis semanas, numa caravana que chegou a incorporar mais de trinta carregadores, guiada por um caçador profissional e equipada com armas adequadas à caça aos elefantes e rinocerontes. Foram feitos troféus que se agregaram ao pavilhão de caça do castelo d'Eu junto aos demais obtidos em diversas expedições inclusive à Índia, pelos três príncipes.

O relato se encerra com a narrativa da saída da África e nova evocação do Cruzeiro do Sul: "mais brilhante que nunca, parecia nos dizer até a vista". A bordo do Kronprinz, a banda tocava a Marcha dos Peregrinos do *Tannhäuser*.

O livro foi publicado em 1902, em meio às tentativas de restauração do movimento monárquico no Brasil, e teve seu apelo de propaganda da causa. As fotos inseridas astuciosamente no relato evocam a cena da viagem da família imperial rumo ao exílio, que abre a série de ilustrações. As fotos de D. Luís vestido à européia, com terno, gravata, chapéu e sentado em riquixás e veículos puxados por homens nativos ou por animais sugerem a pose estudada de comando da situação pelo homem civilizado, a evocar possivelmente um trono a ser reconquistado.

PARTE 5

Nos Estados Unidos

Toda minha vida pela causa da Monarquia

ESCASSOS 45 DIAS DUROU ESTA VIAGEM REALIZADA POR D. Luís e D. Antônio em 1904. Os registros dessas "façanhas" (*de nos faits et gestes*) não resultaram na escrita de uma narrativa sistematizada, mas mesmo assim os objetivos da viagem vão se delineando aos poucos nas cartas-relato enviadas ao pai: apresentar-se à alta burguesia norte-americana, visitar a Exposição Universal de Saint-Louis, estabelecer contato com monarquistas brasileiros e obter uma entrevista com o presidente Theodore Roosevelt. O empreendimento associou busca de ilustração e participação discreta na política brasileira, promovendo a imagem da família imperial; pois a repercussão na imprensa norte-americana e a maneira como a viagem foi organizada indicam uma estratégia cuidadosa de propaganda.

A viagem ocorreu entre outubro e dezembro, época em que se realizava a Exposição Universal de Saint-Louis, organizada em comemoração do centenário da aquisição pelos Estados Unidos do território francês da Louisiana. Um passo a mais na expansão para oeste, a incorporação duplicara o território norte-americano, daí o propósito de incluir na celebração a França como parceira privilegiada.

Na época a família imperial desenvolvia esforços para levantar o banimento com a petição de *habeas corpus* por Alberto Veiga, Martim Francisco Ribeiro de Andrada e Urbano de Sampaio Neves.[1] Em 3 de janeiro de 1903 a ação de n. 1974 procurava beneficiar "Gastão de Orléans, conde d'Eu e mais membros da ex-dinastia brasileira de Bragança" segundo o acórdão que o denegou. A base da ação consistia na denúncia da ilegalidade da situação que havia sido criada pelo decreto n. 78 A de 21 de dezembro de 1889 , que teria sido revogado pela Constituição Federal de 1891, que aboliu o banimento judicial. O artifício usado pelo tribunal foi o de alegar que o direito de entrada no Brasil não havia sido posto à prova: "não consta, ainda menos, que os pacientes tenham tentado voltar ao Brasil encontrando obstáculo material da parte do Governo".

Essa estratégia pode elucidar a insistência demonstrada em 1904 por D. Luís em vir ao Brasil, talvez visando por à prova a capacidade e o interesse da República de reagir à

---

1 VEIGA, Alberto. *Habeas-corpus a favor da banida Família Imperial Brasileira*. Lisboa: Imprensa Africana de Antonio Tibério de Carvalho, 1913. Visava levantar o banimento imposto a D. Isabel, conde d'Eu, seus três filhos, o duque de Saxe (viúvo de d.Leopoldina) e seus filhos D. Pedro de Saxe Coburgo e D. Pedro Augusto Leopoldo.

presença de um membro da família imperial. Trata-se de uma estratégia a ser mais bem avaliada e não apenas um ato de projeção pessoal narcisista. Sua impetuosidade o impelia a participar da luta pela legalidade do retorno da família com vistas a um envolvimento com monarquistas, maior do que o demonstrado até então pelo primogênito D. Pedro. Atento à movimentação política, projetou passar dois meses na América, e a partir dos Estados Unidos alcançar o Brasil. Em carta datada de Neusiedl lamentava ao pai a falta de ação dos simpatizantes da restauração e propunha uma reviravolta:

> Meu nascimento, minha posição, a ambição que pouco a pouco se desenvolveu em mim indicam claramente o objetivo de minha vida: fazer tudo o que estiver ao meu alcance para restabelecer nossa família sobre o trono do B[rasil]. Vejo daqui Papai levantar os ombros. Quimera absurda! Mas meu Deus! Não vale mais a pena correr toda a vida atrás de uma quimera se ela é bela que fartar-se de esperar nas realidades terra a terra da vida? Quanto a mim, de resto, como Papai sabe, não considero nem um pouco que tudo isso seja uma quimera. O futuro nos fará ver quem de nós dois terá razão.

A exaltação do que considerava seu dever levava-a a desafiar abertamente o pai e a solicitar dele notícias sobre o Brasil, que consultasse os chefes João Alfredo, Ouro Preto, Andrade Figueira e Lafayette. A eles pediria diretrizes e se conformaria aos seus conselhos. Dirigiu-se também à baronesa de S. Joaquim , que estava de partida para o Brasil, solicitando intermediação junto ao Diretório:

> Hoje cheguei finalmente à conclusão que toda minha vida, como aliás a de meus irmãos devia ser orientada dum lado único: a restauração da monarquia no Brasil. Durante muito tempo acreditei que esta restauração fosse coisa impossível. Nós, pensava, só tínhamos uma coisa a fazer: esperar sossegadamente no serviço da Áustria que nos viessem chamar.
>
> Os acontecimentos destes últimos tempos, a evolução política que se tem efetuado no Brasil, várias conversas que tenho tido com pessoas vindas de lá, mudaram completamente minha razão de ver.
>
> Ainda não creio que a Restauração seja coisa fácil ou próxima, mas em todos os casos é possível e desejada de muitos.
>
> A questão a resolver agora é: O que nós devemos fazer. Eu sempre pensei que a viagem dum de nós ao Brasil ao menos à América do Sul seria do ponto de vista monarquista utilíssima.
>
> Se só tivesse seguido o meu palpite, há já muito tempo que teria partido. Uma consideração me tem retido: o receio de comprometer por uma ação irrefletida os interesses das pessoas que desde [sic] catorze anos sustentam nossa causa com tanta dedicação. Por conseguinte o que agora quero saber é a opinião das principais destas pessoas – Ouro Preto, João Alfredo, Andrade Figueira, Lafayette – sobre o projeto em questão.

> Talvez a Senhora pudesse obter que cada um desses Senhores me desse sua opinião por seu intermédio ou por escrito – a Senhora encarregando-se das cartas para evitar o perigo do Correio. Em todos os casos conformarei meus atos aos conselhos que me serão dados por pessoas tão competentes (Carta datada de Viena, 2/4/1904).

A missão foi cumprida pela baronesa. A resposta negativa de João Alfredo está implícita na carta enviada da Áustria por D. Luís ao pai, em 23 de junho de 1904, comunicando seu desapontamento por não poder se envolver com a política diretamente: "Contra o parecer dos chefes monarquistas, não há nada a fazer. Eu enterro definitivamente o B[rasil] ao menos na prática. Quando quiserem que eu me ocupe disso, que me digam."

Sua ansiedade em projetar-se politicamente era a face visível de outro movimento realizado na família, o afastamento progressivo da princesa da política. Vendo distanciar-se cada vez mais do horizonte a perspectiva do Terceiro Reinado com a consolidação da República, mantinha-se em contato com o Diretório Monarquista, amigos e simpatizantes fiéis no Brasil, mas seu interesse para com o mundo exterior crescia na direção de obras pias e assistenciais. Em 1904 cogitava mesmo de renúncia das prerrogativas da posição de pretendente ao trono restaurado. Por intermédio da viscondessa de Cavalcanti solicitou ao conselheiro João Alfredo que viesse à França para uma conversa. Era seu desejo colocar os filhos "em contato com homens eminentes do seu país" e comunicar a desistência dos seus "direitos", com o que o conde d'Eu estava de acordo. "Esta decisão já está tomada há muito tempo, só não queria tornar conhecida, senão quando julgasse oportuno" (Carta da viscondessa de Cavalcanti a João Alfredo, 29/3/1904). E a ocasião se apresentava em novo momento de efervescência política que envolvia monarquistas no Brasil.

Já desinteressada ou descrente da causa da restauração, admitia uma nova liderança explicitamente colocada. O diálogo epistolar com João Alfredo, em quem depositava enorme confiança, revela essa preocupação motivada pela relutância de D. Isabel em envolver-se com um movimento armado, seja por não lhe aprovar os métodos, seja por não acreditar na possibilidade de vitória. Ao mesmo tempo, exprimia sua posição cautelosa diante das iniciativas de D. Luís:

> Desejaria também que estivesse convencido de que não faço absolutamente questão de minha pessoa. Outro mais moço poderá estar mais no caso de ser útil, e se não soltei as rédeas já é porque a mocidade pode ser temerária. Façam o que devam fazer convencidos de que ninguém de minha família porá obstáculo ao que for para o bem do país (Carta de D. Isabel a João Alfredo, Boulogne-sur-Seine, 8 /4/1904).

Prevendo o impacto que essas resoluções iriam provocar entre os monarquistas, solicitava de João Alfredo que aplainasse arestas entre as duas gerações de envolvidos na causa e auxiliasse na decisão sobre sua renúncia. A oposição do pai à vinda de D. Luís ao Brasil e as tentativas de composição política da mãe indicam uma divergência que envolvia o Diretório Monarquista do Rio de Janeiro em relação às iniciativas do moço, até então pautada pela fidelidade pessoal a D. Isabel e à sua figura como símbolo do Império. A perspectiva de esfacelamento do grupo organizado no Diretório acabou levando a princesa ao recuo neste momento e a conservar até o fim da vida a posição de herdeira política de D. Pedro II, ainda que na prática o segundo filho tivesse assumido posições de pretendente. A partir daí passou a se delinear uma dupla condução da causa e em tal contexto se realizou a visita de D. Luís aos Estados Unidos.

Nova Inglaterra no outono

Logo na chegada ao porto de Nova York ocorreu o primeiro contato dos viajantes com a imprensa norte-americana por meio do repórter do *New York Herald*. Outros jornais também os "descobriram" e publicaram notas sobre a vinda à América dos netos do imperador do Brasil. Ali começou a se delinear seu perfil para consumo no país, sua identidade multifacetada de ilustres viajantes que estiveram no Transvaal durante a Guerra Boer, realizaram caçadas na África e nas Índias, eram tenentes do "exército dos hussardos austríaco".

Fazia parte dessa apresentação à grande metrópole a permanência no hotel Waldorf Astoria, dos mais caros e exclusivos, por onde desfilava "toda Nova York". Chegavam à América em grande estilo e a primeira impressão da cidade foi muito favorável, em nada sugeria a "cidade de negócios" imaginada pelo jovem Luís. Começara a desconstrução de seus preconceitos sobre os Estados Unidos. Logo a seguir, tomaram o caminho da Nova Inglaterra, mais precisamente a Newport, cidade portuária e turística de Rhode Island, na baía de Narrangasett. Abrigava casas paradisíacas das mais ricas e influentes famílias da alta burguesia norte-americana, local de elegância, prestígio e ostentação com mansões espetaculares à beira-mar, onde se promoviam festas grandiosas e extravagantes. Serviu de ponto de apoio aos príncipes na região e de deslocamento até Lenox, no interior montanhoso, onde se concentravam os que podiam usufruir da estação elegante de outono.

Lenox era também um local de vilegiatura, desde a década de 1880 deixara de ser refúgio de artistas e intelectuais para se tornar o lugar da moda dos magnatas , oriundos principalmente de Nova York, que a transformaram com a instalação de suas casas de campo. A visita dos príncipes coincidiu com a era de ouro das *cottages*, de domínio da riqueza, do poder e do prestígio social, tanto que os nomes de seus proprietários compunham o rol de "quem é quem" da indústria e das finanças. As árvores avermelhadas pelo outono e os lagos produziam também um efeito extremamente agradável aos príncipes.

Na Nova Inglaterra os dois irmãos integraram-se a um círculo muito exclusivo, que os acolheu entusiasticamente. Tratava-se de um grupo transcontinental, habituado com deslocamentos freqüentes entre Europa e América e que se tornou o núcleo das explorações e o padrão de referência para observações e julgamentos posteriores de D. Luís completados pela estada em Boston, Filadélfia e New Haven (Connecticut).

É fácil verificar nos relatos o valor dessa região como símbolo de prestígio para o *high society* no auge da alta temporada, quando ocorriam festas pródigas e eventos sociais promovidos para atender a frenética competição por realce entre os proprietários das casas luxuosas, magnatas como Andrew Cornegie, Cornelius Vanderbilt e George Westinghouse D. Luís rendeu-se logo à pujança dessa sociedade capaz de criar tal modo de vida:

> Sobre esta península rochosa os americanos fizeram surgir a golpes de milhões uma cidade de sonho composta de habitações umas mais inverossímeis que as outras. Vêem-se ali todos os estilos – desde o Castelo das margens do Loire até as grandes casas de campo inglesas passando pelos templos gregos e o palácio de Versalhes. Além disso, o gosto está em toda parte (Carta de D. Luís a Gastão d'Orléans, Newport, 19/10/1904).

Hospedados em hotéis, os irmãos participaram da intensa agitação mundana. Houve até os que surpreendentemente lhes faziam reverências e os tratavam na terceira pessoa, confirmando assim conveniências, convenções e exigências de apresentação social. Convidados para festas, alvo de atenções e deferências, tantos foram os chamados que se tornava impossível atender a todos. Pareciam à vontade no ambiente, apesar das diferenças culturais e mesmo financeiras flagrantes, e ali foram devidamente apreciados, valorizados e aceitos como ornamento da pequena roda ávida de prestígio. Elementos de identificação facilitaram a fruição das experiências, que prolongavam com acréscimo de luxo e riqueza seu ambiente de origem.

A condição de príncipes vindos da França imediatamente elevou-os à primeira cena da vida social. A França estava na moda nos Estados Unidos em 1904 e os irmãos tiveram também por esta razão uma acolhida das mais calorosas. Para essa sociabilidade muito contribuiu a rede de relacionamentos pessoais que facilitou a viagem, ao mobilizar contatos por meio de cartas de apresentação, intervenção de amigos, enfim, procedimentos que abriam portas e serviam como guias ou garantiam a escolha dos roteiros adequados. Ali se fixou o primeiro julgamento de D. Luís sobre os norte-americanos: admirou-se de seu luxo, amabilidade e nível de instrução, avaliados como superiores aos dos norteamericanos que encontrara na Europa.

Contatos foram também estabelecidos com pessoas do corpo diplomático, entre elas o major von Etzel, adido militar alemão e a filha de Hunter, antigo ministro dos Estados Unidos no Brasil e velho conhecido da família imperial. Porém seu contato mais significativo parece ter sido com os Vanderbilt, em sua casa de campo de pedras vermelhas à beira-mar, onde eram recebidos os integrantes do *smart set* que, para D. Luís, constituía a "aristocracia americana". De madame Vanderbilt já era conhecido desde Cannes. Seu marido, Cornelius, era magnata da ferrovia e transitava pela nobreza européia, relacionado com o imperador da Alemanha. Ali encontrou pela primeira vez Alice Roosevelt, filha do Presidente dos Estados Unidos, igualmente célebre, apelidada pelos jornais de alteza real, princesa real.

Da Nova Inglaterra os irmãos seguiram para o centro-norte do país em direção às cataratas de Niágara, Chicago e Saint-Louis. Pouco fluentes em inglês, passaram desapercebido pela região, distanciados da roda de Newport-Lenox, sem o aconchego das referências e da sociabilidade nos tons previamente determinados. Defrontaram-se então com aspectos mais democráticos da sociedade norte-americana , cujo alcance escapou a D. Luís, ainda que com eles se surpreendesse. Seu contato com a cultura norte-americana não foi o de um naturalista ou geógrafo. Observou mais do que as paisagens naturais as pessoas e as relações sociais, sinais e indícios do padrão cultural local. Seus relatos breves e muitas vezes desconexos procuraram dar conta do impactante mundo novo visto de relance. Observou diferenças de classe social, de gênero e etnia sem no entanto aprofundar seus julgamentos.

A exposição de Saint-Louis

FOI NA EXPOSIÇÃO UNIVERSAL DE SAINT-LOUIS que se revelou a dimensão política da viagem dos príncipes à América. O congresso norte-americano havia designado esta cidade para sediar a Exposição Mundial, pois sua localização na confluência dos rios Mississipi e Missouri significava ponto estratégico da entrada dos norte-americanos para o Oeste. Grandes feiras mundiais eram comuns no início do século xx e funcionavam como grandes mostras do desenvolvimento cultural e tecnológico. A de Saint-Louis foi aberta em 30 de abril de 1904 e oportunamente coincidia com as eleições para o segundo mandato do presidente Roosevelt.

Nela a França foi homenageada com um lugar de honra, desde a concepção dos edifícios inspirados na arquitetura francesa, até a concessão do espaço privilegiado para a construção de seu pavilhão nacional como réplica do Grand Trianon. Tal deferência não lograva no entanto ofuscar o avanço material dos Estados Unidos e o dinamismo de sua economia em relação à Europa. Surgia uma nova potência mundial que conquistava territórios, mercados e liderança política com os métodos do *big stick* de Roosevelt.

D. Luís pouco se entusiasmou pela exposição em si, encontrando nela menos atrativos que na de Paris em 1900: muito grande, muito técnica, lembrava-lhe a feira de Neuilly. No entanto, do ponto de vista político foi um dos momentos importantes de sua viagem. Proporcionou a ele e a D. Antônio ocasião de se apresentarem aos brasileiros e em especial, de estabelecerem contato com os monarquistas ali presentes. Foi, sobretudo, uma exposição da pessoa dos príncipes num momento de grande evidência para o Brasil.

O pavilhão do Brasil estava situado no Palácio Monroe, construção *art nouveau* projetada pelo marechal e engenheiro militar Francisco Marcelino de Souza Aguiar para consagrar uma imagem da República associada ao progresso e à pujança. Explicitava compromissos crescentes do Brasil com os Estados Unidos e sua política panamericanista. A escolha do presidente James Monroe como símbolo dessa adesão patrocinada por Rio Branco no ministério das Relações Exteriores não foi em vão. O Brasil recebeu a medalha de ouro pelo majestoso edifício construído em metal posteriormente transportado para o Rio de Janeiro e reinaugurado em 1906 para a Conferência Panamericana. Ali se instalou uma vitrine dos produtos brasileiros, sobretudo o café.

Nesse ambiente os príncipes se deram a conhecer logo ao chegar e passaram a receber um tratamento deferente e caloroso, por parte dos que tinham relações com a família imperial e, em especial com José de Carlos de Carvalho, diretor do jornal *Novo Mundo* , correspondente do *Jornal do Comércio*.

Segundo o testemunho de José Custódio Alves de Lima, paulista de Tietê, fazendeiro que havia feito carreira no campo diplomático, a chegada dos príncipes à exposição foi emocionante para os simpatizantes da monarquia. Houve muitos momentos de recordação dos relacionamentos com D. Isabel, o conde d'Eu, os imperadores. O reencontro com membros da família imperial exilada mereceu registro desse representante do Brasil na feira, onde ficou encarregado de receber os visitantes. A ser notado seu envolvimento com a revolta da Armada em 1893-4, que lhe custara a perda do consulado de Montreal com a justificativa de ser inimigo da República, mas não impedira sua presença ali entre os cafeicultores e seus representantes. Havia sido indicado por D. Isabel como contato a ser feito pelos filhos.[2]

A chegada de D. Luís e D. Antônio ao palácio Monroe logo provocou alvoroço entre os que viram chegar "dois cavalheiros de estatura regular, corretamente trajados, tez fina e alvíssima, olhos azuis", que diziam ter vindo especialmente para "ver o Brasil".

No Brasil, a reação monárquica se intensificara em torno da campanha contra a obrigatoriedade da vacina contra a febre amarela no Rio de Janeiro. Desde 1903 o debate sobre a política sanitária da República se acirrara e se desdobrara na grande crise do governo Rodrigues Alves. Em decorrência da aprovação das medidas de combate aos insetos causadores da moléstia, a oposição se aglutinou no jornal *Correio da Manhã* que promoveu intenso combate aos "mata-mosquitos". Os partidários da restauração foram envolvidos pela oposição a Rodrigues Alves e participaram da campanha pela imprensa, com setores do Exército, republicanos jacobinos e a oposição parlamentar. O resultado foi a revolta da vacina de novembro de 1904. Os monarquistas não abandonavam as esperanças de lutar contra a República, porém passavam por uma nova fase política, aceitando também participar do processo eleitoral com candidatos próprios, como Andrade Figueira que, em 1903, concorreu a uma vaga pelo Senado.

A aprovação da lei da vacina obrigatória contra a febre amarela em 31 de outubro de 1904 foi a gota d'água no transbordante meio oposicionista e daí resultou a revolta de 13, 14 e 15 de novembro do mesmo ano, com levante militar dos cadetes da Escola Militar da Praia Vermelha e participação popular na cidade do Rio de Janeiro. A bandeira da restauração foi levantada muito alto na ocasião e seus ecos alcançaram a imprensa internacional.Seu insucesso selou o ocaso da atuação coletiva rebelde e ostensiva dos monarquistas durante a Primeira República.

Nesse contexto, é provável que os príncipes tenham planejado com seus pais o *tour* pelos Estados Unidos com a finalidade de estabelecer contatos políticos com brasileiros simpatizantes da causa da restauração, especial o grupo de São Paulo. Porém se resguardaram de qualquer demonstração de apoio ao governo republicano durante a visita à exposição. A reação de Luís ao acolhimento entusiástico dos brasileiros ali presentes foi de prudência ditada pela lembrança traumática do banimento. Sua negativa em aceitar

---

2 LIMA, José Custódio Alves de. *Recordações de homens e cousas do meu tempo*. Rio de Janeiro: Livr. Edit. Leite Ribeiro, 1926, p. 30.

uma apresentação mais ampla e destacada marcava posição de recusa a um certo confronto ousado com a República, como relatou ao pai: "nosso nascimento nos forçando a ser monarquistas nós não podemos nos relacionar seja com quem for neste pavilhão brasileiro senão nos termos de antes de 1889, que se algum de nossos amigos quisesse vir me ver no Hotel, eu ficaria encantado" (Carta de D. Luís ao pai, 30/10/1904).

Dez anos depois relembraria o evento a José Custódio e lamentaria a atitude imatura e inexperiente da época como uma oportunidade perdida: "Se me fosse dado encontrar agora o Sr. no pavilhão brasileiro de alguma exposição não manifestaria os mesmos escrúpulos do que em S.Luís. Embora continuando firme nas minhas convicções acostumei-me a frequentar os republicanos de todos os matizes" (Carta de D. Luís a José Custódio Alves de Lima, Boulogne-sur-Seine, 15/6/1914).

Não há registros sobre um possível encontro entre o príncipe e os monarquistas fora do recinto da exposição, mas o sucesso da empreitada era evidente. Formou-se uma escolta brasileira que os acompanhou até o trem onde se separaram "batendo-se nas costas com grande alegria". Apesar da autocensura, a narrativa do príncipe sugere a intencionalidade de sua visita com o objetivo de marcar presença entre brasileiros. A costumeira entrevista à imprensa (*The Morning Telegraph*), enriquecida por fotografias dos jovens inofensivos, charmosos, bem situados, constituiu mais um sinal da estratégia tateante de publicidade da nova geração dos Orléans e Bragança e da causa monárquica nos Estados Unidos, que se tornavam parceiros de importância crescente da República brasileira.

Encontro com Roosevelt

A viagem coincidiu também com as eleições presidenciais que resultaram na condução de Roosevelt ao seu segundo mandato em 8 de novembro de 1904. Inicialmente D. Luís dispunha de poucas informações sobre o sistema político do país e em seu contato com o grupo da alta burguesia pouco aprendeu sobre o tema, chegou a afirmar que ali era de mau gosto falar de política. Mesmo assim, logo ao chegar comentou as eleições e seu temor de que com a vitória de Roosevelt "o sucesso não lhe suba à cabeça e não o leve a se lançar no imperialismo ainda mais que no passado"[3]. Tal comentário indica conhecimento crítico da política externa do *big stick* efetivada por Roosevelt com intervenções e agressões à soberania da América Latina.

3 Carta de D. Luís ao pai, 14/10/1904.

Pouco a pouco D. Luís foi se familiarizando com a campanha presidencial e o funcionamento do sistema político, acompanhando discretamente o desenrolar da disputa entre republicanos e democratas e seus respectivos candidatos, Roosevelt e Parker. Notas rápidas sugerem ecos das conversas ocorridas nas reuniões de que participou, pois de um modo geral, a política norte-americana lhe era obscura, já que em meio ao fogo cruzado da sucessão presidencial não encontrara semelhanças com suas experiências na Europa. A "falta de acrimônia das lutas eleitorais" o desorientava pois dizia não ter ouvido durante toda a campanha

> uma querela, uma discussão um pouco viva. No máximo umas brincadeiras ingênuas. O resultado proclamado foi recebido com entusiasmo quase igual pelos 2 partidos. Os democratas como os republicanos pegaram suas cornetas de lata e fizeram o maior barulho possível em honra de Roosevelt – falta de espírito crítico dos Americanos.[4]

O périplo foi completado com a visita dos dois irmãos ao presidente Roosevelt na Casa Branca. Primeiramente, houve tentativa de obter um encontro com a intermediação do secretário do presidente. Em resposta, veio a sugestão prosaica e pragmática de "seguirem a via normal", ou seja, solicitar uma audiência pela embaixada da França. Mas o problema não era tão simples: "Não sendo súditos franceses e sem conexão com o Brasil nossa pátria, seria difícil para nós seguir a via usual." Pediram então uma audiência informal, que acabaram conseguindo.Seus trunfos, provavelmente, foram os contatos estabelecidos e a publicidade alcançada desde a chegada a Newport. O conhecimento da filha do presidente, Alice Roosevelt não deve ter pesado menos na aquiescência do presidente em recebê-los.

É significativa a impressão causada pelo presidente Roosevelt: homem forte, de grande energia, que apertava a mão dos visitantes rangendo os dentes e repetindo: "Dddilighted (sic) to see you". A entrevista, rapidíssima, teve por temas a cavalaria austríaca, as vantagens do fuzil sobre a carabina, a atuação dos cossacos nas guerras, a genealogia Luís Felipe dos príncipes e a revolução de 1848, que Roosevelt afirmou não ter jamais entendido. Virando a conversação para o Brasil, D. Luís registrou as opiniões de Roosevelt que afirmou igualmente nunca ter compreendido a "Revolução de 1889" nem a política "muito filosófica e nebulosa do Imperador. Faltou uma força para apoiar o trono. Todo governo que não tem uma força suficiente à sua disposição é condenado à impotência."

---

4 Carta de D. Luís ao pai, 24 de novembro, a bordo do Kaiser Wilhelm der Grasse..

Na sequência, houve a visita ao arcebispo de Saint Paul, John Ireland, considerado por D. Luís "um dos homens mais influentes da América". De fato, tratava-se de um líder do movimento americanista, defensor da liberdade religiosa e da separação entre Igreja e Estado, com grande influência política em Washington e sobretudo amigo pessoal do presidente Roosevelt. Fisicamente assemelhava-se a Roosevelt: "mesma natureza imponente, mesmas espáduas de touro, mesma cabeça poderosa, quase brutal". Com ele os dois irmãos conversaram cerca de uma hora sobre política francesa, sistema político da América, qualidades do povo americano, diz o relato sucinto" (Carta de D. Luís ao pai, a bordo do Wilhelm der Grasse, s/d).

Somente no final da viagem D. Luís logrou escrever com mais desenvoltura sobre os Estados Unidos, amparado pela consulta a livros. Recolhido a bordo e afastado do turbilhão das festividades pôde afirmar:

> Encontrei o sistema político americano funcionando muito melhor do que acreditava. O sistema parlamentar funciona perfeitamente graças à formação dos dois grandes partidos rivais: democratas e republicanos, que substituem aqui os liberais e os conservadores da Inglaterra. As duas partes representam idéias igualmente sensatas. Um homem ponderado pode escolher. No mesmo círculo de pessoas encontram-se os que pertencem a um ou ao outro partido. Os Republicanos são nacionalistas. Eles querem aumentar ainda o poderio formidável dos Estados Unidos por todos os meios: expansão colonial, protecionismo exagerado, aumento da marinha, crescimento do poder federal. Os meios dos democratas são outros: continuação da política liberal que deu tão certo nos Estados Unidos, comércio vigoroso, ideal certamente superior ao do protecionismo se bem que (...) a União não seja ainda suficientemente forte para isso, gerenciamento interior de cada estado por si mesmo. Quem poderia dizer qual dos dois partidos tem razão? Minhas simpatias, baseadas em parte sobre o que o partido democrata representa [...] do Sul na guerra de Secessão vão sobretudo a ele.

Foi a ocasião para a busca de informações complementares que o ajudassem a formar uma opinião do conjunto da vida nos Estados Unidos. O resultado foi o depoimento-síntese da viagem:

> Eu me despojei da antiga antipatia pelos yankes. Reconheci que havia neles retidão, honestidade, bonomia, complacência. No fundo, povo leal e honesto. Ainda infantil, muito ingênuo. Surpreendente mentalidade de homens que [...] e acumulam milhões e que do ponto de vista intelectual e filosófico estão muito abaixo de um dos nossos colegiais. Inteligência prática e extraordinária que realiza prodígios [...] invenções e progresso. E ao mesmo tempo [...] idéias superficiais! Falta de interesse absoluto pelas artes ou literatura.

> Se ocupam-se disso é apenas por esnobismo para se dar uma [...] de homem do mundo. Falta de interesse absoluto também por toda questão religiosa ou filosófica. Em geral nas classes superiores a religião não existe. E isso não por falta de fé nem por convicção oposta, mas por indiferença completa. Os grandes problemas eternos não interessam a ninguém nos Estados Unidos. Eles não são necessários na conversação – é mesmo considerado de mau gosto falar sobre política ou religião – E sobretudo eles preferem ganhar dinheiro.

O último depoimento fecha na mesma pauta:

> Em resumo os americanos são crianças bem educadas mas ignorantes dos costumes do mundo, muito ingênuos em algumas coisas, mas dotados no mais alto grau no senso dos negócios, hospitaleiros como em nenhum outro lugar. O estrangeiro para eles é um brinquedo charmoso do qual eles não se cansam nunca desde que esse brinquedo lhes sorria e não os provoque.

Admirando o "caráter informal" das "funções sociais" nos Estados Unidos, nesse momento D. Luís assumia nova postura diante da sociedade onde a liberdade de ação era uma marca importante, pois "desde que seja amável para todo mundo, a pessoa não encontra senão admiradores."

PARTE 6

Sob o Cruzeiro do Sul

A marcha inexorável do tempo

O INGRESSO DE D. LUÍS NO COMBATE RESTAURADOR TEVE INÍCIO no período em que o movimento monarquista perdera muito de sua força, após sucessivos revezes agravados pela marcha inexorável do tempo que esvaziara seus quadros. Ainda assim, os remanescentes persistiam na fidelidade à causa e se articulavam em núcleos regionais vinculados ao Diretório Monarquista do Rio de Janeiro, fundado em 1895-96. Ali persistiam as antigas lideranças do Império. A atuação do grupo reconhecia o comando de D. Isabel e parecia ter a pretensão de desempenhar papel semelhante ao de um conselho de Estado pois antigos conselheiros o integravam: João Alfredo Corrêa de Oliveira, presidente do conselho de ministros por ocasião da promulgação da Lei Áurea; o visconde de Ouro Preto, presidente do último conselho do Império; Lafayette Rodrigues Pereira, antigo presidente desse conselho e Domingos de Andrade Figueira, um dos mais combativos opositores à República.

Em São Paulo sobrevivia o segundo núcleo mais organizado de monarquistas, com irradiação na Faculdade de Direito de São Paulo em torno dos professores João Mendes de Almeida Júnior, José de Queirós Aranha e Rafael Correia da Silva, além de Antonio Ferreira de Castilho e Eduardo Prado.[1] Após os revezes da repressão policial sobre seus membros, desdobramento do combate da República aos sertanejos de Antônio Conselheiro em Canudos em 1896, a reorganização do movimento fora feita a duras penas. A rearticulação ocorreu no bojo da oposição oligárquica à política financeira de Campos Sales, que descontentava os cafeicultores. A João Mendes de Almeida coubera, até sua morte em 1898, a direção política do grupo, que surgira como "partido" e depois passara a se autodenominar centro e em seguida diretório, únicos tipos de organização política monarquista permitidas pelo regime republicano. A tendência à autonomia do grupo em relação ao Diretório do Rio de Janeiro pouco a pouco se estabelecia.

Desde o lançamento do Manifesto do Partido Monarquista de São Paulo a propaganda fazia-se pelos jornais *O Comércio de São Paulo, A Justiça* e *O Império,* com artigos de Afonso Arinos e Couto de Magalhães Sobrinho incentivando os correligionários a abandonar a abstenção e participar do processo eleitoral.[2]

---

1 *Carta do Diretório Monarquista de São Paulo.* Rio de Janeiro, 2/1/1896, assinada por João Alfredo, Ouro Preto, Andrade Figueira, Joaquim Nabuco, Carlos de Laet, Lafayette R.Pereira e Afonso Celso.

2 *Acta da reunião do Partido Monarchista de São Paulo*, 3/12/1895; Partido Monarchista de São Paulo. *Circular*

No Rio Grande do Sul o movimento também mantinha-se vivo, apesar dos revezes da Revolta da Armada e da Revolução Federalista. Ali o Clube Monarquista Saldanha da Gama editava o jornal *A Restauração*.

Em 1902 a oposição à política econômica motivou o levante restaurador de agosto, que reuniu em São Paulo diversas tendências políticas de oposição ao presidente Campos Sales. Dissidentes civis e militares se uniram para sublevar diversas cidades do interior do Estado, a pretexto do mau funcionamento do sistema ferroviário estadual no transporte do café. A repressão policial não poupou os chefes Afonso Arinos e Amador Bueno. Se o movimento foi um fracasso, os monarquistas dele tiraram suas lições, como afirma Maria de Lourdes Janotti:

> A revolta de 1902 tinha demonstrado cabalmente aos monarquistas que, sem o apoio das Forças Armadas, era impossível atentar vitoriosamente contra o regime. Por outro lado, também revelara que o movimento contava com correligionários fiéis – embora pouco numerosos – que acorreriam a um chamado das lideranças. Paradoxalmente, a derrota de 1902, ao contrário de desanimar os restauradores, foi considerada uma vitória moral: não só provara que possuíam organização, como conseguira aproximá-los de grupos dissidentes e militares. Acreditavam ter conseguido o respeito de seus antigos adversários, podendo agora fazer acordos com eles em melhores condições para a sua causa. Mas, a mais importante conclusão que tiraram da experiência foi em relação a seus aliados. Daqui para frente sabiam exatamente que a aliança que mais lhes conviria era com setores do Exército.[3]

Essa foi a tônica do movimento monarquista nos anos 1900-1904 por ocasião dos levantes armados e nas articulações posteriores em torno de Hermes da Fonseca e dos militares durante a Campanha Civilista. A crítica às oligarquias reunia civis e militares na rejeição à política dominante. D. Luís nada mais fez que continuar por este caminho, em sua progressiva marcha em direção ao desempenho do papel de pretendente à sucessão dinástica em caso de restauração do trono.

Em 1904, no Rio de Janeiro, ocorreu nova tentativa de sublevação em torno da vacina obrigatória contra a febre amarela. Enquanto nos Estados Unidos o príncipe contatava monarquistas na Exposição de Saint-Louis, onde se fazia propaganda do café, eclodiu a revolta que, em quatro dias de confrontos, tentou desestabilizar a República. Em 15 novembro de 1904 os monarquistas juntaram forças ao grupo oposicionista do deputado gaúcho Alfredo Varela, aos jacobinos, a setores do Exército e à oposição

---

n.i. São Paulo, 12/12/1895.

3 JANOTTI, Maria de Lourdes. *Os subversivos da República*. São Paulo, Brasiliense, 1986, p. 241.

parlamentar. A estratégia esbarrava inevitavelmente na possibilidade de implantação de uma ditadura militar cogitada por setores do Exército aos quais se aliaram, considerando esta aliança um mal necessário e etapa intermediária para a restauração.

Afonso Celso de Assis Figueiredo, filho do visconde de Ouro Preto, manifestara-se na imprensa meses antes da revolta, defendendo a intervenção militar para a derrubada do regime e chamando os militares para a causa restauradora. Após a derrota do movimento que dividira o Exército, em correspondência à princesa Ouro Preto, afirmara que a caótica situação poderia beneficiar a causa por enfraquecer o governo e oferecer aos monarquistas a ocasião para agirem em conjunto com militares não-jacobinos. No momento decisivo da revolta a aliança rompeu-se mas os inquéritos policiais evidenciaram o envolvimento de monarquistas neste movimento de "regeneração nacional". Dominada a rebelião, Hermes da Fonseca foi premiado com a nomeação para o comando do 4.o Distrito Militar em reconhecimento à sua atuação em defesa da ordem.

Dirigindo-se a D. Isabel para avaliar a situação, João Alfredo relatou as simpatias monarquistas no norte e no nordeste e atribuiu a derrota à atuação traiçoeira de Lauro Sodré, um dos comandantes dos rebeldes da Escola Militar da Praia Vermelha durante a revolta da vacina. A anistia do presidente Rodrigues Alves aos envolvidos no movimento parecera ao conselheiro uma ação perniciosa à causa, que se via num impasse por falta de "meios de combate". Sentia o duro golpe e vacilava no "desânimo político sem abalar a fidelidade à causa".

A derrota de 1904 encerrou a série de movimentos golpistas articulados com a participação dos monarquistas. O envelhecimento e mesmo o desaparecimento dos remanescentes do Império que não aderiram à República mostravam a difícil renovação de quadros e da estratégia de luta. Do Império persistia a evocação de D. Pedro II e de sua figura paternal, construída com os atributos da competência administrativa, da sabedoria no manejo do poder moderador, da dedicação aos negócios públicos e da bondade no trato caridoso com os humildes. Sua herdeira porém não despertava as mesmas simpatias unânimes. A rejeição a um terceiro reinado com D. Isabel mantinha-se e não apenas em decorrência de sua atuação no processo abolicionista, que arruinara grandes fortunas. Pode-se dizer que a morte do velho imperador e o distanciamento da princesa de um comando efetivo da causa, visível no Brasil, motivava uma peculiar característica do movimento no início dos anos 1900, quando a pergunta que pairava entre os empenhados na causa era: quem colocar no trono em caso de restauração? Esta era uma antiga questão, pois desde os anos finais do Império circulara nos meios políticos uma proposta de salvação do trono mediante abdicação da princesa e consequente instituição de uma regência, à espera de que um herdeiro alcançasse condições de governar. A República inutilizara o tema polêmico nos últimos anos do Império, mas não solucionara a questão dos vínculos de D. Isabel com a Igreja Católica e a impopularidade do conde d'Eu.

A atuação política da princesa desde o falecimento do pai havia sido a de distanciamento explícito das lutas pela restauração. A menos que se descubram novas evidências, persiste a constatação de que, apesar de constantemente informada pelos conselheiros, ela não incentivava nem apoiava sedições e rebeliões. A entrada em cena de D. Luís viria possibilitar um novo enfoque da questão, centrada agora na figura do jovem príncipe impetuoso, cuja imagem aos poucos iria cotejar e se sobrepor à da mãe no outono da vida. Ao se colocar como liderança explícita, sustentado pela herdeira do trono, respondia à pergunta subjacente às ações restauradoras: para quem restaurar o trono?

Com D. Luís a situação iria se alterar, ainda que o surgimento desta nova liderança no seio da família imperial custasse o confronto com os políticos que representavam a história viva do Império.

Um plano astucioso ditado pelo temperamento

Em 1906 D. Luís passou a arquitetar um plano de vir ao Brasil. Havia alguns anos que a viagem ocupava seus pensamentos e não restam dúvidas de ter sido projeto muito acalentado. Sua decisão constituiu desdobramento e contrapartida do progressivo afastamento de sua mãe do papel dinástico que viera desempenhando até então. Tomava a si a tarefa que considerava acéfala, dado o desinteresse do irmão mais velho pela política. Uma lufada renovadora sacudia os Orléans e Bragança e varria o tempo da reserva. A ela correspondia a participação dos monarquistas nas eleições, que passou a ser estimulada ao mesmo tempo em que a aceitação de cargos públicos deixou de ser vista como traição.

O plano adquiriu impulso em fins de 1906, quando D. Luís cogitava desligar-se ou ao menos afastar-se do exército. Conviveu bastante com Cândido Guimarães, que parece ter ido até a Hungria para juntos organizarem o plano da viagem. Era oficial diplomado na Escola Militar de Saint-Cyr na França. Ao pai, sempre tutelador de seus atos, minimizava suas intenções. Cautelosa e astuciosamente lançava pequenos balões de ensaio, afirmando que nada faria sem consultá-lo e que o projeto de visitar a América do Sul teria como pretexto a escalada dos Andes, mas "sem tocar o Brasil". Com

Cândido Guimarães, planejava porém a estratégia da viagem como campanha militar e, se o fato preocupava o pai, tranquilizava-o, dizendo-lhe com dissimulação:

> Eu gosto bastante de C mas não o tomo suficientemente a sério para que suas idéias possam me levar a fazer alguma coisa que não estivesse dentro das intenções da família. Falamos, é claro, muito sobre o Brasil mas ele não me submeteu nenhum projeto e eu não falei daqueles que eu poderia ter.

No entanto, os preparativos e a companhia de Candido Torres Guimarães na viagem testemunham em contrário. O príncipe parece ter obstinadamente persistido no projeto e encontrou no amigo um colaborador indispensável. A viagem necessitava da aprovação superior, solicitada ao imperador Francisco José. Após audiência em Viena, no palácio de Hofburg, esperou em Neusiedl a resposta do pedido de afastamento que lhe seria dada pelo general Bolfras , chefe da chancelaria militar do império. Impaciente, acabou vindo sem essa autorização, fato que iria lhe criar dificuldades ao retornar à Áustria.

A viagem esteve longe de ser estimulada ou aprovada pelo Diretório Monarquista. Calmon,[4] ao examinar a questão, lança luzes sobre o plano do príncipe e a resistência dos conselheiros, além de revelar que D. Isabel, dividida entre as ponderações do Diretório e os anseios de D. Luís, admitia ser impossível impedir o filho de fazer a viagem. Parecia estar imbuído do espírito de missão e nada o demovia de seu intento. Confiava em sua capacidade de congregar os monarquistas em torno de sua pessoa e na audácia do gesto, do belo gesto. Sua impetuosa mocidade levou-o a enfrentar o pai, brandindo o bem aprendido valor do dever a justificar e nortear a vida: dever para consigo, para com a família, o país, os monarquistas, nesta ordem.

Delineava seu projeto político a ser executado com uma estratégia de combate. Além da articulação com civis, desenvolveu um movimento de aproximação com as forças armadas, facilitada por sua condição de oficial do exército. Para isso manteve contatos com Cândido Torres Guimarães, autor de um plano de reorganização do Exército brasileiro, que D. Luís apresentou antes da viagem ao conselheiro João Alfredo como expressão de sua opinião pessoal. Uma carta enviada ao autor do projeto contém preciosas informações sobre o posicionamento de D. Luís sobre a questão. Dizendo-se "militarista de coração", teceu considerações sobre o papel do exército baseadas nas teorias sobre a guerra do marechal-de-campo prussiano Helmuth Moltke. Seu paradigma era o Império alemão, que ascendera a potência militar sob a condução de Bismarck.

---

4 CALMON, Pedro.. *A princesa Isabel: a "redentora"*. São Paulo: Cia. Editora Nacional, 1941...

Dessas referências decorria sua compreensão do exército como "complemento indispensável da prosperidade de um país. É o sinal exterior da riqueza e do poder duma nação. É a garantia *sine qua non* duma política externa independente, isenta de fraquezas e de compromissos". Mais ainda, considerava as "classes armadas" importantíssimas para a causa monárquica por delas depender a sustentação do trono. Percebe-se em seus apontamentos a leitura da política de um ponto de vista militar e o chamado à intervenção militar contra a República.

A partir de sua formação e experiência como oficial, atribuía ao exército um papel de escola para a cidadania que garantiria aos incorporados o aprendizado de direitos e deveres, além de ideais patrióticos. Centro de moralização, divulgador de patriotismo, disciplina e honra, o exército foi apresentado como peça fundamental da política, inclusive pela educação da "alma popular" por meio do alistamento universal. Acreditava faltar ao Brasil, uma nova organização do Exército e da Marinha para que se chegasse a uma união entre os "estados e o poder central". (Carta de D. Luís a Cândido Torres Guimarães, Nezsider, 16/11/1906).

Mas ao pai, D. Luís se referira em outros termos sobre a questão. Prometera submeter-lhe a carta que enviaria a Cândido Guimarães – o que parece não ter feito – e assegurava-lhe que mesmo de posse da carta o amigo nada faria "sem não lhe dermos a prova 1.o que esquecemos o 15 de novembro; 2.o que a situação seria muito diferente que quando sob o Império". Queria que Gastão acreditasse ser sua aproximação do Exército brasileiro apenas uma estratégia política sem convicção íntima, "útil para nos tornar conhecidos e dar de nós a idéia de que somos fundamentalmente militaristas" (Idem).

Uma nova concepção de Império estava em gestação. A educação e a vida de militar fizeram de D. Luís entusiasta de uma monarquia na qual reinasse "o espírito de disciplina que é a base dos exércitos, é a força da sua direção". O modelo foi encontrado na Confederação da Alemanha do Norte, Estado forte garantido pelo poder militar, no qual o rei assegurava a unidade nacional com recurso ao exército como "instituição unitária".

Além disso, procurava angariar simpatias do marechal Hermes da Fonseca por meio de elogios à sua atuação no ministério da Guerra. Eram os primeiros passos em direção a uma aliança com os militares. No ministério, Hermes promovera a reorganização do Exército e o ponto mais polêmico de sua atuação era a proposta de serviço militar obrigatório, que despertava grande oposição dos civilistas liderados por Rui Barbosa. A inserção de D. Luís nesse debate ao lado do marechal colocava os monarquistas no centro do debate.

Em novembro de 1906 o movimento de D. Luís em direção ao Brasil se acelerou. A Dominique Barral confidenciava suas relações com o irmão primogênito a propósito da sucessão, pedindo – inutilmente – ao destinatário que destruísse a carta uma vez lida: "Eu conversei sobre política com Pedro no outro dia pela primeira vez depois de muito tempo. (...). Seu único desejo é que eu me case para que, uma vez feito isso, ele possa por sua vez se casar."[5]

Por outro lado, o empenho dos pais e do Diretório concentrava-se na trasladação dos despojos dos imperadores sepultados em Portugal, estratégia direcionada para formar uma opinião pública favorável à revogação do banimento. O senador Coelho Lisboa encaminhou, sem sucesso, em julho de 1906, projeto de trasladação ao Senado, propondo ainda a construção de um panteão para abrigar os despojos. O projeto de n.2/1906 foi assinado também por Barata Ribeiro, Álvaro Machado, Pires Ferreira, J. Catunda, J. Joaquim de Sousa, Raymundo Arthur, Belfort Vieira, Oliveira Figueiredo, Alfredo Ellis, Brás Abrantes, Siqueira Lima, Ferreira Chaves, Coelho Campos e Virgílio Damásio. Seu teor era o de envio de um navio de guerra pelo governo federal para realizar o transporte. O parecer da Comissão de Justiça que derrotou o projeto é exemplar da forma como a República tratava a questão: nada obstava à trasladação, considerando-se que "o banimento, como toda e qualquer pena, extingue-se com a morte" e não tinha sentido continuar a denegar o pedido da família imperial, entendendo não haver "banimento de cadáveres". Reconhecia não haver mais ameaça à República, porém, não seriam autorizadas verbas públicas para isso, delegando-se à família a iniciativa. Como havia também a intenção de levantar o banimento da família imperial, o parecer da comissão estendia-se, reiterando posições anteriores.[6] O parecer negativo foi assinado por Gomes de Castro, Lauro Muller, Francisco Sá, Francisco Glicério, Joaquim Murtinho, Urbano Santos e Feliciano Pena.

Na França, a conjuntura também apresentava contornos estimulantes aos planos de D. Luís. Mil novecentos e seis foi o ano em que os conflitos entre monarquistas e republicanos se acentuaram e houve grande movimentação em torno da anulação da sentença que condenara Dreyfus como traidor da pátria. A Action Française, movimento monarquista de grande projeção no país, vinculado ao pretendente ao trono, Felipe de Orléans, fazia propaganda ativa de seu ideário nacionalista e *antidreyfusard*. Não tardariam a surgir os *camelots du roi* com sua aguerrida militância em torno do debate sobre a restauração do trono dos Orléans.

---

5 Carta de D. Luís a Dominique Barral, Nezsider, 24 novembre [1906].

6 REVISTA DO IHGB, Rio de Janeiro,t. 98, v.152, 1925, p. 1136-1140.

A alternativa paulista

D. Luís demonstrava o apetite necessário à ingrata posição de pretendente ao trono do Brasil em condições de grande adversidade política. Mais do que levantar a bandeira da continuidade do Império com a figura da mãe no trono, que nunca parece ter feito, adquiriu luz própria ao propor um programa político que conflitava com as posições dos monarquistas fiéis ao império de D. Pedro II. Mas sua hora ainda não havia chegado, pois D. Pedro de Alcântara ocupava a posição de príncipe imperial e os pais refreavam seus ímpetos. Diante da falta de apoio do Diretório, passou a se articular com os paulistas para formar uma base política alternativa.

Em 1906, os correligionários de São Paulo iniciaram outra vez uma reorganização do "partido", tentando dinamizá-lo, tirando-o do "marasmo, retraimento e deserção". Com a atuação destacada de Martim Francisco, um dos resultados dessa iniciativa foi a organização do diretório paulista com a participação do conde papalino Álvares Penteado, Gavião Peixoto, Rafael Correa, Antonio de Queiroz Telles, Antonio Ribeiro dos Santos e Nicolau de Souza Queirós. Entre as decisões tomadas, a de participar da luta eleitoral nas eleições que se aproximavam em fevereiro de 1907, proposta apresentada por Martim Francisco.

A constatação da necessidade de reagrupar os monarquistas dispersos no interior do Estado e a divergência com o Diretório do Rio de Janeiro norteavam as ações. De fato, pouco apreço demonstravam os militantes do Diretório Monarquista do Rio de Janeiro para com os planos e as "impertinências" de D. Luís, razão pela qual ele desviou-se dos conflitos com o grupo do Rio de Janeiro e passou a apoiar-se no grupo de São Paulo. A dimensão desta nova articulação política constituía de fato uma guinada no movimento monarquista, restaurador do trono mas não necessariamente do império de D. Pedro II.

Nestas condições ocorreu a tentativa de desembarque que tantas censuras iria provocar entre os correligionários do Diretório. O novo pretendente entrava em cena e O *Álbum Imperial*, editado em São Paulo, encarregava-se da propaganda. Ao assumir a fidelidade a D. Luís, o Diretório de São Paulo venceu resistências internas e lançou um desafio ao Diretório do Rio de Janeiro: ou este assumia a "orientação firme" do movimento ou haveria cisão. Como providência imediata, foi aprovada em 28 de dezembro de 1906 a participação dos seus membros nas eleições estaduais: "O diretório está pois obrigado a pleitear a eleição; salvo se trocar a bandeira monarquista pela da Valorização, e se converterem os seus membros, de chefes monárquicos, em soldados do secretário da Fazenda."

Consolidando a decisão tomada no palacete de Nicolau de Sousa Queirós, foi elaborada uma lista dos candidatos que, pela ordem, teriam possibilidade de vitória e portanto deveriam se apresentar para a qualificação eleitoral: Martim Francisco, Eusébio Câmara Leal, J.A.Teixeira Machado, Laerte Assunção, Luís Assunção, Amadeu Gomes de Sousa, Hadock Lobo, Francisco Morato, Carlos Carneiro de Barros Azevedo e Estevam Leão Bourroul. É expressiva a presença de cafeicultores no grupo, como Antônio Álvares Penteado, proprietário da fazenda Palmares onde cultivava 750 mil pés de café. Sem dúvida havia uma dissidência da poderosa oligarquia paulista diante da crise da cafeicultura e do remédio a ela aplicado, a valorização do café pelo governo federal em 1906. O governo de Campos Sales vira crescer o descontentamento dos cafeicultores, alarmados com a queda dos preços do produto em período de superprodução. A política financeira com o câmbio baixo arruinava os fazendeiros, que viram suas angústias assumidas pelo governo estadual, inicialmente com a proibição de plantio e replantio em 1902, a ser estendida por cinco anos. Mas ainda era pouco. Os preços caíam e sinalizavam o empobrecimento com o comprometimento das safras pelos empréstimos contraídos.

Em 1906 a safra fora abundante, mesmo colossal, levando o setor a exigir do governo estadual medidas para sua defesa, que se concretizou em fevereiro de 1906 com o convênio de Taubaté, pelo qual se dava o fato inédito da intervenção estatal em prol do café e dos seus produtores. Além de estipular preço mínimo, num acordo envolvendo São Paulo, Minas Gerais e Rio de Janeiro, foram concedidos empréstimos aos cultivadores. De fato, somente o Estado de São Paulo acabou arcando com a operação que foi uma medida para impedir a desvalorização do produto.

O presidente Rodrigues Alves colocou-se contra essa política estadual e provocou uma ruptura ao recusar-se a manter uma política cambial favorável à exportação do produto. Além de contratar empréstimos na Europa, o governo de São Paulo passou a comprar o excedente do produto para sustentar preços. Em meio a essa crise, a oposição oligárquica procurava alternativas políticas para expressar seu descontentamento. Em 1906-1907 o estímulo à causa monárquica em São Paulo vinha não apenas das convicções políticas dos admiradores do Império e do imperador, mas também da fixação do câmbio e da valorização do café. A denúncia dos processos eleitorais fraudulentos, violentos e dominados pelas oligarquias, indicava possibilidade de arregimentação dos descontentes sob a bandeira da restauração. No entanto, ao assumir a defesa do café, o governo estadual também desbaratava a oposição que se articulara em função de seus interesses econômicos. É evidente o reflexo do convênio de Taubaté no movimento monarquista em São Paulo, quando se examina a tentativa desenvolvida no sentido de reorganização de seus quadros e de qualificação eleitoral de seus membros, num momento de consolidação da República, apesar da oposição republicana ao sistema político.

Para os que permaneceram fiéis à causa, as questões envolvendo a direção, o ideário e a estratégia do movimento colocaram-se com clareza entre 1906 e 1907. Em D. Luís encontraram resposta para o impasse. Tinham quem colocar no trono em caso de restauração. Tinham quem pudesse encarnar a mística do trono.

Prélio de cavalheiros

Em abril de 1907 D. Luís concedeu longa entrevista ao jornalista Fernando Mendes Júnior, representante do *Jornal do Brasil* em Paris e redator do jornal parisiense *Courrier du Brésil*. Anunciou-lhe o plano da viagem à América do Sul, cujo roteiro incluía o Brasil, com desembarque nos portos do Rio de Janeiro e Santos, além de passagem por outras cidades , entre elas, evidentemente, Petrópolis. Sua intenção explícita: o desejo de visitar os campos de batalha da Guerra do Paraguai.

A entrevista tanto desgostou que dividiu os monarquistas do Rio de Janeiro, contrários à sua vinda e mais ainda, à chegada sem a proteção do incógnito, temerosos das consequências que tal ousadia pudesse trazer à causa. Publicada no *Jornal do Comércio* e no *Jornal do Brasil* três dias antes da chegada, segundo suas instruções, a entrevista provocou logo intensa agitação. Além de anunciar num balão de ensaio suas intenções, colocando em pauta a questão do banimento da família imperial, divulgava as idéias políticas do príncipe. Preparando o caminho, afirmava que sua viagem não tinha intenção de fazer "provocação política", pois não se considerava nem pretendente ao trono nem herdeiro dinástico. Claro que oficialmente a transmissão ainda não estava feita, mas na prática ele já se comportava como tal e mais ainda, anunciava a ausência de intenção do irmão D. Pedro em vir ao Brasil.

Tendo aprendido com Moltke que nenhum plano de batalha resiste ao contato com o inimigo, prevenira-se para o pior. Anunciou que caso impedido de pisar o território nacional, não reagiria à força, mas lutaria por meios judiciais pois não queria criar dificuldades para sua família. Acenava com a caducidade do decreto que determinara o banimento dos Orléans e Bragança, que entendia revogado pela Constituição de 1891, na qual não estava previsto esse dispositivo para cidadãos brasileiros. Mais ainda, lembrava o *habeas corpus* impetrado nesse sentido por seu pai em 1903, denegado por falta de provas sobre hipotética coação, pois o governo não havia tomado nenhuma medida para impedir os exilados de entrar no Brasil desde o 15 de novembro. Aliás, eles nem tinham ainda tentado entrar no país, lia-se desafiadoramente no acórdão.

Seria a ocasião de testar a validade do banimento. Além de balão de ensaio, a entrevista também se destinava à propaganda de sua pessoa e da causa, que pretendia revitalizar. Enquanto D. Luís alçava vôo como representante político da família exilada, no Rio de Janeiro os integrantes do Diretório resistiam bravamente argumentando ser a viagem inoportuna, uma ameaça aos planos de trasladação dos despojos dos últimos imperadores. O duelo verbal com Ouro Preto prosseguiu ao longo da preparação da viagem, provocando indignação e melindres no antigo ministro, que se via assim ameaçado de perder o controle da causa no Brasil diante da impetuosidade e do açodamento do jovem príncipe, impaciente em assumir o papel de herdeiro dinástico.

Ou seja, os planos foram discutidos com o Diretório do Rio de Janeiro, ao qual D. Isabel recomendara segredo. Mais do que isso, pedira a João Alfredo, intercessão para que o Diretório acolhesse o ímpeto do filho. O conselheiro deveria empenhar-se em "obter de seus colegas alguma coisa que acalme o Luís e ao mesmo tempo não o deixe cair em desânimo. Ele está cheio de boa vontade para trabalhar por nossa causa". Mas a publicação da famosa entrevista três dias antes da chegada divulgou o arcano zelosamente guardado pelo pequeno grupo, que se sentiu traído e desautorizado. João Alfredo, em sua correspondência à princesa, transmitiu o desapontamento pessoal e a indignação dos correligionários. Segundo o conselheiro, o plano urdido em segredo contava com a cumplicidade do barão de Rio Branco, ministro das relações exteriores do Brasil e fiel à Monarquia, ainda que servisse o governo da República. O ministro teria prometido velar reservadamente pela segurança de D. Luís.

O conde d'Eu nos bastidores tentara articular com Afonso Pena, o barão do Rio Branco e Hermes da Fonseca uma acolhida favorável ao filho. Do primeiro, lembrara-se por ter sido ministro dos Negócios da Guerra durante o Império. Do segundo, pelos serviços prestados por seu pai, o visconde do Rio Branco, ao Império. E do terceiro, pela companhia que lhe fez durante viagem às províncias do sul. Cartas de recomendação chegaram a ser escritas mas abandonadas, com a anotação de próprio punho de que se tratava de "projetos aos quais não dei seguimento", feitas em abril de 1906. Muito provavelmente a condução do empreendimento de modo ostensivo pelo filho inutilizara as negociações de bastidores.[7]

Os atritos foram aumentados por outra publicação independente do príncipe, que enviou aos jornais a já mencionada carta a Cândido Guimarães comentando a situação das forças armadas no Brasil. À revelia do Diretório, o texto foi divulgado,[8] contrariando Andrade Figueira e Lafayette, para não dizer Ouro Preto. Enquanto João Alfredo, mais conciliador, contemporizava, o estrago estava feito e ele mesmo lastimava "caminhos furtados e intrujices" que resultaram na publicação das duas cartas reveladoras do segredo. Instalou-se a cizânia nas hostes monarquistas do Rio de Janeiro, que visivelmente perdiam o controle dos atos de D. Luís. Seus pais tampouco conseguiam - ou não mais desejavam – contê-lo.

Diante do fato consumado, os membros do Diretório pertencentes à Sociedade de Reverência à Memória de D. Pedro II do Rio de Janeiro reuniram-se para deliberar sobre a atitude a tomar. Em 9 de maio a diretoria, em sua quinta reunião desde dezembro de 1905, quando a Sociedade fora fundada, deliberou que, em caso de desembarque, dada a escassez de recursos, promoveria "manifestações de regozijo pela vinda à Pátria de um neto do Magnânimo Imperador e de homenagem pessoal ao jovem brasileiro que tanto se há ilustrado já por altos merecimentos". Em caso de não ser autorizado o desembarque, pragmaticamente foi decidido que uma comissão iria a bordo saudá-lo, levando uma lâmina de ouro ou um pergaminho com uma mensagem. A comissão foi constituída por Amarílio de Vasconcelos (primeiro vice-presidente da associação), Carvalho de Moraes (primeiro secretário) e Carlos de Laet (orador). Não se cogitou de qualquer reação forte aos empecilhos que o governo da República pudesse colocar contra o desembarque, mesmo porque o grupo havia se informado das disposições oficiais. Cândido Mendes de Almeida, segundo vice-presidente, alertou sobre os boatos propagados na capital da República sobre a possível interdição do desembarque e se comprometia a averiguar essa disposição "com algum membro do governo, porque na afirmativa, cumpre talvez à sociedade prover sobre os meios legais de impedir semelhante violência". Seu apelo não comoveu os demais participantes da reunião, convencidos de que a existência de um representante judicial da família imperial na cidade, o conselheiro José da Silva Costa, bastaria para fazer frente à eventualidade. Assinaram a ata o visconde

7 Conjunto de documentos do arquivo pessoal de Armando Alexandre dos Santos.

8 A carta foi publicada *no Jornal do Comércio*, 9 de maio de 1907, na seção "Várias Notícias".

de Ouro Preto, Candido Mendes, Franklin Sampaio, José Ferreira Sampaio e Arthur Ferreira Machado Guimarães.[9]

E assim foi feito. O advogado requereu ao Supremo Tribunal Federal *habeas corpus* preventivo no dia 11 de maio, relatando a iminente chegada de D. Luís e a ameaça de constrangimento se tentasse desembarcar. A petição foi julgada no mesmo dia, em sessão presidida pelo ministro Pisa de Almeida e relatada por Lúcio de Mendonça. A recusa em atender o pedido foi justificada pela condição de oficial do exército austríaco do paciente e por extensão, sua perda dos direitos de cidadão brasileiro.[10]

O plano estava revelado: D. Luís viria à América do Sul, passaria pelo Brasil, subiria o rio da Prata e pelo Paraguai alcançaria os campos onde se travara a Guerra em que se notabilizara o conde d'Eu. Em diversos aspectos de sua preparação, seja pelo roteiro, seja pela companhia de um militar, Candido Guimarães, seja pelas declarações sobre o Exército e a Marinha do Brasil, D. Luís procurava uma ponte com as Forças Armadas, revelando uma intenção política nítida, invocando também sua condição de brasileiro e a legitimidade de seu desejo de entrar no país natal.

Alertado, movimentou-se o governo da República. Em 9 de maio o *Jornal do Comércio* de São Paulo divulgara a notícia da vinda próxima do príncipe e assegurava não haver possibilidade de constrangimento. A notícia foi logo repetida por outros jornais, colocando na ordem do dia a situação jurídica da questão. Mas o governo federal já entabulara confabulações entre o presidente Afonso Pena e Tavares de Lyra, ministro do interior. A princípio parece ter havido boas disposições para o desembarque de D. Luís. Logo os ventos mudaram e a vigência do banimento foi reafirmada, enquanto ele já se aproximava da costa brasileira. Tinham razão os defensores da viagem incógnita, propícia para que o governo da República, desavisado, tivesse menor espaço para reagir. Ou seja, surpreender o inimigo era o plano inicial, mas o príncipe desmontara a estratégia ao preferir o confronto aberto. Ao fazê-lo, revelava estar afinado com a frase endereçada por Afonso Celso em 1895 aos monarquistas em tempos de desassombro: "Travemos, prélio de cavalheiros, insígnias desfraldadas, incapazes de tramas equívocas."[11]

O parecer decisivo parece ter vindo de Rui Barbosa, acusado pelo jornal *A Platéa* de "sempre farto de pareceres luminosos, do alto de sua velha majestade de

---

9 Livro de atas das assembléias gerais da Sociedade de Reverência à Memória de D. Pedro II (1905-1910).

10 RODRIGUES, Leda Boechat. *História do Supremo Tribunal Federal*, t. II (1899-1910). Rio de Janeiro: Civilização Brasileira, 1968, p. 226-34.

11 CELSO, Afonso. *Aos monarquistas*. São Paulo: Moderna, 1895. Apud JANOTTI, *op. cit.*, p. 95.

árbitro sem apelação", ter declarado que o banimento ainda vigorava. O plano ruíra fragorosamente. Não por acaso, Rui estava a caminho da campanha pela presidência, que resultaria na vitória de Hermes da Fonseca, em 1910.

Desembarque frustrado se transforma em festa

A chegada ao Brasil provocou no jovem viajante grande emoção. Recordações da infância e do acontecimento traumático da deposição de D. Pedro II e do exílio da família afloravam já à vista de Cabo Frio, mescladas ao reviver do sentimento de exclusão determinada dezessete anos antes. Peregrino que retornava à terra natal, exprimiu no relato que publicaria cinco anos depois a carga de lembranças que o assaltavam no atropelo da visão do Rio de Janeiro, das conversas em português ao seu redor, da bandeira nacional onde a esfera azul substituíra os emblemas do Império.

O desembarque ainda era uma incógnita, muito maior que a de sua pessoa. Mas pensando politicamente, avaliava a situação. Se o deixassem desembarcar seria porque a "idéia monárquica já não inspira receio algum". Seria do ponto de vista político, a melhor saída? Assim empolgado argumentava consigo mesmo que "devo desejar que a minha presença nas águas brasileiras seja considerada por quem de direito como perigosa para as instituições atuais".

Um grande espalhafato se irradiou pela imprensa, dando conta dos detalhes do impedimento do desembarque de D. Luís em solo brasileiro. Se não conseguiu sair do *Amazone*, o príncipe alcançou transformar a derrota numa meia vitória ao se instalar a bordo uma festa monarquista. Aquilo que seria talvez um passeio inofensivo pelo Rio de Janeiro se transformou em evento político alimentado pelos monarquistas, que inflamaram o noticiário denunciando a atitude restritiva, inconstitucional e de cunho político do governo, como de fato era o caso. Ainda que restrita ao espaço de bordo do navio, D. Luís alcançou um de seus intentos, o de reacender sentimentos monárquicos adormecidos e assim fazer propaganda da causa, além de expor a debilidade do regime republicano que se dizia consolidado. Porém, temia o desembarque de um jovem e inofensivo Orléans e Bragança.

Os jornais ocuparam-se da cor de seus olhos, de seu temperamento, de semelhanças com a mãe, pela bondade, e com o pai, pelo "ar seco".Reconheciam nele a "voz imperial dos Bragança do Brasil, aquela voz fina, seca, decisiva". "Temos homem", diziam os mais entusiasmados. Outros preferiram enaltecer a figura aristocrática de uma "criança voluntariosa, em cujas veias corre o sangue ardente de Pedro I", sinalizando em seu modo de agir o desconhecimento das regras vigentes na política brasileira.

Mas, se houve imprudência, não foi apenas de D. Luís, foi também do governo por ter espevitado a brasa adormecida da fidelidade à família imperial. Essa percepção teve João Alfredo ao relatar no *Álbum Imperial* que "a tentativa feita abertamente, sem rebuço ou disfarce, de cabeça erguida – que as circunstâncias tornaram espetaculosas, e portanto ao sabor do povo, falou mais à imaginação e aos sentimentos de justiça em favor do Príncipe e contra o atentado nefando de 1889".

O *Amazone* chegou ao porto do Rio de Janeiro ao meio dia de 12 de maio e logo D. Luís perguntava ao jornalista Fernando Mendes Junior, que subiu a bordo, se a entrevista dada em Paris havia sido publicada, pois era festivamente esperado com bandeiras.

Claro que, *noblesse oblige*, o Diretório compareceu em peso ao desembarque. Ouro Preto, seu filho Afonso Celso, Carvalho de Moraes, Amarílio de Vasconcelos, João Alfredo, o marquês de Paranaguá, Cândido Mendes, Múcio Teixeira, e mesmo o recalcitrante Andrade Figueira compuseram a corte flutuante. Além dos "venerandos chefes", uma juventude curiosa também estava presente, acenando com a possibilidade de renovação da luta. Até mesmo Ramiz Galvão, preceptor dos verdes anos, esteve lá para rever o pupilo. O protocolo foi seguido e instalou-se a bordo um conselho, além do "beija-mão" com farta distribuição de autógrafos. Pois ainda que proibido de desembarcar, D. Luís teve autorização para receber visitas. O major Trajano Lousada, inspetor da polícia marítima, foi o encarregado de transmitir a ordem de impedimento e assim frustraram-se as expectativas dos diretórios monarquistas de Santos e São Paulo, da Sociedade Beneficente D. Pedro II, do Club de Regatas Saldanha da Gama e muitos outros que saudavam o príncipe. Cumprindo a decisão anteriormente tomada, a Sociedade de Reverência levou a D. Luís um pergaminho e em seu nome discursou Carlos de Laet.

A bordo, foi uma festa com entrega de mimos, discursos, brindes e vivas à Monarquia e ao "ilustre rebento da Casa de Bragança". Surpreendia os presentes por falar português, ainda que com forte sotaque francês, pelas maneiras polidas, pela distinção e ousadia em enfrentar a República. Saudado como descendente de D. Pedro II, filho de D. Isabel, reavivava com sua presença a memória do Império que começava a esmaecer, ainda que sob a aparência inócua de um moço "que aqui passa", como assinalou o *Álbum Imperial*. Nem foi de outro teor o telegrama enviado por ele à mãe no mesmo dia saudando a redentora dos cativos, na véspera da comemoração dos dezenove anos da Lei de

1888. Como estratégia de propaganda, os jornais divulgaram a foto do príncipe ao lado do negro Severino Antônio Pernambuco, que o teria ensinado a nadar na infância.

O momento era propício às recordações e declarações. Reunido com os conselheiros e os mais empenhados na causa, D. Luís redigiu um manifesto – resposta no qual afirmava:

> Impedido de desembarcar em terras do Brasil, onde nasci e de que sempre me tenho mostrado afetuoso filho, não posso deixar de lavrar este protesto da violência que ora me é feita, tomo por testemunha Deus e a nação brasileira.
>
> Não é verdade que em tempo algum tivesse eu aberto mão de meus direitos de cidadão brasileiro, cursando a carreira militar da Áustria e exercitando-me na carreira das armas do exército daquele país, tornei logo explícito que não abandonava a minha nacionalidade, de modo que, em qualquer perigo nacional, pudesse ser útil à minha Pátria, oferecendo-lhe um soldado disposto a todos os sacrifícios, inclusive o da própria vida, em prol da honra e da segurança do Brasil. Confiando nas garantias que a Constituição de 24 de fevereiro de 1891 assegura a quaisquer brasileiros ou estrangeiros, para desembarcar e permanecer em tempo de paz em território nacional, independente de passaporte , ou outra formalidade, eu me propunha visitar a minha Pátria, e desse propósito sou demovido por uma intimação que considero violenta e arbitrária.
>
> Brasileiro, como os outros que o possam ser, e sentindo vibrar em meu peito todas as fibras do meu patriotismo, revendo após dezoito anos de exílio as terras do Brasil, e não podendo nele desembarcar, apelo para a opinião dos meus compatriotas, para o mundo civilizado, para Deus, supremo regedor das Nações, e confio que um dia me fará a Justiça que me é denegada.

O documento datado de 12 de maio levanta a indagação até agora sem resposta sobre qual o passaporte usado pelo príncipe na viagem. Corria o boato de que não era mais cidadão brasileiro, condição que teria perdido ao ingressar no exército austro-húngaro. Era preciso apresentar ao público uma explicação. E aos correligionários de divulgar a informação de que D. Luís servia nesse exército na condição de príncipe estrangeiro, aliás nunca tendo recebido soldo. Enquanto isso, os republicanos manipulavam esse argumento para justificar a decisão presidencial.

No mesmo dia 12 de maio, Cândido Guimarães embarcou no *Amazone* para acompanhar D. Luís no percurso restante, cuja próxima etapa foi o porto de Santos, onde se repetiu a proibição pelo secretário do interior do Estado transmitida pelo delegado de polícia. Igualmente frustraram-se os monarquistas vindos da capital em comitiva, num trem especial para a recepção, com Martim Francisco na liderança da expedição.

Mas os correligionários ali estavam mais destemidos e propuseram o desembarque a qualquer custo. Prudentemente, o príncipe recuou; era inútil insistir.

Não havia mais nada a fazer. Assim, em 13 de maio o *Amazone* zarpou de Santos, escoltado pela polícia marítima até a fortaleza de Santa Cruz , em direção a Montevidéu. Dali em diante, a comunicação de D. Luís com o Brasil se fez por telegramas endereçados a Vicente de Toledo Ouro Preto (irmão de Afonso Celso e filho do visconde de Ouro Preto) que transmitia aos jornais simpatizantes e sobretudo ao *Álbum Imperial* as notícias e os primeiros relatos da viagem, que seriam reunidos no livro *Sob o Cruzeiro do Sul.*

A intenção de recorrer à justiça foi cumprida, mesmo porque era estratégia de propaganda de longo alcance. Em 15 de maio Vicente de Ouro Preto registrou na 2.a Vara da Justiça Federal do Rio de Janeiro o protesto de D. Luís contra o ato do governo impedindo seu desembarque. Além disso, José da Silva Costa em 21 de maio opôs embargos ao acórdão proferido no *habeas-corpus* preventivo, solicitando reforma da decisão negativa. Argumentava ter sido o banimento provisório, revogado pela Constituição Federal que não contemplava o banimento político; que o príncipe era brasileiro apesar dos cursos militares, nunca recebeu pensão do governo da Áustria nem jurou vassalagem; que o banimento aplicava-se apenas a D. Pedro II e seus filhos, não aos netos. E importante argumento, apresentou o impedimento à entrada do paciente no dia 12 de maio em território brasileiro. Novamente derrotado, o advogado tentou ainda interpor o agravo do art. 39 do Regimento Interno do Tribunal, mas não obteve provimento.

Enquanto isso, o governo austríaco seguia atentamente seus passos pelo território brasileiro. A correspondência confidencial datada de Petrópolis, trocada entre a legação Imperial e Real, e o ministro do Exterior do Império Austro-Húngaro, Lexa von Aehrentahl, revela a importância do movimento realizado por D. Luís; sua pertença ao exército tornava seus atos de grande interesse para o Estado.

Em 6 de junho de 1907, seguiu para Viena a informação detalhada dos acontecimentos. Primeiro, a confirmação de que D. Luís viajara sob o nome "falso" de Luís Gabriel – de fato, mesmo não sendo assim conhecido, esse era seu nome verdadeiro. Na avaliação feita pela legação, "a idéia monarquista conserva-se especialmente forte" e o governo brasileiro

> teria feito melhor, em relação a isso, se tivesse permitido ao príncipe desembarcar calmamente, as demonstrações de seus adversários se teriam limitado, quando muito, a algumas ovações. Mas, por conseguinte, o Governo provou que tem medo dos adeptos da Monarquia e, além disso, sua proibição desencadeou um movimento de protesto o qual se tornou, como estou ouvindo, mais forte do que os próprios monarquistas haviam esperado.

À medida que D. Luís seguia viagem, outros relatórios foram enviados de Petrópolis a Viena. Na carta confidencial de 24/12/1907 a legação de Petrópolis transmitia a von Aehrenthal uma avaliação muito menos animadora sobre o movimento monarquista no Brasil:

> "Os sentimentos de fidelidade dinástica, no Brasil, significavam uma grande raridade e [...] manifestações de natureza tão leal quase nunca excederam o contexto de testemunhos platônicos de simpatia, pois o partido monarquista tem ainda demonstrado falta de energia decisiva, tanto no tempo da fundação da República como ainda hoje.
>
> O setor da sociedade brasileira propenso à monarquia tem-se retirado, quase completamente, da vida pública nos últimos anos, como ouço em geral [...] Contudo, não se deve negar que, até na família do senhor ministro do exterior atual, cuidam, com prazer, para tornar a memória da Família imperial especialmente bem respeitada e, também, bem explícita aos visitantes da casa.
>
> Como posso perceber, nesta circunstância também, não muito mais do que um sentimento de piedade reconhecida para com o soberano falecido".

Apontou ainda a existência de "um certo resto de simpatias monárquicas, inclusive no círculo do governo", que "faz a proibição recente do desembarque do príncipe, na viagem de ida e volta, parecer ainda mais surpreendente".

Nos sertões do Pantanal

O *habeas corpus* foi julgado pelo Supremo Tribunal em meio a discussões de natureza jurídica, que não logravam ocultar o caráter político da questão. A negação foi apresentada com base numa interpretação de que o banimento, a despeito de sua relação conflituosa com a Constituição de 1891, tinha uma dimensão política que o colocava acima das questões legais. Rui Barbosa na ocasião ocupava a vice-presidência do Senado e foi consultado pelo presidente Afonso Pena, tão logo se noticiou a vinda de D. Luís. Seu parecer afirmava ao presidente ser o banimento uma decisão política e não jurídica, "providência do Estado" e não matéria penal. Por meio de um jogo de argumentação afirmou ter a Constituição extinto apenas o banimento judicial e não o político, como era o caso, que se dirigia à família imperial como garantia de sobrevivência da República. Assim sendo, no seu entender aplicava-se não apenas a D. Pedro

II mas a toda a família e sua revogação não poderia constituir matéria do poder executivo nem dos tribunais e sim apenas da "representação nacional".[12]

O fracasso do pedido de *habeas corpus* alcançou D. Luís em Buenos Aires. Logo desistiu do plano inicialmente traçado de retornar ao Brasil após avançar até o Paraguai, nisto se conformando aos desejos da princesa. A João Alfredo ela pedira conselhos ao filho e recebeu em resposta preocupação com a falta de notícias, enquanto D. Luís perambulava incógnito pelos sertões da Bolívia e quiçá de Mato Grosso.Temia pela sua segurança. Na verdade, ele havia escolhido outros interlocutores, Vicente de Ouro Preto e os monarquistas de São Paulo, que lhe deram cobertura jornalística e publicaram no *Álbum Imperial* trechos de seu diário de viagem, especialmente os contatos feitos e as recepções de que foi alvo em Montevidéu, Buenos Aires e La Plata. Na Argentina estabeleceu contato com Estanislao Zeballos, ministro do exterior, contrário à política panamericana dos Estados Unidos e amigo do diplomata Oliveira Lima.

Em 28 de maio deixou Buenos Aires, onde havia praticamente estacionado à espera da decisão que poderia lhe possibilitar um retorno ao Brasil. Seguiu de trem para o Chile para as etapas seguintes: Peru e Bolívia. Dali, em lombo de mula, teria seguido por Cochabamba e Santa Cruz até a fronteira com o Brasil, para acabar pisando o território brasileiro na região de Cáceres e Corumbá, de onde enviou um cartão postal a Martim Francisco testemunhando a proeza. Em região com escassa comunicação com as determinações do governo da República, passeou pelo rio Paraguai e documentou sua façanha com fotos publicadas desafiadoramente no *Álbum Imperial*. Aportou às margens do arroio Conceição, que pelo Tratado de Petrópolis de 1903 separava Brasil e Bolívia. Retornou ao Brasil por via fluvial, alcançando novamente Buenos Aires e daí retornando à Europa.

Na viagem de volta ainda uma vez se manifestou sobre a política brasileira, insistindo nas teses militaristas e apoiando explicitamente o marechal Hermes da Fonseca em sua campanha pelo serviço militar obrigatório, que tramitava na forma de projeto de lei. A Vicente de Ouro Preto retransmitiu a convicção sobre o papel civilizatório e promotor da unidade nacional do Exército por meio de "disciplina severa, ainda mais necessária nos jovens países latino-americanos, que nas nações da Europa, subordinadas como estão, estas últimas, a tradições multi-seculares". Impressionado com a descentralização política e a autonomia estadual, acreditava no poder unificador do exército, à Bismarck, com certeza tendo como referência seu papel no processo de unificação da Alemanha. A defesa da forma federativa parecia-lhe uma concessão aos

12 BARBOSA, Rui. *Discursos parlamentares*. Rio de Janeiro: MEC, 1962.

paulistas, ciosos da autonomia estadual perante o governo central, e que fora a pedra de toque de seu republicanismo.

Não menos significativa foi sua assimilação dos argumentos da política exterior levada a efeito por Rio Branco e incorporados por Hermes da Fonseca, ao mencionar a Vicente de Ouro Preto o temor diante do movimento armamentista que verificara nos vizinhos do Brasil. Os conflitos de fronteira pontuavam a gestão do chanceler desde 1902 e justificavam seu aplauso ao fortalecimento do Exército nacional para a defesa do território nacional. Saiu do Brasil com a convicção de ter feito os contatos com as forças políticas mais importantes à causa: o Exército e os cafeicultores paulistas, precisamente os realizadores da derrubada do Império.

Como era de se esperar, logo veio a indefectível reprimenda do pai sobre suas iniciativas e manifestações políticas. Ou seja, a família lhe dava "rédeas", mas curtas: devia se conformar em acatar as opiniões dos velhos líderes e refrear seus ímpetos de comando. Sobretudo não devia desandar em pronunciamentos, pois se uma ala dos monarquistas aprovava a aproximação dos militares, como João Alfredo, outra, como ocorria com Andrade Figueira, era irredutível na aversão a tal aliança. Insistir nessa estratégia poderia resultar em esfacelamento do grupo e comprometer dois objetivos fundamentais, a trasladação e a revogação do banimento. Metas, aliás, com as quais D. Luís também concordava.

Ao voltar da viagem ao Brasil e à América do Sul, fevereiro de 1908, pediu desligamento do exército. Sua vida iria passar por duas grandes mudanças: o casamento e a reivindicação do papel de pretendente ao trono, que comportava o trato com os monarquistas brasileiros e a memória política do império. A já mencionada audiência com Francisco José por ocasião de seu pedido de desligamento do exército K.u.K., relatada em carta ao pai, evidencia que ao vir para o Brasil D. Luís parece ter criado para si próprio alguns problemas por infringir regulamentos, pois o imperador lembrou-o de sua saída da Áustria sem seu conhecimento:

> Quero agradecer pela benevolência manifestada por Vossa Majestade durante minha missão.
>
> Imperador. Lamento que não tenha sido mais longa e que o senhor tenha viajado ao Brasil sem que se tivesse sabido antes.
>
> R. Eu gostaria de dar alguns esclarecimentos sobre isso. Sempre deixei claro que minha viagem não tinha qualquer objetivo político, e que nós sempre fomos contra o procedimento violento de [...] nosso partido nos negócios brasileiros [Brasilien waren]. [13]

---

13 Carta de D. Luís ao pai, Viena, 11/2/1908. O relato da entrevista está escrito em alemão e sua tradução feita gentilmente por Ilka Stern Cohen.

Outra representação estrangeira também se ocupou da visita, a Legação de Portugal no Brasil. Em ofício reservado João de Oliveira C. Lampreia relatou ao Conselheiro Luciano Monteiro, Ministro e Secretário dos Negócios Estrangeiros de seu país, os eventos do Rio de Janeiro, que envolviam o primo do monarca português. Do ponto de vista do diplomata, a viagem havia sido precedida pelo "extraordinário anúncio" transmitido pela entrevista publicada na imprensa brasileira, com grande repercussão na opinião pública. Sem contestar a legalidade do impedimento, mas aprovando a decisão do governo da República, teceu considerações pouco simpáticas ao visitante. Ao mesmo tempo, resguardou a figura do presidente Afonso Pena, a quem atribuiu a intenção de permitir o desembarque, mas premido pela lei e pelo temor de que D. Luís pudesse "ser motivo de qualquer desacato" , retrocedeu. A real intenção de D. Luís foi motivo de especulação do diplomata espantado com a declaração de que o interessado "tinha vindo fazer uma experiência!" A opinião transmitida ao governo português contestava tal versão:

> [...] o Príncipe nunca pensou em poder desembarcar, desde que vinha a rufos de tambor. Desejar desembarcar no Brasil, só para ver o País e matar saudades da Pátria e fazer publicar o famoso *interview*, a que já me referi, era impossível. Só se explica a sua vinda por esta forma ou duma grande falta de bom senso, o que custa a crer, ou na intenção de agitar o partido monarquista e avaliar da sua força. Creio que S.A. não deve ter ido muito satisfeito da experiência e não posso ocultar a V. Exia. que a impressão geral acerca do Príncipe e da sua Visita foi desfavorável a S.A..

No entanto, favorável ou não, para a historiografia foi este o episódio mais marcante da trajetória política de D. Luís, pelo qual se tornou conhecido nacionalmente e integrado à memória do Império e do movimento monarquista.

PARTE 7

Casamento

Estratégias matrimoniais

O casamento dos filhos de D. Isabel e do conde d'Eu constituiu assunto relevante e delicado. Fundar e manter uma "casa", dar-lhe prestígio estabelecendo relações adequadas ao estado principesco para acrescentar-lhe influência, não constituíam tarefa fácil para príncipes exilados, de família destronada e não excepcionalmente dotada de fortuna.

As estratégias matrimoniais desenvolvidas pela família são desconhecidas. Como convinha às regras de sociabilidade, eventuais aproximações nessa direção foram esfumaçadas e recatadamente apagadas da memória. Mas ao decidir-se pelo casamento, D. Luís já estava agindo segundo o papel que lhe caberia desempenhar na sucessão, contrapartida do afastamento do irmão mais velho da causa da restauração no Brasil. A posição delineada como ambição desde a viagem à África em 1900 e em 1907 explicitada na visita ao Brasil resultara afinal na concretização de seu papel como herdeiro político de D. Isabel. É visível uma linha contínua e ascendente em direção à situação de mantenedor da causa, autorizando a interpretação de seu casamento como um dos passos desse projeto de vida.

Casou-se aos 30 anos, com noiva da mesma idade e sua parente próxima, após passar anos circulando pelos bailes da corte de Viena e por diversos países da Europa, quando ainda estava no exército. Num raro momento de abandono de si na correspondência, em setembro de 1906, visivelmente sob pressão, dizia ao pai hesitar na escolha, expondo com franqueza suas dúvidas:

> Tenho um medo terrível de fazer uma escolha qualquer. Sobre esse assunto – como sobre muitos outros, dirá Papai que eu tenho uma natureza infeliz. Demoro muito a me decidir e quando o faço logo me arrependo, com frequência. Desde minha infância não pude comprar uma bicicleta sem me dizer em seguida que uma outra teria sido melhor e sem olhar com inveja a de algum camarada. É o que acontece também com tudo o que eu adquiro e eu temo muito que ocorra o mesmo para minha mulher, ao menos que ela se imponha a mim por todo tipo de atributos morais e materiais. Os atributos materiais são ainda os que se pode julgar mais facilmente. Quanto aos outros ... é uma loteria.

Nas entrelinhas, a questão sempre presente dos recursos para o provimento da vida material pode ser lida claramente. O diálogo alcançou a estratégia matrimonial desenvolvida pelo avô D. Pedro II e pelo príncipe de Joinville, irmão do duque de Nemours, junto à realeza europeia, para casar D. Isabel e d.Leopoldina. Comparando sua situação com a do casamento dos seus pais, para D. Luís aquela aliança decidida em pouco tempo e orquestrada pelo seu avô não lhe fornecia exemplo a ser seguido pois

> a situação era outra. Primeiro Papai era muito mais jovem e havia circulado muito menos que nós – em seguida, além do charme e da inteligência de Mamãe esse casamento criou para Papai uma situação que naquele momento deveria parecer-lhe inviável e tinha ao menos o atrativo da originalidade e da novidade[1] .

Referia-se à situação de seu pai ao se apresentar aos vinte e um anos de idade como pretendente da filha do imperador do Brasil, uma jovem de dezoito anos. Ele era então um príncipe exilado da casa real da França destronada em 1848, sem perspectivas políticas. No entanto, a aliança que em 1864 tivera início nada romântico, atendendo antes a interesses dinásticos, como usual entre a realeza, resultara em casamento sólido.

O casamento de D. Luís foi precedido pela renúncia de D. Pedro de Alcântara à condição de príncipe imperial do Brasil, título que usava desde a morte do avô (até então era príncipe do Grão-Pará), e que a Constituição Imperial de 1824 concedia ao príncipe herdeiro do trono. A partir daí, D. Luís passou a ocupar essa posição e casou-se segundo os preceitos da sucessão dinástica, até hoje pouco explicada em seus bastidores. A questão arrastara-se durante cerca de cinco anos, prazo imposto pelos pais a D. Pedro para reflexão e decisão. Uma vez decorrido o tempo, tudo se passou aparentemente muito rápido, durante o ano de 1908, quando os dois irmãos se casaram com um intervalo de dez dias.

A renúncia leva a assinatura datada de Cannes em 30 de outubro de 1908, onde D. Pedro esteve em visita ao irmão:

> Eu o Príncipe dom Pedro de Alcântara Luis Philippe Maria Gastão Miguel Gabriel Raphael Gonzaga de Orleans e Bragança, tendo maduramente refletido, resolvi renunciar ao direito que pela Constituição do Império do Brasil promulgada a 25 de março de 1824 me compete à Coroa do mesmo País. Declaro pois que por minha muito livre e espontânea vontade dele desisto pela presente e renuncio, não só por mim, como por todos e cada um dos meus descendentes, a todo e qualquer direito que a dita Constituição nos confere à Coroa e ao Trono Brasileiros, o qual passará às linhas que se seguirem à minha

1 Carta de D. Luís ao pai, Nezsider (Hongroie), ce 18 Septembre [1906] .

conforme a ordem de sucessão estabelecida pelo Art. 117. Perante Deus prometo por mim e meus descendentes manter a presente declaração[2] .

Tomadas as decisões e firmados os compromissos, logo a princesa divulgou os eventos ao Diretório, com as precauções cabíveis em assunto de tal relevância. O anúncio do noivado dos dois filhos foi enviado na mesma carta que noticiava a renúncia de D. Pedro para se casar com "pessoa de excelente família sim, mas cujo enlace poderá diminuir o prestígio que é necessário a uma restauração". Essa possibilidade ainda se colocava no horizonte dos Orléans e Bragança exilados, embora o tempo tivesse passado inexoravelmente. Convinha manter boas relações com os partidários da causa no Brasil[3] e aplainar os melindres para garantir a aglutinação em torno do segundo filho, que se casava conforme as exigências da sucessão dinástica. Em carta de 9 de novembro de 1908, D. Isabel expressava estar "satisfeitíssima" com os dois casamentos, explicava o movimento realizado e dava instruções sobre sua divulgação:

> Antes do casamento do Luís assinou ele [Pedro] sua renúncia à coroa do Brasil, e aqui lha envio, guardando eu papel idêntico. Acho que deve ser publicada esta notícia quanto antes (os senhores queiram fazê-lo da forma que julgarem mais adequada) a fim de evitar-se formação de partidos que seriam um grande mal para nosso país. Pedro continuará a amar sua pátria, e prestará a seu irmão todo o apoio que for necessário e estiver ao seu alcance. Graças a Deus são muito unidos. Luís ocupar-se-á ativamente de tudo que disser respeito à monarquia e qualquer bem para nossa terra. Sem desistir por ora de meus direitos quero que ele esteja ao fato de tudo a fim de preparar-se para a posição à qual de todo coração desejo que um dia ele chegue. Queiram pois escrever-lhe todas as vezes que julgarem necessário pondo-o a par de tudo o que se for dando.
>
> Minhas forças já não são o que eram, mas meu coração é o mesmo para amar minha pátria e todos aqueles que nos são tão dedicados.

Assinada por Isabel condessa d'Eu, a carta tem o peso de um testamento político por indicar o segundo filho como mantenedor da causa e simultaneamente anunciar seu afastamento da liderança do movimento, cuidando de evitar cisão na família. A transmissão de comando com anúncio de apagamento de sua pessoa seria lembrada

2 Ato de renúncia de D. Pedro de Alcântara, Cannes, 30/10/1908, apud SANTOS, Armando Alexandre dos. *A legitimidade monárquica no Brasil*. São Paulo: Artpress, 1988, p. 48.

3 Minuta de carta de Isabel aos membros do Diretório Monárquico no Brasil, Chateau d'Eu, 1908.

por D. Luís aos monarquistas logo depois, em 1909, quando lançou o manifesto em que assumia a herança política da causa monárquica no Brasil.

Com esse duplo movimento, resolveu-se o impasse criado desde 1903 e D. Pedro obteve afinal dos pais autorização para casar-se com a condessa Elisabeth Dobrzensky, filha do barão Jean Népumucène Dobrzensky de Dobrzenicz e da condessa Elisabeth Kottulinsky, baronesa de Kottulin e Krzischkowitz. Seu pai fora elevado a conde pelo imperador Francisco José por ato de 21 de fevereiro de 1906, com diploma passado em Viena a 5 de abril do mesmo ano. Era também senhor de Chötebor, Dobkau, Nemojow e Negepin na Boêmia, conselheiro e camarista imperial, cavaleiro de honra e devoção da Ordem de Malta. Os jovens haviam se conhecido nessa época por intermédio de um irmão da noiva e companheiro de armas de D. Pedro no Regimento de Ulanos em Pardubitz. Desde então, o castelo familiar de Chotebor passara a ser frequentado pelo primogênito de D. Isabel e Gastão d'Orléans.

O casamento foi feito na igreja da paróquia de Notre Dame de Versalhes, em 14 de novembro de 1908, celebrado pelo bispo Mgr. Charles Henri Célestin Gibier. Entre os presentes, provavelmente como testemunhas, Pierre d'Orléans, duque de Penthièvre, tio-avô do noivo, filho do príncipe de Joinville e de d.Francisca de Bragança, irmã de D. Pedro II; o duque de Guise, seu primo; os condes Jean e Otto Dobrzensky, irmãos da noiva e os pais dos noivos.[4]

Para D. Luís, estando decidido pelos pais que o casamento do irmão mais velho só ocorreria após o seu – como garantia da estratégia matrimonial dinástica – urgia buscar uma noiva. Entre as duas alianças, um intervalo de dez dias foi guardado. A escolhida foi uma prima , sobrinha-neta da imperatriz d.Teresa Cristina, Maria delle Grazie Pia Chiara Anna Teresa Isabella Liutgarda Apollonia Ágata Cecillia Filomena Antonia Lucia Cristina Catarina de Bourbon, da casa real das Duas Sicílias (Cannes, 12 agosto 1878 – Mandelieu, 20 junho 1973), filha de Alfonso de Bourbon, chefe da casa real das Duas Sicílias, conde de Caserta e Maria Antonietta de Bourbon, condessa de Caserta, igualmente nascida princesa das Duas Sicílias. Era neta paterna do rei Fernando II das Duas Sicílias e da arquiduquesa Maria Teresa da Áustria. Sua família havia sido destronada por Garibaldi no processo de unificação da Itália em 1860 e seu domínio integrado ao reino da Itália, sob a casa de Savóia.

---

4 Auto de casamento do príncipe D. Pedro de Orleans e Bragança e da condessa Elisabeth Dobrzensky de Dobrzenicz, 14/11/1908. In: *Documentos imperiais*. Reunidos por d.Carlos Tasso de Saxe-Coburgo e Bragança, São Paulo, 16/12/1965(datil).

Era parente de D. Luís pela ancestralidade comum do rei Francisco I, rei de Nápoles, pai de d.Teresa Cristina e de Fernando II.[5]

O testemunho afetuoso de sua filha Pia Maria completa os dados que os poucos retratos disponíveis oferecem: "Minha mãe era de uma graça extrema, o pescoço fino sustentando um rosto de um oval perfeito, uma boca pequena com lábios finos, um nariz bastante longo e ligeiramente curvado na ponta, como têm muitos Bourbon-Sicílias. Os olhos eram azul pervinca e os cabelos negros de azeviche". A imagem construída ressaltou sua elegância e distinção sinalizadas pelos cuidados com os cabelos.[6] Educada no colégio católico do Sacré Coeur em Aix-en-Provence, próximo a Cannes, conviveu com jovens de alta posição social e ali aprendeu as regras da arte da correspondência, da caligrafia, a sensibilidade para a beleza, o bem trajar-se. As memórias de sua filha deixam muitas lacunas, embora salientem as más recordações que lhe ficaram da vida no internato com a falta de conforto, os sermões sobre o inferno e a ameaça de castigo dos pecadores. Ao completar 18 anos de idade, havia sido apresentada às cortes austríaca e alemã como era hábito entre os membros da nobreza da época. Nessas ocasiões, bailes de gala e jantares propiciavam aos jovens oportunidade para encontros, que poderiam resultar em casamento, e o fato de diversas famílias reinantes na Europa serem aparentadas facilitava estratégias matrimoniais.

O encontro entre D. Luís e d.Maria Pia é acontecimento nebuloso pois o mais que se consegue é alguma informação sobre contatos por ocasião da chegada dos Orléans e Bragança à Europa, quando ambos eram adolescentes. As famílias haviam se frequentado logo após o banimento, durante o período de residência em Cannes, mas contatos posteriores não parecem ter sido mantidos. Reencontraram-se em 1903, quando D. Luís "começou a pensar em casamento" e visitou diversos parentes, entre eles os Caserta, mas apesar do interesse da jovem pelo príncipe brasileiro, o casamento só se realizaria cinco anos mais tarde. No momento desse reencontro, ambos tinham 25 anos.

A escolha da noiva por D. Luís não parece ter sido fácil apesar de todos os bailes, recepções, festas, caçadas e outros acontecimentos sociais frequentados e nos quais parece ter lançado os olhos às moças casadoiras da nobreza da Áustria, filhas de arquiduques. A correspondência enviada por D. Isabel a seus amigos religiosos mostra

---

5 Certidão de casamento registrada na Mairie de Cannes, 3/11/1908,id. O documento não menciona os presentes à cerimônia.

6 BRAGANÇA, Pia Maria de Orleans ,condessa René de Nicolay. Le temps de ma mère. s/c/d.,p.7.

grande ansiedade, expectativa e apelos à intercessão divina para encontrar a noiva adequada a seu filho e resolver a questão dinástica. Ele deveria escolher filha de uma casa soberana, ainda que como a sua, apeada do poder, e este era o caso da noiva, cuja família também vivia exilada na França. Família religiosa, o que deve ter contribuído para que a escolha agradasse a D. Isabel. A consanguinidade não constituía problema, pois como afirmou sua filha D. Pia Maria no livro autobiográfico, em lugar de pesar negativamente na união, era considerada fator positivo com a justificativa de que permitiria manter a "pureza da raça".

A decisão afinal foi tomada rapidamente após anos de incertezas. É o que se depreende de carta enviada pela princesa à baronesa de São Joaquim, datada de Eu, primeiro de agosto de 1908, acusando recebimento de carta do filho que a levava a muito agradecer à intercessão divina. Era o anúncio esperado: "Estou decidido – contanto materialmente Papai me dê as garantias pecuniárias necessárias". Entusiasmada, garantia à amiga que estas não faltariam, devendo no entanto o assunto permanecer ainda em segredo. Agradecia sua interferência que teria – não se sabe como – trabalhado "pela felicidade do Luís, do Brasil e a nossa".

O passo seguinte foi a carta de D. Luís comunicando solenemente à mãe a decisão de casar-se, preocupado com as incumbências que lhe caberia desempenhar ao assumir a posição de príncipe imperial do Brasil:

> O futuro há de mostrar se com efeito nesta decisão Deus deve ser louvado ou não. Estou aliás bastante contente. É sempre um alívio estar-se decidido – e Pia é perfeita. Se não nos agradarmos, nunca há de ser sua culpa. Ela é um modelo de tato e de juízo. Também toda a família portou-se muito bem.
>
> Como já escrevi a Papai desejamos que não se dê a notícia aos jornais antes que tenham escrito ao Arquiduque Rainer[7] para que ele não saiba a cousa pelo jornal.
>
> Quanto aos detalhes do casamento, desejam, como eu, que seja quanto mais breve, quer dizer lá pelo dia 15 de outubro, 19 se papai quiser. Há de ser bem entendido em Cannes, em toda a simplicidade. Eles só hão de convidar a família. Nós do nosso lado iremos também só a família, os brasileiros e alguns amigos franceses (Dominique [Barral], D' Orfeuille, etc.). A propósito do casamento Joaquininha teve uma excelente idéia, seria de fazê-lo por M.or Pinho, se ainda estiver na Europa. Mesmo se ele estiver em Roma

7 Segundo Nicolas Enache, em *La descendance de Marie-Thérèse de Habsburg Reine de Hongrie et de Bohême*, Paris 1996, trata-se do arquiduque Rainer(1827-1913), filho do arquiduque Rainer Joseph (1783-1853) e casado com sua prima a arquiduquesa Maria Carolina (1825-1915). Foi *lieutenant feldmaréchal*, presidente do Reichsrat em 1861 e do Gabinete: 1861-1865, doutor em filosofia h.c. pela Universidade de Viena, membro da Academia de Ciências e da Academia de Belas Artes de Viena, administrador da Academia Imperial de Ciências.

> poderia vir para a ocasião. Mas não me lembro se não deve partir antes para o Brasil. Prière reponse para que eu possa conversar sobre isso com os C.[8]

Em setembro de 1908 formalizou-se o noivado com uma carta do conde d'Eu ao conde de Caserta, pautada pelo tratamento íntimo a reforçar convenientemente reforçava os laços de família:

> Meu caro primo
>
> Nós soubemos ontem com grande alegria por telegrama de nosso filho Luís que seu noivado com vossa cara Pia foi decidido.
>
> Venho, pois em nome da condessa d'Eu e no meu pedir-vos a mão de vossa cara filha e pedir também o consentimento de nossa prima Antoinette, a quem rogo de oferecer todas minhas homenagens afetuosas.
>
> Nós temos toda confiança que Luís poderá tornar feliz vossa excelente Pia e encontrará no seu devotamento suporte inapreciável. Luís vos terá dito os motivos pelos quais eu vos peço ainda oito dias de segredo.[9]

O segredo solicitado pode estar ligado a alguma outra aproximação com vistas a possível aliança, até hoje envolta em mistério. De suficiente relevo, porém, para o futuro sogro se manter solidário no tom íntimo da aliança anunciada:

> É com o coração cheio de alegria e de doces esperanças que nós damos, Antoinette e eu nosso consentimento ao casamento de nossa filha Pia com vosso caro Luís. Os poucos dias que esses jovens vêem de passar aqui juntos nos fazem já pressagiar para eles um futuro dos mais felizes. Nós estamos persuadidos de que vosso bom Luís saberá tornar Pia muito feliz. Sua experiência da vida, a firmeza de seu caráter e a inteligência rara que o serviram tão bem até agora são para nós a mais segura garantia.
>
> Pia de seu lado saberá por sua afeição profunda e sua doçura tornar para vosso caro Luís o lar amável. Queira Deus abençoar esses caros jovens.
>
> Como solicita, meu caro Primo, nós guardaremos segredo, rogando somente que nos avise a tempo para que possamos fazer simultaneamente conhecer aos parentes a boa notícia.[10]

---

8 Carta de D. Luís a Madame la comtesse d'Eu, Evian, 5/9/ 1908.

9 Minuta de carta do conde d'Eu ao conde de Caserta, Chateau d'Eu, 5/9/1908.

10 Carta de Alphonse comte de Caserta, a S.A .I. et R. Monseigneur le Comte d'Eu. Villa Bessaraba Amphion, près Evian, H.te Sa., 7/9/1908.

Em ambos os documentos a questão dinástica cedeu lugar à expressão de sentimentos e expectativas de domínio privado adequados aos papéis de gênero, mais exemplarmente ainda expressos na carta enviada por D. Maria Pia à tia e agora futura sogra, logo após a oficialização do noivado, onde submissamente se colocava em posição de respeitosa obediência:

> Eu estou ainda toda emocionada de vossa boa e excelente carta e desejo vos exprimir imediatamente o sentimento de alegria do qual meu coração transborda.
>
> Eu me sinto tão feliz desse título de filha que vós me dais e que eu me esforçarei para merecer, e da afetuosa confiança que me testemunha meu caro Luís que eu teria dificuldade de vos expressar minha alegria.
>
> Eu temia não estar à altura da distinção que me é feita [...] o anúncio que me fez Luís, vossa maternal distinção e a graça do bom Deus me ajudando eu espero responder dignamente à vossa expectativa.
>
> Por mim farei todo meu possível para me dedicar a ele, para agradá-lo e para me tornar digna de sua afeição.
>
> Em minhas preces de cada dia eu pedirei a Deus a graça de bem cumprir meus deveres e quando eu tiver necessidade de luzes, farei apelo à bondade e à experiência de minha cara tia da qual receberei fielmente os conselhos como uma filha devotada e reconhecida.
>
> Espero em poucos dias ter a alegria de vos dizer de viva voz o que minha pena exprime imperfeitamente.
>
> Crede, cara tia, que eu vos amo já assim como o caro Tio como uma filha muito reconhecida de ser aceita como tal, de vossa cara carta e da marca de afeição que vós me dais. Eu vos beijo respeitosamente a mão e me digo
>
> Vossa sobrinha muito afeiçoada.[11]

O compromisso foi página de rosto do *Gaulois du dimanche*, semanário ilustrado do jornal cotidiano *Le Gaulois* dedicado à política, literatura e aos eventos da alta sociedade, de grande circulação entre a nobreza e a burguesia francesas. O tempo do noivado, anunciado em 13 de setembro de 1908 passou-se na villa Bessaraba em Amphion, Alta Savóia, onde os Caserta costumavam veranear à beira do lago Leman. O noticiário contribuiu para a construção da imagem pública do casal na França :

> De talhe médio, morena, elegante, mas sem a menor coqueteria, sorridente sem estardalhaço [*éclat* no original], modesta sem afetação, bonita, admiravelmente educada, inteligente e instruída, assim é a jovem Princesa que, de acordo com seu nascimento e sua

11 Carta de D. Maria Pia a D. Isabel, Amphion, 6/9/1908.

> próxima união, estaria sobre os degraus de um duplo trono, se a sorte adversa não tivesse arrancado das cabeças do Senhor Conde de Caserta e da Senhora Condessa d'Eu as coroas de Nápoles e do Brasil.[12]

Ao mesmo tempo, as referências à família Orléans e Bragança foram mínimas, e é de se notar sua ausência nas fotos dessa reportagem. No Brasil o evento foi pouco noticiado, omissão geradora de alguns protestos. Mesmo assim, foram copiosas as felicitações pelo ato e pela escolha da noiva, considerada à altura da estirpe.

O noivado despertou na França e na Europa reações interessantes: dos que se sentiam identificados com D. Pedro e seus problemas, ou viam em D. Luís um príncipe encantado, com seus olhos azuis sonhadores, ou ainda tinham algum rancor a manifestar. Houve até cartas que alfinetavam a situação dos dois irmãos, como a de M. Obalska que se manifestava pressurosa: "Com receio de que a data do casamento do Príncipe Pedro tenha passado despercebida aos meus olhos".

Côte d'Azur na Belle Époque

O casamento civil foi realizado em Cannes, em 30 de outubro 1908, seguido de cerimônia religiosa em 4 de novembro. A lista de convidados organizada pelo barão de Muritiba, veador da Casa Imperial, incluiu membros da nobreza do Império, amigos brasileiros e nobres europeus. Impressiona a ausência de cabeças coroadas. É de se notar também a ausência de membros da família Orléans. Fica a impressão de que o casamento foi pouco divulgado fora de certos círculos e a notícia chegou a ser tomada como boato no Brasil. De fato, um casamento discreto, porém adequado às regras de sociabilidade.

A cerimônia religiosa foi celebrada na Igreja Paroquial de Notre Dame de Bon Voyage. A escolha do celebrante foi algo tumultuada, pois D. Isabel, atendendo ao desejo do noivo, convidara de início D. Luís Pinho, bispo de Olinda, então em Roma, numa carta impulsiva que traduz seu estado de ânimo na ocasião. Imperativa, a carta se encerrava com a frase "Conto com suas orações para os futuros consortes". Anuindo inicialmente, com a ressalva de estar de viagem de retorno marcado para o Brasil, o bispo acabou por declinar "o convite que é uma ordem". Porém tudo se

12 Fiançailles royales. *Le Gaulois du dimanche*, Paris, n. 42, 3-4 oct. 1908, p.3 e 1.a capa.

arranjou com a anuência de D. Antônio Xisto Albano, bispo titular de Bethsaida e bispo emérito de S. Luis do Maranhão, garantindo a celebração por um brasileiro. Os padrinhos foram o duque de Calábria e o infante D. Carlos de Bourbon, o duque de Chartres e D. Pedro, irmão do noivo.

Não se tem notícia de festa de casamento e quanto à cerimônia em si, apenas ficou registrada a consulta feita pelo noivo ao pai sobre o traje a vestir durante a cerimônia. Ainda preso afetivamente ao exército, teria preferido o uniforme militar por considerá-lo mais adequado que o *habit* afinal envergado.

Em viagem de núpcias, os recém-casados visitaram primeiro a Itália, homenagem romântica à origem de D. Maria Pia, em seguida a Índia, onde foram regiamente recebidos e participaram de caçadas. Junto com D. Antônio e o irmão de D. Maria Pia, Genaro de Bourbon Sicílias, partiram para a *jungle*, passando por Colombo e em seguida, alcançaram os frios contrafortes do Himalaia. Escolha inadequada pois a viagem teve que ser interrompida pelo casal em decorrência de enfermidade de D. Luís.[13]

Desde o casamento D. Luís e D. Maria Pia fixaram residência na Villa Marie Thérèse em Cannes, cidade brilhante da Côte d'Azur, plena de sol, muito conveniente aos problemas de saúde do príncipe. No início do século XX era local de vilegiatura de verão, graças ao clima e à paisagem que atraíam turistas. Famosos eram seus centros de hidroterapia para tratamento de saúde com banhos de água fresca, de água do mar, aromáticos e de vapor. A intensa vida social tinha como ponto de convergência a Croisette, larga avenida à beira-mar. O jardim das Hespérides, com dez mil laranjeiras, testemunhava as excelências do local às margens do Mediterrâneo e as possibilidades de vida aprazível. A cidade cosmopolita durante a Belle Époque abrigava a aristocracia européia e um estilo de vida ameno ali prevaleceu até a eclosão da Grande Guerra de 1914.

Quando de seu exílio, os Bourbon de Duas Sicílias haviam encontrado em Cannes uma geografia que lhes recordava Nápoles e favorecia a ambientação. A Villa Coquette havia sido ampliada e já em 1908 se transformara na Villa Marie-Thérèse:

> Uma grande vila quadrada se elevava sobre o local da modesta Vila Coquette. Penetrava-se nela subindo três ou quatro degraus para se encontrar na entrada, onde um porteiro de libré com as cores de Nápoles, vermelho e azul, esperava e anunciava a visita.[14]

---

13 LATAPIE, Albert. *Lembrança de lacaio da Casa de Orleáns e Brança no exílio*, Datilografado,, p. 48

14 NICOLAY, R. *Op. cit.*, p. 11.

Residência urbana da nobreza, a vila externava conveniências, convenções, exigências de apresentação e sinalizava a vida em boa sociedade. Mais do que simples manutenção de aparências, ela expressava a confirmação do prestígio e dos valores da sociedade de corte. O deslocamento entre várias residências, alternando-as conforme as estações do ano, outra prática usual, era favorecido pelo fato de a família Orléans e Bragança manter o castelo d' Eu na Normandia e a casa de Boulogne-sur-Seine, nos arredores de Paris, habitada sobretudo no inverno. Entre elas transitava a família de D. Luís, durante os anos anteriores à guerra, quando se manteve ativamente envolvido com a causa da restauração.

Perplexidade no Diretório Monarquista

Logo após o casamento, D. Luís enviou a João Alfredo carta de cortesia em 11 de novembro de 1908. Seguindo as normas da sociabilidade, juntara foto e um pequeno relatório da cerimônia no qual justificava pela distância a não inclusão de outros brasileiros além dos residentes em Paris. A apresentação da esposa ressaltava suas qualidades e seus vínculos com o Brasil e procurava construir simpatias:

> Minha mulher já se sente brasileira de coração; é uma digna sobrinha de minha avó e eu não teria podido ter feito melhor escolha. Suas qualidades intelectuais e morais compensarão amplamente a falta de fortuna e o fado de não pertencer ela a uma casa atualmente reinante.

Lembrando a carta da mãe sobre a questão sucessória, reafirmava aos membros do Diretório Monarquista ter seu irmão renunciado em seu favor a "direitos eventuais à coroa, sem que por isso fosse abalada a perfeita concórdia que entre nós existe e sempre existirá". Embora submisso aos chefes monarquistas, procurava se firmar na posição política de comando que acreditava dever desempenhar desde então.

Não esperava talvez encontrar a resistência de Ouro Preto, que se manifestou a D. Isabel sobre o assunto, lamentando a renúncia de D. Pedro. Contra seu casamento, afirmava, nada em contrário se levantara no Brasil, mas ainda assim, fiel súdito, cumpriria a ordem e divulgaria "apenas o essencial" da renúncia, sem associá-la ao casamento por considerar essa vinculação contraproducente. Invocou a Constituição do Império para colocar em dúvida a legitimidade do ato, especialmente por incluir a descendência do príncipe. Era contrário à declaração sobre a renúncia em seu aspecto de

> perpetuidade, de geração a geração, porque isto excede a força das disposições humanas e vai além do consentâneo jurídico, que é ficar a descendência do renunciante em terceiro lugar, somente sucessível na falta das duas linhas que se tornaram anteriores. Pode acontecer, como na Inglaterra e em Portugal, que o trono do Brasil venha a tocar a herdeiros imprevistos, e seria mais seguro e pacífico ter à mão sucessores da mesma primogenia de que escolher nova dinastia (minuta de carta de João Alfredo a D. Isabel, s/d).

Ao mesmo tempo, ressaltava a importância da permanência de D. Isabel à frente do movimento como herdeira de D. Pedro II. Os arranjos "de família" não deveriam alterar essa situação, ponderava.

Embora a divulgação do evento omitisse a relação entre renúncia e casamento, esta foi a interpretação que prevaleceu. Surgiram posicionamentos contrários ao arranjo de família realizado à revelia do Diretório Monarquista, ressaltou Ouro Preto. Mesmo ali, no núcleo da resistência à República e de defesa dos interesses dos Orléans e Bragança, houve divergências. Andrade Figueira foi o grande opositor à renúncia e recusou-se a assinar o documento em que o Diretório respondia ao comunicado da princesa. Ouro Preto, Lafayette e João Alfredo contemporizaram, apesar de se sentirem menoscabados, pois não concebiam que em questão de tal natureza não tivessem sido consultados. A correspondência de João Alfredo revela sua discordância pessoal e a dos demais chefes, bem como seu compromisso de silenciar publicamente, como súdito disciplinado.

As razões de Andrade Figueira no fundo eram compartilhadas pelos demais conselheiros, que consideravam a renúncia inoportuna e se preocupavam com seus efeitos. "Precipitada e inútil" teria sido a decisão pautada pela Constituição do Império, que já não vigorava; inoportuna por não se anunciar no horizonte qualquer possibilidade de restauração iminente a solicitar da família a ocupação do trono e da coroa. Diante porém do fato consumado, tanto Ouro Preto como João Alfredo pragmaticamente dispunham-se a encontrar a saída menos desastrosa para a questão, que já dividia as hostes monarquistas numa onda de boatos. Apontavam a D. Luís a grandeza da tarefa que aguardava o novo príncipe imperial:

> Reunir os elementos esparsos e esmorecidos, imprimir-lhes unidade e vigor para a labuta heróica de um por todos e todos por um, preparar assim a força da salvação pública ou a reserva para a defesa nacional é tarefa que se impõe ao patriotismo, quando se acumulam tantas causas de ruína dentro e fora do país. Em uma palavra – sob as ameaças de uma crise medonha e em presença da quebra dos bancos atuais e de tudo quanto deve dignar e legitimar o governo, é preciso estar pronto para a reconstituição do Brasil (*Idem*).

Acreditando ser esse de fato o papel dele esperado pelo Diretório, D. Luís prosseguiu em seu projeto político e partiu para a ofensiva como aprendera nas aulas de estratégia, lançando voz de comando em 20 de novembro a Ouro Preto. Ao chefe dos monarquistas no Brasil reiterava sua nova situação e propunha uma conciliação.

A resposta de Ouro Preto esteve longe do pretendido. Embora enviasse os votos de praxe pela felicidade do novo casal, assinalava que a renúncia de D. Pedro ao direito de herança do trono se fizera "em família" e na premência da realização do casamento, considerando-a "comovente pela abnegação que exprime, e respeitabilíssimo porque o ditou acima de tudo, a razão prima e sacramental do matrimônio". Cumprindo a ordem de D. Isabel, a carta da renúncia seria publicada, porém apenas em seu essencial, sem associá-la ao casamento. Reiterava a discordância da renúncia abrangente da descendência de D. Pedro e sinalizava a existência de "simpatias pessoais que não cogitam de lutas", pois a divisão seria insensata e perniciosa à causa. Disciplinadamente colocava-se à disposição para com sua experiência trabalhar junto aos "talentos operosos do sr. D. Luís, agindo sob os auspícios e autoridade de v.m.i, que, como nos diz, não desiste de seus direitos".

Forçado a aceitar a renúncia, Ouro Preto relutava e resistia à passagem de comando de D. Isabel ao filho. Para ele a princesa continuaria sendo o "centro de coesão" capaz de garantir a unidade e impedir a debandada dos adeptos da causa. Esse seria o tom das relações entre o novo herdeiro e o Diretório nos anos seguintes, uma queda de braços pelo comando da causa e das ações de militância.

No alto, a flor-de-lis: questões dinásticas da França

Um aspecto da vida de D. Luís pouco conhecido envolve sua posição na família Orléans. Em 1893 seu pai movimentou-se no sentido de tentar reaver posição na casa real francesa da qual se afastara em decorrência do casamento com D. Isabel. Mais precisamente, a união implicara em naturalização brasileira e além de fixar residência no Brasil, deveria renunciar a toda e qualquer posição "não-brasileira".[15] Na ocasião, o jovem resistira ao conselho paterno e não fizera declaração conservando o direito à pertença de origem: "é de todo coração que renunciei à pequena chance de obter o que eu possuía pelo meu nascimento" (Carta ao duque de Némours, 7/12/1864). Atitude

---

15 del priore, Mary. *Condessa de Barral.* A paixão do Imperador. São Paulo: Objetiva, 2008, p. 163.

compreensível, pois os Orléans estavam exilados na Inglaterra enquanto no Brasil a perspectiva de um terceiro reinado consorte era um caminho aberto para o príncipe.

No entanto, com a deposição e o banimento, os filhos crescendo, começavam os problemas como a prestação do serviço militar e o casamento. Em 1893 se deu o ingresso do mais velho, D. Pedro de Alcântara, na academia de Wiener Neustadt, e logo iriam segui-lo os irmãos D. Luís e d.Antônio. É provável que desde esse momento a situação como príncipes franceses começasse a ser questionada, mas o fato é que por serem considerados membros da casa real da França, não conseguiram ingressar no exército deste país. Eram os três príncipes franceses ou brasileiros? Dessa resposta poderia depender o futuro.

A posição tomada em 1893 pelo chefe da casa real da França, conde de Paris, foi claramente contrária à pretensão do conde d'Eu e a externou em carta de 15 de setembro ao irmão mais novo de Gastão, o duque de Alençon:

> As pretensões eventuais de Gaston a retomar sua posição e o que se segue na Casa de França são absolutamente inadmissíveis. Você pôde ver na minha carta que eu nem mesmo imaginava que elas pudessem existir.
>
> Quando se sai da Casa de França para se fazer estrangeiro, quando se renuncia à vida de exílio que afirma a espera, a esperança e a fidelidade à França para procurar junto a um trono estrangeiro uma situação oficial, um tal ato tem conseqüências irrevogáveis. Não se pode após trinta anos, vir dizer que houve engano, que o passado é não acontecido e reclamar nas nossas fileiras um lugar que voluntariamente se abandonou. A naturalização [no Brasil] o excluiu da casa de França como ela excluiu o tio Montpensier e sua descendência masculina. É a lei fundamental da Hereditariedade na raça capetíngia que, ela mesma, não chegou ao trono senão em virtude desta lei. Esta lei deve ser irrevogável pois sem isso bastaria que um dos excluídos se fizesse naturalizar para vir preceder aqueles que tivessem usufruído mais ou menos tempo dos direitos a eles devidos.[16]

É de se notar que mesmo com esta querela, o conde d'Eu e sua descendência continuavam incluídos na casa de Orléans pelo Almanach Gotha. Por razões desconhecidas, houve nova tentativa e novamente Gastão recebeu, em 15 de julho de 1901, resposta negativa do chefe da casa real francesa, afirmando que ele teria

16 Carta de 15/9/1893. Este e os demais documentos transcritos sobre a questão foram traduzidos por d.José Palmeiro Mendes, OSB, a partir do site www.heraldica.org. Encontram-se também em diversos números do boletim *Mensagem*.

por seu estabelecimento no Brasil sem espírito de retorno em 1864 e os compromissos que o ligaram então à Monarquia brasileira, por sua formal renúncia a seus direitos de sucessão à coroa de França, por sua adesão da nacionalidade brasileira, perdidos seus direitos de sucessão à coroa de França e à sua qualidade de varão da Casa Real. Os filhos do Conde d'Eu, nascidos brasileiros de pais brasileiros e sucessíveis ao trono do Brasil não foram nunca príncipes da Casa Real de França, qualidade que o nascimento somente dá e que se pode perder e não adquirir. Eles não podem portanto tornar-se Príncipes da Casa de França assim como seu pai não pode retomar essa qualidade que perdeu.

A questão se prolongou ainda por alguns anos para finalmente se resolver com o documento de 26 de abril de 1909, que expressou uma interpretação da lei de sucessão na França, reiterando posições tomadas desde 1901. O motivo da retomada da questão parece ter sido o casamento dos dois filhos por implicar, como de fato ocorreu, a situação da descendência, além de excluir o primogênito de eventual restauração do trono do Brasil em virtude de sua renúncia ocorrida antes do casamento.

Das negociações resultou o Pacto de Família da Casa de Orléans, assinado em Bruxelas e representado no ramo francês pelo duque de Orléans; seu irmão, o duque de Montpensier; o duque de Guise, (seu único sobrinho sobrevivente) e que representou na ocasião seu pai o duque de Chartres; o duque de Alençon, filho mais novo do duque de Nemours; e seu filho único, Emanuel, intitulado duque de Vendôme; o duque de Penthièvre; Gastão d'Orléans, conde d'Eu e seus três filhos.

Quanto ao ramo brasileiro, o documento reconhecia que os príncipes e sua descendência constituíam uma casa distinta do conjunto dos ramos da casa de Orléans, sendo nomeados Orléans e Bragança, casa Imperial do Brasil, guardando seus direitos de sucessibilidade à coroa da França, mas em último lugar na ordem de primogenitura. Esta cláusula referia-se ao conde d'Eu, irmão mais velho do duque de Alençon, considerando que ele havia se tornado brasileiro pelo casamento com D. Isabel.[17]

A transcrição de trechos desse documento relevante elucida a questão da sucessão dinástica na França na época e sua repercussão nos rumos tomados pelos filhos de D. Isabel e Gastão. Mais do que um pacto, trata-se de uma declaração do duque de Orléans, sobre um acordo no qual os Orléans e Bragança não conseguiram recuperar posições. O único ajuste feito na questão da precedência diz respeito às reuniões de família. Eis o documento na íntegra:

---

17 A transcrição foi feita a partir do site www.heraldica.org ,mas o documento foi também publicado em *La légitimité monarchique*, por Guy Coutant de Saisseval, Paris, 1985.

Acordo de Bruxelas (pacto de família)

Declaramos o que segue:

1º Nosso caríssimo Tio o Conde d´Eu, reconhecendo na Nota que nos fez entregar, que seus três filhos, vindos de seu casamento celebrado em 1864, com a Princesa Imperial Isabelle, então Herdeira imediata do Trono do Brasil, são membros da Casa Imperial do Brasil e que eles e seus descendentes constituem uma Casa distinta do conjunto dos ramos da Casa de Orléans, compondo atualmente a Casa de França, Nos pede reconhecer na França, a estes Príncipes e à sua descendência, masculina, principesca e legítima as Honras dos Príncipes da Casa de França.

1.o Nos foi representado de outra parte, para motivar tal pedido, que poderia ocorrer que a sucessão feminina, admitida no Brasil, fizesse sair a Coroa do Brasil da descendência masculina do Conde d´Eu e afastasse muito a dita descendência do acesso à Coroa Brasileira, para que a qualidade de Príncipes Brasileiros não lhes fosse mais reconhecida e que perdessem assim toda qualidade principesca.

Querendo prevenir uma tal possibilidade para Príncipes masculinamente e tão recentemente originários de Nossa Casa.

Querendo também lhes assegurar, na medida em que o podemos, tanto a qualidade principesca como as Honras de Príncipes da Casa de França.

Querendo igualmente - e isso nos agrada - lhes dar, assim como a nosso caríssimo Tio, o Conde d´Eu, um penhor de nosso afeto de bom e próximo parente, e um testemunho de Nossa confiança na lealdade dos compromissos que eles assumem solenemente aqui e aos quais está ligado o que lhes concedemos.

Reconhecemos ao Conde d´Eu, a seus três filhos e a sua descendência masculina, principesca e legítima, além dos títulos de Altezas Imperiais ou de Altezas que lhes pertencem de direito, o título de Altezas Reais.

Reconhecemos aos três filhos do Conde d´Eu e a sua descendência masculina, principesca e legítima os títulos de Príncipes e Princesas de Orléans e Bragança.

Reconhecemos, conforme o pedido a Nós feito pelo Conde d´Eu, os Príncipes acima, filhos do Conde d´Eu, presentemente idôneos à Colação de Títulos Principescos Franceses, excluindo Títulos de Apanágios. Esta Colação dependendo no entanto unicamente de Nossa vontade e da de Nossos Sucessores.

3.o Mantemos e confirmamos Nossa Nota de 15 de julho, no aspecto que ela constata a ordem de acesso à Coroa e regulamenta a ordem [*les rangs*] e precedências a observar em todas as cerimônias tendo um caráter oficial, político ou nacional francês. Isto declarado, Nós consentimos de boa vontade no pedido de Nosso Tio, o Conde d´Eu, acerca de reuniões ou cerimônias de família, no sentido de que, quando a reunião ou cerimônia for exclusivamente familiar, ou então quando decidirmos que se deverá tomar ordem , não por ordem de acesso à Coroa, mas por ordem de parentesco, seja em relação a Nós próprios, seja em relação às Pessoas Principescas, vivas ou falecidas às quais se trataria de honrar, o Conde d´Eu assim como sua descendência masculina, principesca e legítima poderão tomar a ordem que lhes assinalar este parentesco, assim como isto já ocorreu para outros parentes ou aliados de Nossa Família, aí compreendendo não príncipes e príncipes de Casas Soberanas Estrangeiras.

O Conde d´Eu e seus filhos se comprometem aqui solenemente por si e sua descendência, a não fazer valer pretensão à Coroa de França e à posição de Chefe da Casa de França, a não ser em caso de extinção total de todos os ramos principescos franceses que compõem atualmente a Casa de França. Registramos este compromisso solene que terá seu efeito e será estabelecido pela aposição das assinaturas destes Príncipes à nossa presente Declaração.

Declaramos este compromisso tão inviolável, tão firme e inquebrantável como se fosse tomado com juramento diante de uma Assembléia competente da Monarquia.

4.o O Conde d´Eu e seus filhos se comprometem igualmente em seu nome e no nome de sua descendência a não contestar em nada ao ramo do Duque d´Alençon a posse do título de Duque de Nemours.

No ano seguinte, houve manifestação dos Orléans e Bragança por meio de uma declaração que confirmava o papel central desempenhado pelos casamentos de D. Pedro e D. Luís, bem como da renúncia do primeiro, na questão. Contesta o pacto de família firmado no ano anterior, mas não se tem notícia de sua recepção pelo chefe da casa real da França. É possível que algum movimento tenha sido realizado pois a descendência de D. Pedro foi questionada nos registros no *Almanach Gotha*. O documento, pouco conhecido, diz na íntegra:

Declaração do conde d´Eu e seus filhos: 28.11.1910

Tendo em vista que o Ato assinado em Bruxelas a 26 de abril de 1909, reconhecia à descendência masculina, principesca e legítima do Conde d´Eu o título de Alteza Real, e a seus três filhos a idoneidade à colação de títulos Principescos Franceses à exclusão dos Títulos de Apanágio conforme a vontade do Chefe da Casa de França;

Tendo em vista que não é admissível que a qualidade principesca fosse contestada à descendência de um casamento já celebrado regularmente e reconhecido por quem de direito antes da assinatura deste Ato;

Tendo em vista, além disso, que o Ato não exigia que os casamentos fossem, propriamente falando, principescos, ou seja, contraídos com pessoas de origem principesca, exigência que, como o mostram os numerosos casos ocorridos nos séculos passados, nunca existiu de direito na Casa de França;

Tendo em vista, além disso, que antes da assinatura do Ato em questão, Monsenhor o Duque de Orléans autorizou o Conde d´ Eu a dar, diante dos Príncipes reunidos, leitura de uma carta na qual, entre outras reservas, ele estabelecia que os títulos e honras reconhecidos na França pela declaração do Chefe da Casa de França assinada no Ato, não podiam ser contestados à descendência de seu filho mais velho, o Príncipe Pedro, descendência que não podia ser outra, neste momento, do que aquela do casamento já contraído;

Tendo em vista que as reservas mencionadas nesta carta, acerca das quais Monsenhor o Duque de Orléans quis fazer declarar na data de 31 de dezembro de 1909 que elas respondiam a suas próprias intenções, constituíam uma condição formal para a adesão do Conde d´Eu ao Ato que ia ser assinado;

Tendo em vista que depois, na audiência que com seu filho o Conde d´Eu teve no mesmo dia com Monsenhor o Duque de Orléans, ele teve a honra de lhe dizer que não podia admitir contestação quanto ao pleno efeito deste casamento que conferia forçosamente à esposa todos os títulos e qualidades pertencentes ao Príncipe que ela desposava e que se ele pudesse prever qualquer dúvida a este assunto, não teria vindo assinar o Ato deste dia;

Tendo em vista que pela indicação enunciada por Monsenhor o Duque de Orléans na entrevista de 8 de junho de 1910, relativa à supressão da menção "casamento não igual de nascença" inserida sem autorização no Almanach de Gotha de 1910, a Condessa d´Eu, na qualidade de Chefe da Família Imperial do Brasil, escreveu com data de 12 de julho, uma carta a Monsenhor o Duque de Orléans para lhe declarar que ela reconhecia como principesco o casamento de seu filho mais velho, carta que não pôde ser entregue pelo Conde d´Eu porque Monsenhor o Duque de Orléans não se mostrou disposto então a respondê-la;

Tendo em vista que, por uma carta de 22 de julho o Conde d´Eu transmitiu a Monsenhor o Duque de Orléans um outro projeto, muito ligeiramente modificado, de declaração da Condessa d´Eu, carta que ficou sem resposta;

Tendo em vista que não obstante todos estes precedentes, Monsenhor o Duque de Orléans, numa carta dirigida espontaneamente ao Conde d´Eu, com data de 16 de agosto, confirmada por uma outra de 18 de outubro , declara implicitamente não reconhecer as vantagens mencionadas no Ato de 26 de abril de 1909 à descendência que poderia nascer do casamento acima indicado do Príncipe Pierre;

Tendo em vista que um dos motivos alegados na carta de 16 de agosto para essa recusa é que este casamento foi celebrado sem o consentimento oficial do Chefe da Casa de França;

Tendo em vista que este consentimento não podia ser pedido na situação em que o Conde d´Eu e seus filhos tinham sido colocados para com a Casa de França pela Nota de Monsenhor o Duque de Orléans, de 15 de julho de 1901, situação confirmada pelo insucesso tácito do pedido, tentado junto ao Duque de Orléans pelo Conde d´Eu, para restabelecer as relações, anunciando-lhe verbalmente os noivados de seus filhos, a 13 de setembro de 1908; depois pela carta que Monsenhor o Duque de Orléans julgou oportuno escrever espontaneamente sobre este assunto a Monsenhor o Conde de Caserta, com data de 18 de outubro seguinte;

Tendo em vista que estas circunstâncias não deixavam a Monsenhor o Duque de Orléans a faculdade de reconhecer ou recusar reconhecer um casamento celebrado anteriormente ao Ato de 26 de abril de 1909, e do pleno consentimento da Senhora Condessa d´Eu, Chefe da Família Imperial do Brasil, assim como do Conde d´Eu;

Tendo em vista que, não obstante estes antecedentes, confirmados pela menção inserida por ordem de Monsenhor o Duque de Orléans no Ato de 26 de abril de 1909, segundo o qual os filhos do Conde d´Eu constituiriam, com sua descendência, uma Casa distinta dos outros ramos da Casa de Orléans, a Condessa d´Eu tendo obtido do Almanach de Gotha o corte pedido da inserção não autorizada acima citada, Monsenhor o Duque de Orléans acreditou dever, com data de 20 de outubro último, fazer avisar à redação do acima mencionado Almanaque de ter que inserir que "o casamento do Príncipe Pierre não era reconhecido Principesco na Casa de França", reconhecendo assim implicitamente aquele do Príncipe Louis ao qual ele tinha declarado não ter que dar nenhum consentimento, ingerência contra a qual, tendo em vista as circunstâncias enumeradas acima, a Condessa d´Eu assim como o Conde d´Eu e os Príncipes seus filhos, estão no direito de protestar;

Tendo em vista que Monsenhor o Duque de Orléans, recusando reiteradas vezes reconhecer à descendência do casamento em questão o caráter principesco que lhe era assegurado antes da assinatura do Ato de 26 de abril de 1909, estas declarações do Chefe da Casa de França vão ao encontro do objeto principal que tinha levado o Conde d´Eu e seus filhos a aderirem ao Ato em questão, e sobre o qual elas estavam no direito de contar não somente em vista das circunstâncias acima expostas, mas também como consequência das longas negociações realizadas em 1908, por intermédio do falecido e saudoso Duque de Alençon;

Tendo em vista que se eles tivessem podido julgar possível esta interpretação o Ato não teria sido assinado por eles;

Tendo em vista que assim quando eles colocaram suas assinaturas no Ato em questão, sua boa fé foi surpreendida e que este mal entendido torna forçosamente nulo e não realizado o acima mencionado Ato de 26 de abril de 1909, e por conseguinte os compromissos tomados pelo Conde d´Eu e seus filhos no texto deste Ato e as declarações que lhes foi feito admitir;

O Conde d´Eu, ainda que profundamente aflito por este novo desacordo com o Chefe de sua Casa, encontra-se obrigado a declarar aqui solenemente nulos e não realizados no que lhe concerne, assim como sua descendência, o acima mencionado Ato, os compromissos e as declarações que aí foram assinadas;

Ele declara assim mantido integralmente o Protesto documentado que ele teve a honra de dirigir a Monsenhor o Duque de Orléans com data e 15 de fevereiro de 1902, em resposta à Nota de 15 de julho de 1901, protesto do qual Monsenhor o Duque de Orléans lhe acusou recepção por carta de 1º de março de 1902 , e o qual ele fará juntar cópia à presente.

Dado em Boulogne-sur-Seine, no vigésimo oitavo dia de novembro de mil novecentos e dez.

Gaston d´Orléans

Aderindo inteiramente às declarações e considerações enunciadas por nosso pai, como aos protestos agora mantidos.

Boulogne-sur-Seine, vinte e oito de novembro de 1910.

Pierre d´Orléans et Bragance

Louis d´Orléans et Bragance

Antoine d´Orléans et Bragance

PARTE 8

Pretendente

Fazendeiro no Brasil?

Ao regressar à Europa da viagem à América do Sul, entusiasmado talvez pela ausência de fiscalização em regiões distantes da capital, acorreu a D. Luís a extravagante idéia de tornar-se fazendeiro no Brasil, provavelmente para construir uma base política mais consistente. O plano foi divulgado pelo *Álbum Imperial*, mas logo que chegou às mãos de seu pai motivou a escrita de uma carta corrigindo o rumo das coisas.

A mensagem desanimadora retirou-lhe as ilusões sobre uma vida bucólica no interior do Brasil, que Gastão previa incompatível com a educação, o estilo de vida e o temperamento do filho, sem contar as circunstâncias políticas. Falava de experiência própria e revelava as dificuldades de adaptação que sentira durante sua permanência no Brasil:

> Ainda que, como você diz, a discussão sobre a idéia de um estabelecimento no interior do Brasil tirando partido da República seja ociosa, pois que tal idéia é atualmente impraticável, eu não posso me impedir de fazer observar, como já o fiz uma vez, em resposta ao que você me adianta, que a situação lá seria bem diferente do que é na França onde um resto de tradições, de alta cultura, de *tato* e de *reserva* na sociedade assim como a vizinhança dos países monárquicos asseguram aos Príncipes uma consideração e uma dignidade suficientes, enquanto lá a tendência ao nivelamento democrático e à *fraternização geral* de todos, bons e maus resultados do afastamento dos outros países civilizados bem como os obstáculos à locomoção frequente, não tardariam a trazer, se a permanência fosse permanente, uma desqualificação completa da raça que seria para mim o pior dos desastres.
>
> "Faça-se povo como nós" [em português no original], eis o grito de lá. Agora, se não se tratasse que [?] visitar, [?] uma propriedade que nós tínhamos lá como Petrópolis ou S. Luzia ou percorrer o país, mas conservando o ponto de fixação na Europa, eu não faria obstáculo. Mas para isso teria sido necessário que, como havia aliás tanto aconselhado, sua primeira viagem tivesse guardado o caráter do incógnito.
>
> Agora seu segredo foi descoberto. Eu também sempre encontrei charme nas viagens pelas províncias do Brasil. De fato, estávamos condenados à reclusão em Petrópolis e no Rio com a extenuante *navette* entre essas duas localidades, únicas, juntando a elas S. Paulo, realmente habitáveis. Eis o meu sermão enfadonho, mas verídico. Amém.
>
> [...] Eu muitas vezes sonhei também fazer um estabelecimento de campo no Itatiaia ou em Minas e foi com esta idéia que eu havia comprado S. Luzia.[1]

---

1 Carta de Gastão d'Orléans a d.Luis, 24/2/1908 (grifos originais).

D. Luís justificava com o encantamento pelo Brasil o plano mirabolante inspirado pelo contato com as *haciendas* bolivianas, quiçá com as fazendas brasileiras:

> Eu senti o charme da América do Sul, meu continente natal e não pediria senão me transplantar ali ao menos periodicamente, não importa em quais condições, se isso fosse possível. Nós vivemos bem na França – e muito agradavelmente – apesar da República. Se for o caso eu não sei porque não seria o mesmo no Brasil. Mas isto é uma discussão ociosa sem nenhum efeito imediato.

Abandonado o plano embrionário, em 1908 desenvolveu nova estratégia de aproximação do Diretório Monarquista. Fortalecido pela posição que passara a ocupar na linha sucessória, tentou afirmar sua liderança e reverter a situação criada com o fracassado desembarque. Em carta dirigida a Ouro Preto em 20 de novembro de 1908, afirmava sua vontade de trabalhar em prol da causa e pedia aos chefes apoio, ou melhor, "conselhos". Conciliador, tentava superar os problemas causados por sua viagem intempestiva ao Brasil e pela renúncia do irmão:

> Preciso somente ser dirigido nos meus esforços pelos amigos bons e dedicados que há mais de dezenove anos representam nossa causa no Brasil.
>
> Penso que, trabalhando unidos, poderemos ainda fazer muito pela propagação da idéia monárquica que nas circunstâncias atuais, ainda mais do que antes, aparece-me como o único remédio eficaz para restabelecer no nosso país a ordem e a tranquilidade indispensáveis a seu desenvolvimento material e moral.

Diante da dificuldade de uma ação mais efetiva, propôs incremento da propaganda "para a formação do eleitorado e a representação no Congresso, o que talvez, nas circunstâncias atuais, não seja uma utopia irrealizável". Solicitava indicações sobre o rumo a seguir para se tornar conhecido no Brasil , especialmente como "personalidade política". Não se esqueceu de salientar que se subordinava à sanção materna, precavendo-se assim de eventuais resistências. Mas as dificuldades de entendimento resultaram em movimento de aproximação de D. Luís do grupo paulista, no qual passou a se apoiar, além de manter-se em constante contato com o líder católico monarquista e jornalista destacado Carlos de Laet, igualmente refratário ao Diretório.

Na cidade de São Paulo a Faculdade de Direito abrigava um núcleo aguerrido de militantes, que dispunham do jornal *O Comércio de São Paulo* para propaganda da causa. Couto de Magalhães Sobrinho foi seu redator e também do *Álbum Imperial* a partir de 1906; outros ativistas como Plínio Barreto, Armando Prado e diversos representantes da oligarquia combatiam a República sem muita articulação com o Diretório Monarquista, que consideravam representante do "monarquismo arraigado".[2]

No *Álbum Imperial* os Orléans e Bragança ocupavam grande parte do noticiário, ao lado do culto ao último imperador. Paralela à veneração por D. Isabel, a presença da juventude nas páginas da revista trazia um ar de renovação, premente diante do envelhecimento dos quadros e até mesmo da causa na forma como vinha sendo concebida: a reedição do Império de D. Pedro II. A aposta passava nessa época a ser feita nos filhos da princesa, para que o movimento não permanecesse sob o rótulo de saudosista. A fundação do *Álbum* ocorreu pouco antes da viagem de D. Luís ao Brasil.Tornou-se depois porta-voz do novo pretendente ao trono, contraditando o Diretório e suas reticências. Ali a viagem não foi apenas anunciada com antecedência, mas amplamente reportada e documentada com a publicação em primeira mão de suas impressões de viagem, que seriam posteriormente reunidas no volume *Sous la Croix du Sud*. A propaganda foi completada com a divulgação de trechos do livro *Dans les Alpes* e a apresentação de suas qualidades de vencedor de obstáculos, tão necessárias à causa. Na sequência, foram publicados trechos de *A travers l'Hindo Kush*, em testemunho de seus largos horizontes e capacidade de enfrentar dificuldades.

A composição social do grupo paulista não se alterara, era basicamente de grandes cafeicultores como Souza Queiroz, Queiroz Aranha, Álvares Penteado, Queiroz Telles, Gavião Peixoto. Escaldados pelos revezes na luta radical contra a República, propunham em 1906 a luta por via eleitoral. A contestação da liderança do Rio de Janeiro levara-os à reorganização de suas estratégias, com propaganda e levantamento de fundos. A liderança do grupo dividia-se entre Martim Francisco Ribeiro de Andrada e Amador da Cunha Bueno, cuja proposta de encerrar a fase de abstenção e ir às eleições foi vitoriosa em dezembro de 1906. Ramificava-se na Faculdade de Direito, que era um dos locais privilegiados de formação de seus quadros políticos e mantinha ligações com setores da Igreja Católica.

---

2 BROCA, Brito. *A vida literária no Brasil*.3.a ed., Rio de Janeiro: José Olympio, 1975, p. 76-77.

Carlos de Laet hasteia a bandeira católica e monarquista

Carlos de Laet (1847-1927), liderança católica do período final do Império e início da República, foi um dos grandes incentivadores de D. Luís desde que ele assumiu a posição de príncipe imperial. Conde papalino, intelectual, tradutor no Brasil da encíclica *Rerum novarum*, sua militância em *O Brasil* e na *Tribuna Liberal* do Rio de Janeiro foi notável, criticando a República e defendendo a monarquia como a melhor forma de governo. Seus diálogos com D. Luís nem sempre foram de concordância e ele não tinha pruridos em expressar-se francamente. Parece ter tentado, sem sucesso, um comprometimento maior do pretendente com a Igreja Católica, mas este nunca se manifestou favorável à união entre política e religião, ainda que cultivasse aspectos da religiosidade católica.

Laet passara por maus momentos durante a primeira década republicana, quando sofreu represálias a suas posições de confronto com o novo regime. A primeira delas foi a prisão, juntamente com Ouro Preto, Gaspar da Silveira Martins e outros, em 1889, quando logo após a proclamação da República houve sedição no 2.º Regimento de Artilharia no Rio de Janeiro. A seguir, veio a demissão do cargo de professor do colégio D. Pedro II em 1890, por ter se pronunciado contra a mudança de nome da instituição para Instituto Nacional de Instrução Secundária, durante o processo de republicanização do país. Eleito constituinte juntamente com o barão de Ladário, durante o governo provisório, nenhum dos dois foi diplomado. Depois disso, sofreu perseguições em 1891, 1894, 1897 e 1904, pois sua combatividade pela imprensa e o perfil de "cultivador de polêmicas", como assinala Janotti, atraíam invariavelmente a perseguição dos defensores da ordem quando os monarquistas se posicionavam afrontando o regime. A repressão ao arraial de Antonio Conselheiro em Canudos, movimento popular messiânico desvinculado do grupo restaurador, foi um desses momentos de infortúnio, em parte compensados posteriormente com sua readmissão no Colégio durante o governo Hermes da Fonseca.

Apresentava-se como monarquista convicto por questões teóricas, nada tinha de "áulico": "sou monarquista pela indignação que me causou a traição miserável de 1889 e, mais ainda pela certeza, cada vez mais radicada, dos males e desgovernos trazidos ao

Brasil pelo regime vigente". Era destacado representante da facção monarquista vinculada ao catolicismo ultramontano, mais teórica do que saudosista, e um crítico feroz do regime que jamais aceitou. De certa maneira, foi o substituto de Eduardo Prado na imprensa monarquista após o falecimento deste militante em 1901. Dirigiu a polêmica para o campo teórico do catolicismo ao defender a monarquia, a partir do tomismo, como melhor forma de governo, e ao advogar a restauração do trono com a reunião entre Igreja e Estado.

A essa mesma corrente do monarquismo católico pertenceu João Mendes de Almeida Júnior, professor na Faculdade de Direito de São Paulo. Ambos poderiam ser denominados monarquistas teóricos por não vincularem suas convicções ao monarquismo saudoso de D. Pedro II ou articulado apenas em torno das pessoas de seus descendentes. Afonso Celso de Assis Figueiredo, filho do visconde de Ouro Preto, igualmente professor de Direito no Rio de Janeiro, na Faculdade de Ciências Jurídicas, também integrava essa vertente.

Com Cândido Mendes de Almeida, Laet integrara a Sociedade de Reverência à Memória de D. Pedro II e em seu nome estivera a bordo do *Amazone* em 1907. Ali comparecera para cumprir seu dever de fidelidade à causa monárquica, mas logo depois, em seu eterno descontentamento, lamentava ao príncipe não ter durante todos os anos de militância recebido da família imperial senão duas cartas em solidariedade aos seus infortúnios. Apesar disso, formou fileiras com o jovem pretendente e com ele se correspondeu durante anos. Apresentou-lhe uma importante avaliação do movimento no Brasil em 1908: ainda que houvesse vitalidade na causa, faltava-lhe organização; o Diretório estava inerte, sem imprensa, sem representação no legislativo. Indicou dois rumos importantes a serem tomados, a militância no jornalismo e a participação no processo eleitoral. Parece ter exercido influência sobre a avaliação do movimento por D. Luís nessa época. Sua discordância com o Diretório era de fundo, mas aflorava como divergência sobre estratégia:

> os homens postos à frente da nossa causa, sendo, incontestavelmente, uns brasileiros probos, talentosos e cheios de serviços à pátria, não possuem as energias suficientes para arrostar as violências de uma situação brutal e tirânica, da qual [sic.] a do início da república. Estudiosos de gabinete, habituados às lutas da tribuna, ficaram intimidados ante o formidável temporal político. Aconteceu-lhes o mesmo que aos generais monarquistas de 1889: não houve então quem montasse a cavalo e morresse militarmente. Acresce que pela sua gigantesca estatura tradicional esses chefes são insubstituíveis. Ao princípio acreditaram que, feita a república por um coup de main, igualmente se poderia fazer a restauração. Malogradas algumas tentativas em tal sentido, remeteram-

> se à quietação absoluta. O jornal, suprimido pela masorca, pelo assassinato, nunca mais reapareceu. Aconselha-se aos moços que sirvam à Pátria, aceitando empregos na república (estamos verdadeiramente sem chefes, e obrigados, apesar de tudo, a fingir que os temos, por não quebrar o respeito da tradição, que é uma das nossas normas. (Carta a D. Luís, Rio de Janeiro, 3/10/1908).

Sem papas na língua, Laet acusava a família destronada de ser responsável pelo estado lastimável da causa, devido ao desinteresse , tanto do imperador falecido como da princesa, infensos a qualquer reação. Atribuía peso importante na queda do Império aos prejuízos causados pela falta de indenização aos fazendeiros quando da abolição. O ressentimento retrocedia até o assassinato , em 1897, do jornalista Gentil de Castro, redator do jornal Liberdade do Rio de Janeiro, na reação republicana exaltada diante da dificuldade do governo em dizimar o arraial de Canudos. Nem mesmo o príncipe escapou ao seu julgamento severo, azedado pela discordância de fundo. Acusou-o de ter escrito obras que nunca foram traduzidas nem divulgadas no Brasil. "A família banida tudo tem feito para que dela aqui não se lembre. É, talvez, austeramente nobre, mas não é político, é mesmo inábil". O que não deixava de ser um exagero retórico.

Se D. Luís já estava convencido da necessidade de sua intervenção na política brasileira, encontrou em Laet um estímulo adicional. Autodenominado "*vox clamantis in deserto*", Laet apelava para os brios militares do herdeiro político de D. Isabel, vendo nele uma liderança a ser posta em movimento. Era preciso um jornal para a propaganda, formar o eleitorado, disputar a representação no Congresso Nacional. Acima de tudo, ponderava, faltava um homem de ação.

Além de sentir-se amparado pelo militante combativo e de grande projeção intelectual, o príncipe encontrou nele um interlocutor para a discussão de temas relevantes para seu projeto político. O mais decisivo, o positivismo e sua difusão entre os militares. Em março de 1908 afirmara a Laet ser "até certo ponto" admirador de Augusto Comte, embora divergindo dos rumos que seus discípulos deram a sua doutrina. Mas Laet era firme em postura contrária, coerente com seu monarquismo católico. Do ponto de vista da religião, não podia aprovar uma doutrina que pretendia regenerar o mundo "sem Deus e sem rei", ensinava ao príncipe. Não endossava a admiração de D. Luís por Comte, por ser ela contrária à fé católica. Do mesmo modo, entendia ter sido essa doutrina responsável pela derrocada da disciplina entre as forças armadas e o resultado dessa atitude revolucionária havia sido a queda do Império. Foi ainda mais irredutível em sua oposição aos militares jacobinos. Mas a D. Luís parecia indispensável agradar os militares articulados em torno do marechal Hermes da Fonseca, tentando impossível contemporização com Laet no campo teórico.

Laet apegava-se à tese de que a República se fizera em decorrência da difusão do positivismo entre os jovens militares, de que teria sido responsável o próprio imperador ao admitir a entrada de Benjamin Constant como professor na Escola Militar, apesar dos claros indícios de que ele subverteria a ordem monárquica. Em oposição ao princípio da autoridade fundamentado no poder militar que agradava a D. Luís, opunha o mesmo princípio baseado na religião: "Nós, os católicos, em nada precisamos dos vãos e contraditórios princípios do filosofante que, principiando por solapar toda a autoridade religiosa e política, terminou fazendo-se grão-sacerdote e exigindo dos comparsas uma cega obediência" (Carta a D. Luis, RJ, 3/10/1908).

Os argumentos de D. Luís eram porém de outra natureza e dirigiam-se à defesa do serviço militar obrigatório como escola de cidadania para a formação de virtudes públicas: "o espírito de disciplina, o respeito pelos mais humildes, deveres do homem e do cidadão, o sacrifício das utopias inúteis ou nocivas às comunidades" (Carta de D. Luís a Laet, Nice, 20/3/1908). Não desistia de reiterar sua convicção de que o Exército, como instituição educadora – escola de caráter para o cidadão– deveria ter sua atuação expandida sobre a sociedade mediante o serviço militar obrigatório .

O manifesto de Cannes

Desde o início do Governo Provisório da República, havia entre os monarquistas os convictos de que diante da apatia popular, a restauração do trono só poderia ser realizada pelas forças armadas. Mas além da dificuldade de convencer os militares a "desfazer a República", havia que superar a problemática união em torno do nome de D. Isabel num terceiro reinado, associado às questões corporativas que antagonizaram o Exército e o trono no final do Império.

Por outro lado, importantes lideranças monarquistas manifestaram repulsa a tal aliança, mostrando-se antimilitaristas irredutíveis, como Eduardo Prado e Ouro Preto. A questão é complexa, com aproximações, cisões e divergências, pois levantes armados na primeira década republicana haviam contado com sua participação, entre eles a Revolta da Armada e a Revolução Federalista. O discurso liberal monarquista de que Ouro Preto e Lafayette foram representantes sempre repudiou a ditadura militar e o envolvimento dos militares na política. Isso não impediu Ouro Preto de, em 1904, durante a repressão à Revolta da Vacina, ao ser interrogado pela polícia do Distrito Federal, ter confirmado apoio a Alfredo Varela, um de seus principais líderes. O desassombro da resposta é notável:

> Estava em meu direito e dele, absolutamente, não prescindirei. Fundei nesta capital um órgão monarquista; na imprensa, e de sua direção política, assumi a responsabilidade. Contribuí para a aquisição de outro. Ambos os jornais foram eliminados pelo saque e incêndio de escritórios e oficinas; o diretor foi barbaramente assassinado, tudo com a indiferença, ou antes, com a cumplicidade da polícia de então. Sem recursos para criar outros, limito-me a auxiliar, como posso, os que combatem as atuais instituições, desde que, entendo, merecem por sua orientação o meu apoio.[3]

Em 1908, o retorno à pauta política da necessidade de um governo saneador das instituições republicanas corrompidas pelo jogo oligárquico apresentava pontos de contato entre monarquistas, jacobinos e dissidentes republicanos e assim, apesar das fortes resistências, passou a circular a proposta de um governo militar como etapa preparatória da restauração. Entre seus defensores, Afonso Celso admitia a possibilidade de uma intervenção de força no sentido de "desfazer o 15 de novembro".

Enquanto a família imperial manteve-se durante longos anos afastada de envolvimento explícito nas tentativas de reversão do regime, as divergências sobre essa questão ficaram camufladas. Mas afloraram desde que se evidenciou a inviabilidade de um pretendente da restauração do Império como Pedro III. A pergunta sobre o que ou quem restaurar, com frequência respondida com "a monarquia", passara a ter outra resposta. Na época em que D. Luís se posicionou na arena política, o ímpeto se amainara, a composição se fazia por meios eleitorais e nos meandros da reação republicana. Por isso mesmo, em 1909 o debate centrava-se na reentrada dos militares em cena com a candidatura de Hermes da Fonseca às eleições presidenciais.

Nesse contexto, amparado pela aprovação materna, D. Luís apresentou-se como príncipe imperial autorizado a "entender-se diretamente" com os líderes do Diretório e apresentar-lhes seu programa político. Um manifesto vinha a calhar. Enquanto o discurso monarquista – exceto aquele vinculado ao catolicismo ultramontano – carecia de base teórica sólida, era fragmentário, impreciso e construído de forma dual pela oposição entre a Monarquia e a República brasileiras e não sobre princípios explícitos,

---

3 Visconde de Ouro Preto. O Sr. Chefe de Polícia do Distrito Federal e o Visconde de Ouro Preto. *O Comércio de São Paulo*, 25/3/1905. Apud JANOTTI, *op. cit.*, p. 243.

D. Luís articulou um manifesto que propunha um novo Império para o Brasil. Buscou interlocução com os militares e ao mesmo tempo procurou sondar a existência de um monarquismo popular que contribuísse para ampliar a base social de um movimento restaurador em torno de sua pessoa.

A tentativa de reerguer o movimento com o manifesto de 1909 foi mais um de seus empreendimentos.[4] O momento era propício à estratégia escolhida. Desde o início de 1909, as articulações das candidaturas movimentavam a cena política envolvendo Rio Branco, Rui Barbosa e Hermes da Fonseca. Dividiam as correntes políticas entre civis e militares. O militarismo colocou-se no centro das discussões.

Em São Paulo, a popularidade ascendente do marechal Hermes da Fonseca levou a oligarquia a retirar o apoio à presidência de Afonso Pena. O Partido Republicano Paulista, ao ver frustradas suas ambições de continuidade na política de defesa do café com o naufrágio da candidatura David Campista, passou a apoiar Rui Barbosa. Sua candidatura fez inúmeras adesões nesse Estado, ao ponto de passar a ser identificada como candidatura paulista. Sua plataforma de denúncia do perigo do militarismo, necessidade de revisão constitucional, combate às oligarquias, reforma política, incentivo à imigração e estabilidade cambial vinha ao encontro dos interesses dos cafeicultores.

Quanto aos monarquistas, sua posição foi bem definida por Carlos de Laet, para quem a candidatura Hermes "não representa o nosso ideal mas é o mal menor". Passara a apoiar entusiasticamente essa opção. Na recusa ao apoio à "pomba de Haia" pesava o passado de Rui, desde antes do 15 de novembro em diversos momentos em vão solicitado a intervir a favor da Monarquia.

O Manifesto de 1909 respondeu a essa conjuntura e sistematizou a concepção de política de D. Luís. Desde 1906 já havia se manifestado nessa direção a Cândido Guimarães, depositando no Exército o papel de sustentáculo do trono a ser restaurado.[5] Seu pensamento divergia radicalmente da tradição monárquica brasileira pois o paradigma encontrava-se no Império alemão, criado com a unificação de 1871 e que subsistiu até a derrota na Guerra de 1914-1918. Sustentada por Bismarck, a monarquia de 1871 incorporara à cultura política alemã os valores militares como um código de honra, um estilo de vida e normas da nobreza militar. O Kaiser Guilherme II e a corte constituíam o centro das instituições políticas, a aristocracia detinha os cargos militares e diplomáticos mais elevados. Esse sistema foi acompanhado por um processo de modernização econômica acelerado com o desenvolvimento da in-

---

4 Publicado em *O Estado de São Paulo* em 17 de abril de 1909 e no *Jornal do Comércio* em 18 de maio de 1909.

5 Carta de Nezsider, 16/11/ 1906.

dústria e do comércio.Uma ordem social aristocrática pautada por um código moral rígido incorporava o nacionalismo como valor supremo da coletividade em meio à consolidação do capitalismo industrial.

Neste particular, D. Luís cerrava fileiras com inúmeros admiradores da Alemanha, que constituíam uma corrente germanófila no Brasil. Assim ocorria com Laet, também admirador do "prodigioso desenvolvimento" da Alemanha "graças à sua bela constituição monárquico-militar", à qual atribuía responsabilidade pelo momento de apogeu que se seguiu à crise da unificação, ocorrida no bojo da guerra franco-prussiana de 1870-71. Ademais, a unificação conduzida por Bismarck lograra obter a coesão entre inúmeras entidades políticas distintas num Estado monárquico cimentado pelo pan-germanismo. Sua ação desviara-se do liberalismo e da democracia pois apoiara-se numa política de força modelada pelo sistema de governo prussiano centralizador, num movimento em que não estiveram ausentes os acordos pragmáticos da *Realpolitik*.

O desenvolvimento industrial da Alemanha e o crescimento do movimento operário resultara na fundação do Partido Social-Democrata (SPD) em 1875, que rapidamente conseguiu um crescimento eleitoral. Em resposta, o chanceler criou o sistema de seguridade social mais avançado da Europa na época, numa iniciativa pioneira de modernização conservadora. Uma legislação para atender às reivindicações dos trabalhadores (seguros saúde, acidentes do trabalho e aposentadoria por velhice e invalidez) foi elaborada pela burocracia estatal com intuito de desmobilizar o movimento operário.

No Brasil, a situação política convulsionada pela sucessão presidencial também encontrava eco nas convicções políticas de D. Luís e sinalizava um caminho onde poderia haver alianças. Era a brecha há tempos esperada para uma ação mais consistente. Hermes da Fonseca, oriundo de família de militares do Rio Grande do Sul, era bacharel em Letras pelo Colégio D. Pedro II do Rio de Janeiro e oficial de infantaria e cavalaria. Seus laços com os Orléans e Bragança eram antigos, atuara como ajudante-de-ordens do conde d'Eu durante viagem realizada em inspeção às províncias do Sul em 1884.[6] Sobrinho de Deodoro da Fonseca, ainda que tivesse tomado parte fundamental na conspiração republicana, era a composição possível para D. Luís, que o admirava pelos esforços empreendidos para a modernização do Exército, entre elas a lei do sorteio para acabar com o alistamento compulsório. A formação técnica do soldado profissional afastado da política direcionara sua intervenção como ministro desde a revolta de 1904, que resultara no fechamento da Academia Militar da Praia Vermelha onde se formara. Reestruturação do Exército, manobras espetaculares e

6 FONSECA FILHO, Hermes da. *Marechal Hermes*. Dados para uma biografia. Rio de Janeiro, s./ed., 1961.

treinamento de oficiais na Alemanha marcaram sua gestão à frente da pasta. A polêmica lei do serviço militar obrigatório, que conseguiu aprovar pelo Senado em 1908, era parte desta estratégia de modernização de um exército capaz de mobilizar-se rapidamente, com soldados treinados segundo o modelo alemão. O envio de missões militares brasileiras à Alemanha entre 1908 e 1909 visava formar oficiais para a implementação de nova estrutura do Exército, justificada pela política expansiva em relação aos países vizinhos levada a efeito por Rio Branco no ministério das Relações Exteriores. Esteve em visita à Alemanha em setembro de 1908, a convite de Guilherme II, para assistir à parada militar anual de Tempelhof, como parte da pauta de cooperação militar estabelecida durante sua gestão.

O manifesto de D. Luís externou uma proposta política que partia do pressuposto da inadequação da República ao Brasil: domínio desenfreado da oligarquia, enfraquecimento da coesão nacional, falta de desenvolvimento industrial. Ainda que construído numa estrutura dicotômica da oposição entre as qualidades da Monarquia e os defeitos da República, o texto não insistia nessa oposição em que se esfalfaram os monarquistas da geração anterior e esterilizaram-se as propostas de restauração. O labirinto do discurso especulativo sobre as causas da queda da Monarquia e a consequente apuração das responsabilidades foi suprimido no texto, uma estratégia para evitar divisão e criar consenso.

Rendido o tributo ao Império de D. Pedro II como modelo de honestidade, desinteresse pessoal, justiça e imparcialidade, bem como o respeito às "linhas gerais" da Constituição de 1824 e do Ato Adicional, o manifesto passava para um discurso de conteúdo político mais denso que visava apresentar a restauração não mais como um retorno ao passado. Doravante seria um edifício político adequado às "circunstâncias novas". O descontentamento com o domínio oligárquico, o clamor contra as indústrias artificiais, a defesa da moralidade na política eram partilhados com a oposição republicana. O novo império proposto comportava asim uma adaptação de aspectos do regime republicano, como a federação, aliás cogitada durante o último gabinete do Império, chefiado por Ouro Preto. A autonomia estadual deveria ser restringida sobretudo em matéria orçamentária, para garantir o livre desenvolvimento de cada unidade política. A referência à religião é mínima e aparece temperada pelo pacto que resulta no poder legislativo, discretamente lembrada a vinculação entre os poderes divino e temporal com a expressão "Deus nos preste seu auxílio", e descartada claramente a reunião entre trono e altar.

Ao desviar-se do tema da abolição, que estava longe de fazer consenso, embora incorporado ao discurso monarquista centrado na pessoa de D. Isabel, D. Luís enveredou pela proposta de aliança entre capital e trabalho, inspirada na política desenvolvida nos países centrais do capitalismo europeu em relação aos operários, conforme fizera Bismarck na Alemanha. Equivocadamente interpretado por esta proposição como "príncipe socialista", D. Luís nada mais fazia que adotar posição conciliadora também recomendada pela doutrina social da Igreja desde a encíclica *Rerum novarum* (1893), um dos sustentáculos de sua visão modernizada da monarquia, adaptada aos tempos. Com isso, adquiria luz própria e se individualizava como herdeiro político de D. Isabel, ao deixar de ter como referente a abolição. Em lugar da menção ao abolicionismo, ocupava-se dos

> grandes problemas que precisam de uma solução na sociedade moderna. Fomentar a aliança do capital e do trabalho por leis similares, porém adaptadas a nossas condições econômicas, às das grandes monarquias européias, tais como a Alemanha, Inglaterra e Itália, dissipar por esse meio as desconfianças que hoje existem entre as duas classes produtoras, garantir o trabalho dos operários, o trabalho e o capital dos patrões são reformas essas que um governo de forma monárquica muito melhor do que qualquer outro, pode encarar; pois estável a detenção do poder em uma família, o chefe do Estado não precisa cortejar o voto do proletariado, nem pedir o auxílio dos ricos para as campanhas eleitorais.

Constatada a inutilidade do habitual anúncio feito pelos monarquistas de que a República não conseguiria sobreviver, o pragmatismo se impunha na nova perspectiva de um discurso com vistas a ultrapassar o saudosismo da monarquia de D. Pedro II, para que a causa pudesse avançar. Dirigido aos "senhores membros do Diretório Monárquico", o manifesto afirmava a posição do defensor da dinastia dos Bragança.

Resistências

O texto desencadeou resposta inesperada. Com ele, explodia novo conflito entre o príncipe e o Diretório. Em janeiro de 1909 D. Isabel encaminhou aos chefes do Rio de Janeiro o documento que se tornou conhecido como o *Manifesto de Cannes*. Ao fazê-lo, referendava seu conteúdo e solicitava sua divulgação. Prevenia os conselheiros sobre as novidades que iam conhecer e lhe pareciam "ideias muito sensatas". A carta de D. Luís que acompanhou esse texto datado de primeiro do ano também constitui documento relevante. Amparado pela autorização materna, apresentava ao Diretório o programa político que considerava útil à causa. A estratégia revela exemplarmente sua concepção de política baseada na hierarquia e disciplina, como ocorre na vida militar, na qual o comando deveria ficar nas mãos de um chefe e daí se difundir para as bases. Ao mesmo tempo, tinha a intenção de implementar na militância uma organização regional colocada sob seu comando direto. Não contava com a resistência de políticos tarimbados, a quem seria difícil camuflar seu ímpeto centralizador.

Assumindo a posição de príncipe imperial, D. Luís buscava colocar em prática uma nova organização dos militantes. A partir da concepção federativa da política, propunha reestruturação do grupo e sua organização em "partido de luta". Planejava uma estrutura baseada em diretórios estaduais e municipais independentes, que se aplicada iria esvaziar o papel centralizador e articulador do grupo de Ouro Preto, interlocutor da princesa. D. Luís buscava uma alternativa para a diminuição da combatividade dos militantes, mas evidenciava desconhecimento do apoio com que podia contar, ao solicitar do Diretório a indicação de nomes dos dispostos a colaborar na nova ofensiva. Sua estratégia previa que os monarquistas poderiam "trabalhar eficazmente e tomar atitude política nos comícios eleitorais, na imprensa e nos diversos Postos em que se possa servir a Nação independentemente de compromissos políticos".

A resposta não se fez esperar, a D. Isabel e a D. Luís. As minutas da correspondência guardadas no IHGB (Instituto Histórico e Geográfico Brasileiro) dão conta do fragor da polêmica. Pela segunda vez se produziu um desencontro político entre o pretendente e os antigos defensores da causa. Surpreendido pelo manifesto, em fevereiro de 1909 o Diretório enviou carta à princesa proclamando que como súditos obedientes, os conselheiros publicariam o documento, se a ordem fosse por ela confirmada. Mas ponderavam com as "responsabilidades de homens públicos, o nosso interesse de monarquistas e a nossa lealdade de Conselheiros de Estado". Entendiam que o documento mais prejudicava que favorecia a causa, fazendo-a perder simpatias e adesões. Lamentavam a atitude afoita, arquitetada no embalo da "abnegação do Sr. D. Pedro de Alcântara". Apontavam sua pressa em comunicar aos brasileiros "os intuitos que o hão de guiar, quando for chamado a governá-los, como a Deus aprouverá, para salvação deste país". Estarrecidos com o programa político que lhes parecia prematuro diante da falta de perspectivas de restauração imediata, não pouparam D. Luís de ironicamente apontar-lhe sua condição de "futuro chefe de Estado".

A resposta duríssima indicava dois pontos de conflito: a não aceitação da renúncia de D. Pedro, com o consequente movimento na linha de sucessão dinástica e a independência do novo pretendente em pensamento e ação. Mas estavam presos à fidelidade a D. Isabel, que atuou como amortizadora do conflito. A batalha de cartas se fez inutilmente, com clamores pela reconsideração do passo dado pelo príncipe, que atropelava a rotina instalada desde alguns anos e tentava substituir a bandeira política que traduzira até então a fidelidade à memória do imperador deposto e à sua herdeira, sem outras inquietações. O arcabouço político do Segundo Império lhes bastava. D. Luís desestabilizara essa situação ao apresentar um programa-plataforma muito além da postura saudosista. Espicaçado em suas prerrogativas, o Diretório reagia.Possuía sim, programa, afirmava à princesa:

> resume-se em dois nomes: o imortal de V. M. e o auspicioso, já exímio, do Príncipe Imperial. Não precisa igualmente de reorganização, porque existe nas condições únicas de existência, num país onde desapareceram todas as garantias individuais e onde, por cima, qualquer manifestação mais enérgica contra o regime usurpador provoca incríveis violências, como a depredação da propriedade e o homicídio.

A queda de braços expressou também o ressentimento por ter D. Luís deixado evidente que atribuía a falta de progresso da causa à inação e à ausência de propostas do Diretório. Porém os antigos militantes haviam sofrido violências e perseguições por parte do governo republicano e consideravam que a sabedoria política consistia em avaliar a correlação de forças e adequar-se a ela. Sua manifestação foi de indignação exaltada diante do que lhes parecia ingratidão da família imperial para com seus sofrimentos e prejuízos. Constituiu também uma prestação de contas, um balanço da situação da causa no Brasil em 1909:

> O partido monarquista no Brasil é o núcleo de forças dispersas que tendem a aumentar e que, sob a pressão do sofrimento de todas as classes, bem como ao influxo de prováveis acontecimentos extraordinários, se hão de aglomerar e coordenar, readquirindo a supremacia perdida, em consequência de causas complexas e longamente acumuladas. Increpá-lo, como costumam alguns que, afastados da luta diária, imunes e inacessíveis aos perigos e aflições tenazmente suportados pelos que se conservam na estacada, nem sequer compartem os sacrifícios da causa comum, increpá-lo de timidez e inércia importa injustiça e ingratidão.
>
> Merecerá talvez a pecha de incapacidade; não tem, contudo, o direito de irrogar-lha quem, cônscio de maiores habilitações, não trata de reparar as faltas, e, em cômodo remanso, deixa serem cometidos.
>
> Os que fiéis perseveram no culto monárquico não se melindram, nem se perturbam com tais arguições; cabalmente os satisfaz o que têm feito e continuarão a fazer, de acordo com as suas convicções e precedentes."

Esqueciam-se de que dois anos antes esse mesmo personagem distante e resguardado na Europa atravessara o oceano para se apresentar ao país e não recebera deles apoio.

Outros pontos de discordância, além da autoridade ferida, agitavam os conselheiros, como a afirmação da necessidade de forças armadas fortes para garantir a independência, soberania e integridade nacionais. Embora convictos da necessidade de participação das "classes armadas" num movimento restaurador, temiam o militarismo e consideravam que acenar com títulos nobiliárquicos e condecorações para obter sua adesão seria contraproducente por menosprezar os "brios", o desinteresse e as "glórias militares". Neste aspecto o manifesto lhes parecia desastroso. A propaganda, de que se ressentia D. Luís, não estava esquecida, diziam, era feita na medida dos escassos recursos dos monarquistas. Lembravam ao pretendente que na impossibilidade de contarem com imprensa própria, inviável pela razão financeira, procuravam as brechas da imprensa adversária, pois os jornais partidários mais destacados corriam riscos de destruição, enquanto os pequenos jornais da causa não eram levados a sério pela opinião pública. Ademais, os membros do Diretório eram defensores das tradições políticas do reinado de D. Pedro II. Reafirmavam os princípios da Constituição de 1824 "que salvaguardou e engrandeceu, durante mais de meio século, ao lado de tantas míseras republiquetas, este imenso todo". Desejavam que esta instituição guiasse o movimento, por garantir o poder moderador e o distanciamento do chefe político das disputas entre campos. D.Pedro II continuava sendo o modelo de governante ideal, que D. Isabel também protagonizava, convenientemente situada do outro lado do Atlântico. A resposta do Diretório expôs sua concepção da política e a proposta de restauração que ainda permanecia viva: adaptar a Constituição de 1824 aos tempos, como ocorrera com o ato adicional de 1834 e a reforma abolicionista de 1888, feitas para atender às "correntes de opinião" legítimas.

Rejeitava também a idéia da federação lançada no manifesto. O Diretório era inflexível a este respeito, não acreditava que a descentralização pudesse ocorrer sem fazer-se acompanhar pela insubmissão das oligarquias independentes, como vinha ocorrendo na República. A autonomia do poder regional deveria existir num sistema que garantisse ao poder central recursos para "coibir abusos e excessos". De fato, desde o último gabinete do Império Ouro Preto rejeitara a proposta de implantação de um sistema federativo, que fora cogitado para salvar o trono.

Enfim, tendo resistido à criação de núcleos monarquistas estaduais na convicção de que seriam "elemento de desarmonia e desconjuntamento no Brasil, ocasionando atritos e divergências a todos nocivos", o Diretório evidenciava o temor de perder o controle da causa em seus rumos teóricos e práticos. Só publicaria o manifesto mediante "ordens peremptórias" da princesa. A ela se dirigia como liderança da causa, mas aceitava obedecer ao filho se houvesse transmissão do comando, por vontade de D. Isabel ou "naturalmente". Temendo um programa político que anunciava a defesa de um governo de força , recusava-se a publicar o documento: "Não queremos, não devemos, assinar a prática do que reputamos um erro, cuja responsabilidade, colaborando nele, já pesa."

Diante da ameaça de ruptura, a princesa retrocedeu em carta de 4 de maio, e embora defendesse o "zelo" do filho, ao escrever o manifesto no qual "não tinha achado inconveniente", acatou a decisão do Diretório, pois alcançara "ver razões que militam para que não seja publicado". Retirou o "desejo de vê-lo conhecido nos termos em que foi formatado". Mas em troca, pedia que lhe enviassem com urgência um substitutivo "pelo qual o Luís possa fazer-se benquisto no Brasil". Juntou a esta missiva uma carta do filho e recomendou claramente: "Seria bom que a expressão do grande interesse que Luís toma pelas coisas do Brasil apareça sem mais tardar agora que ele entrou na vida de casado e de herdeiro do trono da nossa pátria". Para reforçar seus argumentos, acenava com o prestígio do filho, recentemente condecorado com a Grã Cruz da Real Ordem de Carlos III da Espanha, e principalmente a necessidade de corresponder à nova posição de príncipe imperial.

A pressa de D. Isabel era justificada. Conhecia a personalidade de D. Luís, os limites de sua paciência e de fato ele não esperou por nova resposta para publicar o manifesto. Em 25 de abril escrevera ao Diretório justificando-se: diante da falta de proposta alternativa o texto fora divulgado em exemplares impressos enviados aos correligionários nos diversos Estados. Teria acatado os conselhos dos membros do Diretório por serem eles "políticos experimentados", mas não estes não haviam chegado e diante do que considerava urgência de ação contra a situação dominante na República, publicara o programa político que definia sua posição. Dizendo-se pouco conhecido no Brasil, necessitava divulgar seu pensamento, sua personalidade. Por ocasião da viagem ao Brasil, desempenhara a missão que lhe dera a Providência divina, mas logo a seguir fora esquecido pelo noticiário e pelas "massas populares". Ao contrário do pretendido pelos conselheiros, assustados com a intromissão na economia interna da militância, colocava-se diretamente na arena política, sem mediações:

> Um pretendente é um chefe de partido, é um general que comanda um exército em campanha e não um funcionário que preside pacificamente aos destinos duma nação. De sua iniciativa individual dependerá muitas vezes a vitória. Fora uma ou duas exceções, os pretendentes que conseguiram conquistar um trono foram sempre homens de ação que souberam trabalhar por si mesmos. Bem mesquinhos e um tanto ridículos foram os meios empregados por Napoleão III para fazer-se conhecer em França; mas esses meios tornaram um nome popular e prepararam a Restauração do Império.

Assumindo sua condição de militar, pensava ser possível transpor para a política normas aprendidas no exército. A principal delas, a da hierarquia. A segunda, a disciplina e a terceira, primazia da ofensiva sobre a defensiva. Reconhecia o valor da luta levada até então mas lamentava a falta de "direção única que os coordene e aumente assim o seu valor. Essa direção só pode lhe ser dada por quem é o chefe natural do partido: minha mãe ou seu órgão imediato que sou eu, por ela autorizado".

Quanto ao essencial da discordância, D. Luís afirmava a impossibilidade de restauração da ordem que havia sido garantida pela Constituição do Império. A situação federativa era a seu ver irreversível e além de uma questão de princípio, uma questão de estratégia, diante do grande números dos que o abraçavam. Afastar-se dele implicaria perda de adesões à causa. Deveriam ser eliminados os "abusos" da federação, sem prejuízo do princípio para não "melindrar suscetibilidades das províncias que se chamam estados", ensinava pacientemente aos conselheiros. Não queria comprometer a aliança com os paulistas.

Em outro ponto de divergência, a questão dos militares, retrocedeu, reconhecendo que exagerara na promessa de títulos de nobreza e condecorações, mas o fizera seguindo o exemplo da Europa. Sua intenção havia sido garantir às classes armadas que, em caso de restauração, teriam prestígio superior ao desfrutado no tempo do Império. Era uma tentativa de aplainar as dificuldades associadas à questão militar. Não considerava producente esperar resultados das divergências entre os militares, por entender que agem unidos quando se trata de questões de classe. A réplica termina com conciliador pedido de desculpas pelo excesso de franqueza, porém não pela publicação do manifesto, justificando-a com a suposta concordância do Diretório.

O passo seguinte foi a resposta do Diretório, minuta feita por Ouro Preto com data de 31 de maio, na qual a fissura se mantinha e aprofundava. Os conselheiros , tendo "maduramente refletido" sobre o manifesto, sentiam dizer que persistiam "na mesma opinião já manifestada a respeito". D. Luís, amparado em "informações inexatas", queria organizar novo partido monárquico, a partir de suas convicções pessoais, traçar para ele um programa e dirigi-lo. Não conseguiriam demovê-lo, e por isso não oporiam obstáculo, desejavam-lhe sucesso. Descrentes da possibilidade de vitória da restauração, sentiam-se empurrados a uma posição de guardiães da memória do Império e de suas instituições, além, é claro, da fidelidade e lealdade a D. Isabel e sua família. Era o limite de sua atuação no momento. Como o manifesto já não podia ser modificado, iriam aguardar os acontecimentos. Quando a ordem republicana ruísse, viria o momento de fixar novo programa de governo. Inútil fazê-lo antes. Essas eram as condições da luta, que o príncipe parecia desconhecer, diziam.

Mas d.Luis apostava mais. Acreditava faltar uma atualização do programa político dos monarquistas. Enquanto os conselheiros tinham na memória exílios, perseguições, prisões e viam esvair-se o controle da causa, o pretendente insistia na afirmação de comando e procurava agir no âmbito do que sua "patente" autorizava e mesmo solicitava. Em xeque, a fidelidade a D. Isabel e ao Império que tinham vivido. Qualquer mudança nessa tradição soaria falsa aos conselheiros. Logo a seguir, no dia 10 de junho, era rascunhada nova carta a D. Luís.

Inoportuno e inconveniente, disseram os recalcitrantes conselheiros, resistindo às "recomendações" da princesa. Reafirmavam conhecer melhor as condições do país, suas tendências e os que poderiam emitir opiniões relevantes para a política. Teria havido precipitação do príncipe ao enviar o manifesto a "vários indivíduos em S.Paulo", sem esperar manifestação do Diretório, acantonado em suas "convicções inabaláveis" sobre a restauração da monarquia constitucional representativa moderada. Desafiavam o pretendente com a afirmação: o futuro dirá com quem estava a razão. Desejavam-lhe muito sucesso no caminho escolhido, foi a cartada irônica. A ruptura foi bem clara: deixavam o príncipe com a liberdade de organizar um "partido monarquista" – nome extra-oficialmente dado ao agrupamento, pois a Constituição de 1891 interditava a existência de um partido que intentasse contra a forma republicana de governo. A atualização do edifício político do Império em caso de restauração, embora necessária, não deveria estruturar-se pelo federalismo, era sua firme posição.

Com isso foi selada a cisão. D. Luís daí para a frente passou a se apoiar sobretudo em Carlos de Laet, igualmente crítico do Diretório do Rio de Janeiro, e no Diretório paulista, tendo como interlocutores principais Martim Francisco e Amador da Cunha Bueno. Dos conselheiros, apenas João Alfredo manteve-se a seu lado e atuou como apaziguador do conflito, muito embora discordasse parcialmente das suas atitudes. Com ele D. Luís discutiu "certas queixas do Diretório" e procurou uma conciliação após os estragos causados pelo manifesto, em 9 de maio de 1909:

> eu nunca cessei de ter plena confiança nos fiéis amigos que desde tantos anos e com tanta abnegação representam a nossa causa no Brasil. Há certos pontos sobre os quais de vez em quando podemos parecer não estar completamente de acordo; mas podem estar convencidos que meu único fim, em tudo quanto tenho feito, é como o seu, o bem da nossa causa e portanto do Brasil". [Preferia] "deixar por ora correr os acontecimentos, sem intervir pessoalmente, ficando pronto para tudo o que os Srs. julgarem indicado quando o momento da ação se apresentar.

João Alfredo desempenhou importante papel no episódio como intermediário entre o Diretório, D. Isabel e D. Luís. Fez-se porta-voz das resistências do marquês de Paranaguá, de Lafayette e Ouro Preto, entre eles o mais pertinaz na posição refratária às inovações. Preso ao compromisso com os correligionários, João Alfredo fez chegar à princesa seu desconforto por ter que romper a fidelidade e obediência irrestrita em momento crítico:

> Escrevi a v.m.i. – faz agora três meses – que em todas as situações eu participaria de seu sentir e querer; mas infelizmente hoje me cumpre com verdadeira dor d'alma por uma objeção a uma ordem de minha Soberana. O que a isto me violenta é a minha convicção de que assim melhor sirvo à v.m.i. (Minuta de carta s/d).

Desde fins de 1908, segundo o bem informado conselheiro, circulava em São Paulo a novidade de que D. Luís iria lançar um manifesto, "num grupo sôfrego, pouco atinado e ainda menos influente". O procedimento adotado parecia-lhe ter sido o de divulgar o texto para ouvir opiniões. As ponderações de João Alfredo evidenciam ao longo da correspondência a rejeição aos paulistas, que considerava incapazes de ação efetiva, sendo São Paulo "terra de negócios e a menos belicosa que conheço" (Carta a D. Isabel, 12/3/1910). Era portador da desaprovação por uma ala dos monarquistas de um programa político que trazia à memória o reinado de D. Pedro i, vista a "intromissão" do príncipe imperial na condução da causa. Conciliador, João Alfredo transmitia à princesa sua convicção de que D. Luís deveria se manter

> sempre na alta esfera de ação mais tutelar que diretiva, e isenta e irresponsável, em que se sobreleva o Imperador da Constituição brasileira, sem uma palavra ou gesto que pareça política militante ou iniciativa extra-constitucional, ou que se interprete como invasão de poderes, sobretudo o poder constitucional.

O fantasma da abdicação forçada de D. Pedro i pela falta de cumprimento da Constituição e as críticas ao poder moderador de D. Pedro ii foram então lembrados como exemplos a serem evitados. A ojeriza ao poder pessoal que o príncipe parecia inclinado a exercer o levava a condenar o governo absolutista, o militarismo e o modelo prussiano que argutamente detectava latentes no manifesto. Até mesmo o exemplo da autocracia russa foi evocado para dissuadir o pretendente do caminho anunciado.

Embora as objeções possam ser lidas principalmente como resistência do grupo a uma liderança com fortes tendências centralizadoras, num ponto João Alfredo foi lucidamente avaliador do momento. Partindo do princípio de que programas não fariam a restauração, apontava as quatro possibilidades em presença em 1909 para os defensores da causa: um "arranco militar" como fizera Deodoro em 1889; uma revolução; uma reconquista como a que seduzira D. Pedro I em Portugal ou a "autodestruição da República". Escaldado pelos anos de luta, descartava a revolução por ser perniciosa à "gente pobre". A aventura do primeiro imperador sendo igualmente inviável, e indesejável que a restauração se fizesse sobre uma nação destroçada pela República, sobrava o "arranco militar" como a melhor alternativa. Claramente expôs à princesa a existência de um processo "silencioso e confidencial", que, embora imperfeito, era "uma esperança", ou seja, estava apostando na chegada de Hermes da Fonseca ao poder. Nisso não discordava de D. Luís.

Enquanto João Alfredo exercia seu papel de conselheiro, D. Isabel dizia atuar junto ao filho para sofrear-lhe os ímpetos. A correspondência deste com o Diretório teria sido por ela examinada com esse intuito: "Achei-a um tanto frisante e tendo-o corrigido, mitigado seu fogo, enviei-a de novo para que lhe escrevesse outra", para que Ouro Preto não se sentisse "menoscabado". Aliás, o supremo chefe do Diretório ameaçara retirar-se da direção política do grupo por sentir-se "exautorado", como lhe informou João Alfredo.

Sob a tutela protetora e conciliadora de sua mãe, encaminhavam-se os passos do pretendente no cipoal da trama política de sabor palaciano. De João Alfredo foi solicitado que se empenhasse em "obter de seus colegas alguma coisa que acalme o Luís, e ao mesmo tempo não o deixe cair em desânimo. Ele está cheio de boa vontade para trabalhar por nossa causa" (Carta de D. Isabel a João Alfredo, 4 /5/1909). Se alguma dúvida pudesse persistir sobre qual dos filhos a princesa reconhecia como seu herdeiro político, essa correspondência a eliminou completamente.

A João Alfredo a intenção não passou despercebida. Com perspicácia e sutileza respondeu à questão de fundo: D. Luís seria o herdeiro do trono restaurado, por ser esta a vontade de D. Isabel. A controvérsia sobre a renúncia de D. Pedro encaminhava-se para o acatamento de uma situação dada como irreversível.

A espada ao meu lado

DAÍ EM DIANTE, ENTRE 1909 E 1910, o foco da luta centrou-se na campanha de sucessão do presidente Afonso Pena e nela a posição assumida por D. Luís foi bastante pragmática. Em agosto de 1909, escrevia a Cunha Bueno posicionando-se sobre a candidatura Hermes da Fonseca, oficializada em maio. Tanto o manifesto publicado em janeiro como sua atuação indicavam novo arranjo político.

D. Luís buscava novos caminhos. Era, dizia, o momento de os correligionários entrarem na peleja "com todas as armas de que dispomos", pois acreditava vir o marechal Hermes "em boa hora facilitar-nos essa entrada, dividindo nossos adversários em dois partidos de força mais ou menos igual." Nisso não estava só. Contava com o apoio de Carlos de Laet e João Alfredo. Mas guardava prudentemente distância de um comprometimento assumido pelo "partido organizado", antes propunha

> aguardar os acontecimentos numa expectativa simpática à candidatura Hermes; pois sustentá-la oficialmente seria quase que reconhecer o regime vigente. Não sou partidário da política: Quanto pior melhor! Como muito bem disse Carlos de Laet num dos seus artigos, não devemos desejar o naufrágio da nave para tomar conta dela. (Carta de D. Luís a Cunha Bueno, Eu, 8/08/1909).

A perspectiva de um governo militar lhe agradava por atender ao seu ideal de um

> governo honesto e forte que considere as questões por um prisma administrativo e não político; além de tudo um governo assim compreendido é o que mais se aproxima do regime monárquico apesar de não ter suas vantagens. Nesse sentido parece-me que por hora a candidatura Hermes é a que nos oferece as maiores garantias. O Marechal é um homem enérgico e honesto; a política ainda não conseguiu gastá-lo. Ainda quando seu governo só tivesse por resultado permitir-nos externar livremente suas idéias, isso já seria uma razão para votarmos no seu nome. Não vislumbro outro homem que, dadas as circunstâncias atuais, aproxime-se mais dos nossos ideais ... f ora talvez ... Rio Branco ... e o Conselheiro Antonio Prado.

Como ressalta José Murilo de Carvalho, é preciso nuançar o militarismo presente na candidatura do marechal. Para este autor, não se tratou de uma intervenção militar na política nacional mas de fato, consistiu no "envolvimento de militares, principalmente nas salvações estaduais, e pelo fato de um militar ter sido, pela primeira vez, levado em eleições nacionais à presidência".[7] A dimensão da virada adquire relevo se entendida no bojo do jogo político dos grandes Estados e em especial pela impossibilidade de conciliação entre São Paulo e Minas Gerais na sucessão de Afonso Pena. Nesse contexto, a

---

7 CARVALHO, José Murilo de. "Forças Armadas na Primeira República: o poder desestabilizador". In: FAUSTO, Boris (dir.). *O Brasil Republicano – sociedade e instituições* (1889-1930). Rio de Janeiro: DIFEL, 1977, p. 218.

candidatura militar surgiu entre as lideranças civis do Rio Grande do Sul em composição com o Exército, sob a batuta de Pinheiro Machado. Pessoalmente avesso a uma intervenção militar na política, o marechal aceitou entrar no jogo político dos Estados em momento de debilidade da política dos governadores. A dimensão do Brasil armado não comportava ascensão do militarismo na política, a que ele se opunha.[8]

A identificação de D. Luís com Hermes da Fonseca fica patente no *Manifesto de Cannes* e não se tratava de mera retórica. Como ministro da Guerra (1906-1909) o marechal atuara convicto da necessidade de exército com um corpo de oficiais profissionalmente treinados, encarregados da educação de soldados e da incorporação dos jovens no serviço militar obrigatório. Eram medidas que encontravam ressonância em D. Luís, recém saído do exército e sobretudo interessado em estabelecer pontos de contato com o candidato. O fato de o paradigma da organização militar pretendida ser localizado na Alemanha constituía outro elemento de afinidade.Tratava-se de um jogo complexo pois, enquanto o ministro se aproximava do exército alemão, o governo do Estado de São Paulo colocava a Força Pública em interação com a França. Em todas as ocasiões, persistia a meta da modernização do país na expectativa de que o Exército se tornaria sua força propulsora.

O fracasso da política dos governadores unia as oligarquias dissidentes, especialmente Rio Grande do Sul e Minas Gerais, em torno de um candidato que recolocava os militares na política. Além dessa dimensão saneadora da política republicana, que deu seus frutos com as "salvações" levadas a cabo nos Estados por militares, e que agradava aos monarquistas interessados em obter o reconhecimento da fraqueza do regime. Hermes acabou por adotar também uma política atenta ao movimento operário, ao ser o primeiro candidato a mencionar os operários em sua plataforma. O jornal *O Operário*, anticlerical e reformista, vinculado ao Partido Republicano do Distrito Federal, apoiou explicitamente sua candidatura, que, de modo inédito na história política da República, dirigia-se aos trabalhadores urbanos.

D. Luís adotou a estratégia de manter o apoio pessoal a Hermes acreditando que a divulgação de suas simpatias pudesse ser útil à causa:

> Vamos assim batendo em brecha a conspiração do silêncio pela qual ainda há pouco os republicanos acolhiam qualquer manifestação monarquista e mostramos aos nossos adversários que eles deverão dora em diante contar conosco no terreno político que até agora lhes pertencia exclusivamente.

---

8 MCCANN, Frank D. *Soldados da Pátria*. São Paulo: Companhia das Letras, 2007.

Era preciso marcar posição para um dia "pleitear e vencer eleições" (Carta a Cunha Bueno, Villa Marie Thérèse, Cannes, 21/12/ 1909). O apoio era partilhado com outros monarquistas de relevo. João Alfredo logo de início fora simpático a essa candidatura. Em entrevista reconheceu qualidades administrativas em Hermes da Fonseca e considerou que a "profissão das armas" não constituía "impedimento nem motivo de suspeição" para sua candidatura. Poderia vir a fazer bom governo. Ainda assim, a cautela recomendava que os monarquistas não tomassem parte ostensiva no pleito eleitoral. Deveriam dar "apoio discreto", mais pessoal que partidário ao candidato militar, pois a manifestação de "simpatia pessoal" em lugar do voto de partido evitaria o dissenso. A lógica dessa aliança estava na frase lapidar: "das classes armadas nos veio o mal e nos pode vir o bem, expedita e incruentamente", justificava-se João Alfredo à princesa. Em entrevista à imprensa divulgou sua posição pessoal de apoio moderado, a mesma posição que pragmaticamente aconselhava aos correligionários, acreditanto que a causa poderia pairar acima das disputas entre civilistas, reunidos em torno da candidatura de Rui Barbosa, e os identificados com a candidatura do marechal.

Após as eleições, enquanto esperava a posse, o presidente eleito fez uma viagem à Europa passando por Portugal, França e Bélgica. Na França, foi alvo de inúmeras homenagens e recepções. Participou das comemorações do 14 de julho em Paris, ao lado do rei Alberto da Bélgica, primo de D. Luís, além de uma festa na Sorbonne. Houve até mesmo, conforme segredou D. Isabel a João Alfredo, um "encontro fortuito, o aperto de mão e as palavras" entre D. Luís e Hermes. Aconteceu na Bélgica em 1910, provavelmente em junho, no pavilhão brasileiro da Exposição de Bruxelas, onde o presidente eleito foi homenageado. O contato breve selou o compromisso.

Prevalecia em D. Luís a certeza de que "O programa do Marechal não é senão uma cópia republicanizada do nosso programa de 1909. Há por conseguinte muitos pontos nos quais os nossos amigos poderão, sem abandonar os seus ideais, colaborar na obra do governo".[9]

9 Carta de D. Luís a Cunha Bueno, Cannes, 13 /3/1910.

PARTE 9

Jornadas audaciosas

Os frutos da aliança: restauração da memória

COM A VITÓRIA DE SEU CANDIDATO À PRESIDÊNCIA DA REPÚBLICA, os monarquistas puderam colher alguns frutos da participação no jogo eleitoral. Os resultados de um pleito extremamente conturbado, ao qual não faltaram acusações de fraude, evidenciavam a divisão dos republicanos, e, entre eles, parecia possível aos restauradores criar um espaço político próprio. A compatibilidade entre pontos do programa de Hermes da Fonseca e do Manifesto de Cannes legitimava ocuparem cargos no novo governo.

O apoio foi retribuído pelo novo presidente. A primeira ação empreendida nesse sentido foi a instalação de uma estátua a D. Pedro II em Petrópolis, seguida de nova tentativa de obter o traslado dos seus despojos, antiga aspiração da família imperial exilada. O contexto era favorável à pressão. A proclamação da República em Portugal em 4 de outubro de 1910, durante a visita de Hermes a esse país, levantava o temor de vandalismos de inspiração jacobina a colocarem em risco a integridade do mausoléu de São Vicente de Fora. O exemplo dos ataques iconoclastas na basílica de Saint-Denis, repositório dos despojos dos reis da França, ocorridos durante a Revolução Francesa, foi também lembrado.

Desde 1905, o projeto era conduzido pela Sociedade de Reverência à Memória de d.Pedro II, sob a presidência de Ouro Preto, mas havia dificuldade em angariar fundos para remunerar o trabalho do escultor parisiense Magrou, e assim, durante vários anos, o plano não avançou. Afinal, em 1910, após festas beneficentes e listas de subscrições, o monumento foi concluído na França e inaugurado no Brasil em 5 de fevereiro de 1911. O relato de João Alfredo sobre os preparativos é emblemático, pois misturado à multidão, ouviu os que reverenciavam o "saudoso monarca" como "pai dos pobres", em lembrança de suas ações de caridade. Relatou também os bastidores do evento, inclusive a visita prévia recebida do barão do Rio Branco, que lhe segredou o plano em andamento para obter participação do governo com honras militares, prestadas por um batalhão do Exército. De fato, o ministro foi bem sucedido pois à solenidade, além dele, compareceram o presidente da República, os ministros da Guerra (Dantas Barreto), da Marinha (Marques Leão) e da Justiça (Rivadávia Correia); o presidente do Estado do Rio de Janeiro (Sebastião de Lacerda), o presidente da Câmara Municipal de Petrópolis (coronel João Werneck), membros do corpo diplomático, políticos do velho e do novo regime.[1] O momento era de conciliação entre vencedores e vencidos na luta pela implantação do regime, a partilhar lembranças de alto significado num ritual cívico. Esse era o tom no momento da inauguração da estátua. Passava-se de uma política de confronto, silêncio e esquecimento para a atividade memorialística reparadora, numa versão aceitável por monarquistas e republicanos, que publicamente reconheciam na ritualização da morte de D. Pedro II suas qualidades de governante.

O relato do evento por Afonso Celso colocou em evidência a participação de Hermes da Fonseca, que teria agido com "independência de preconceitos partidários" para fazer justiça. A conciliação era visível no ato solene:

> causou sem dúvida impressão o ver-se um sobrinho do Marechal Deodoro da Fonseca, o derribador de D. Pedro II, descerrando o véu que encobria o monumento erguido à glória deste, e fazendo-o ao lado de um filho do Visconde de Ouro Preto, um dos depostos e banidos pela revolução de 15 de novembro.[2]

D. Luís a tudo assistia de longe, pois essa era uma ação desenvolvida pelo Diretório com o beneplácito de D. Isabel e nela se apoiava como legítima guardiã da memória do Império. Em sua correspondência com Amador Bueno, o jogo político do qual aparentemente fora excluído após as eleições motivava reflexões ambivalentes sobre o que entendia ser um "ato de justiça histórica" de repercussão imprevisível:

> Não sei exatamente qual foi o intuito do Marechal Hermes prestigiando como o fez a solenidade. Ao ponto de vista republicano foi, creio, um grande erro. Não se faz impunemente surgir do passado um vulto representando todas as glórias dum regime decaído quando o atual nada representa que se lhes possa equiparar. O governo do meu bisavô, o rei Luís Felipe cometeu semelhante erro quando fez transladar de Santa Helena ao Panteon as cinzas do grande Napoleão. Foi a origem do segundo império. Pelo que me escreve o Guimarães foi essa a idéia que logo se apresentou ao espírito de vários membros do corpo diplomático, convidados a presenciar a cerimônia em Petrópolis. Convém agora que não deixemos resfriar o entusiasmo popular... nem sobretudo, como muito bem diz, o das classes armadas. (Carta de D. Luís a Amador Bueno, Villa Marie Thérèse, Cannes, 8 /3/1911).

1 *Jornal do Comércio*, 6 de fevereiro de 1911.

2 CELSO, Afonso. *O Imperador no exílio*. Rio de Janeiro: Francisco Alves, s/d, p. 173.

O ato evidenciava o desenrolar de uma nova fase de relacionamento entre monarquistas e militares. A memória ressentida dos eventos do final do Império cedia lugar à pragmática arte de esquecer, tão útil na política.

Foi o que aconteceu com João Alfredo, surpreendido logo após a inauguração da estátua, em 25 de março de 1911, com o convite de Hermes da Fonseca para ocupar a presidência do Banco do Brasil. Apoiado pelo Diretório, aceitou o cargo, compatível com a diretriz que vinha sendo desenvolvida de aproximação do governo "quando possível, digno e útil". Ouro Preto, também encantado com a atuação do novo presidente da República, apoiava sua política "saneadora". Durante as tratativas para o traslado dos despojos, o conselheiro Lafayette indicava o caminho: "Não afugentemos as boas intenções do Hermes". A João Alfredo, ademais, a justificativa para aceitar o cargo estava no fato de ter percebido no chamado "um grito de socorro" para que colaborasse, colocando ordem "nos negócios anarquizados". Em boa política, preferiu aceder: "eu não quis a responsabilidade de fechar a porta dos homens do Império a quem na República mostra querer deveras o bem da pátria". À princesa relatou o imediato benefício de sua nova posição, o reconhecimento da credibilidade do antigo regime. Afinal rendera-se após recusar outros convites, como o de Floriano Peixoto, que lhe oferecera no tempo de seu mandato a legação do Brasil em Londres. Defensor entusiasmado da aproximação com o governo da República naquele momento, João Alfredo assegurou a D. Isabel que ao nomeá-lo o presidente homenageava o passado imperial, "procurando chamar a si os que se mantinham fiéis ao trono, sem lhes exigir que renegassem suas convicções".

Não escapou às críticas dos intransigentes que viam nesse movimento surpreendente a tão execrada adesão. Afonso Celso foi à imprensa censurar o correligionário em nome da pureza dos princípios. De D. Isabel recebeu aprovação cautelosa e a advertência de que deveria estar atento para não violentar as convicções monárquicas. Até 26 de novembro de 1914 exerceu o cargo, apoiado também pelo conde d'Eu, mantendo-se na esfera do poder republicano. Em sua nova posição de interlocutor do Presidente, atuou diretamente nas negociações sobre a memória do Império na tentativa de alocá-la em lugares de consagração. Depois da estátua, a sequência projetada incluía o traslado e o panteão para finalmente alcançar a revogação do banimento. Um monumento estava sendo cogitado para receber os despojos na torre da Capela Imperial no Rio de Janeiro, onde se realizaram casamentos e batizados da família.

Durante esse processo de satelisação do movimento monarquista em torno do marechal Hermes, orquestrado por João Alfredo, por seu lado D. Luís agia entre os militares por meio de Cândido Guimarães. Havia encarregado o amigo em agosto de

1910 de remeter em seu nome, à Liga Naval Brasileira, um conto de reis para aparelhamento da frota e de organizar uma subscrição para favorecer a iniciativa da entidade, "mostrando ao mesmo tempo que o Partido Monarquista se interessa por tudo o que pode contribuir ao desenvolvimento das nossas forças terrestres e marítimas." Aconselhava o "esquecimento das rivalidades passadas."

O apoio dado pelos monarquistas a Hermes acabou não resultando no traslado. Era possível aos republicanos administrar a morte do imperador re-significada numa representação que tomou o lugar do indivíduo real, nostalgicamente lembrado, porém ,se a estátua era considerada inofensiva, os despojos, não. Aos dirigentes da República não escapara o alto valor simbólico e mobilizador de tal medida e seu desdobramento, o retorno da família exilada.

Em 1911, a questão foi retomada com a esperança de que a aliança eleitoral rendesse resultados concretos e para João Alfredo sinalizava o caminho para o pagamento da "dívida nacional". Era questão de honra, dizia, e esperava que Hermes da Fonseca não faltasse à promessa de reunir todos os jazigos da família imperial num único mausoléu,[3] porém, faltava a aprovação do Congresso.

Em 29 de julho de 1911 o deputado Lindolfo Câmara apresentou à Câmara o projeto de n. 92, que propunha obter ao mesmo tempo a autorização do traslado a revogação do banimento:

> Art. 1.o - O Presidente da República fará trasladar para o Brasil os restos mortais do ex-Imperador D.Pedro II e da ex-Imperatriz D.Teresa Cristina e manda erigir em qualquer dos cemitérios públicos desta Capital, um mausoléu que recolha condignamente os corpos dos mesmos ex-imperantes.
>
> Art. 2.o - Para esse fim é o Governo autorizado a abrir os necessários créditos.
>
> Art. 3.o - Fica revogado, para todos os efeitos, o decreto do Governo Provisório n. 78-A, de 21 de setembro de 1889, que baniu do território nacional a Família Imperial.

Contatos com o contra-almirante José Carlos de Carvalho, deputado pelo Rio Grande do Sul, visaram facilitar a discussão, mas em vão e afinal o projeto foi rejeitado, em meio a grande manifestação jacobina.[4]

---

3 Refiro-me especificamente aos despojos de D. Pedro I, falecido em Portugal e sepultado no Panteão dos Bragança, em Lisboa; d.Leopoldina, sua primeira esposa, falecida no Rio de Janeiro e enterrada no convento da Ajuda; d.Amélia, sua segunda esposa, falecida em Lisboa.Hoje estão depositados no mausoléu imperial do Monumento do Ipiranga, em São Paulo.

4 Carta de D. Luís a Martim Francisco, Boulogne-sur-Seine, 19/5/1911.

Enquanto isso, com nova crise de "febres palustres", D. Luís estivera em cura de água em Bourboule e ali estabeleceu contatos com brasileiros: Caio, Luís e Antonio Prado, Pacheco e Silva, o conde Álvares Penteado. Em Montreux, na casa dos sogros, encontrou Carlos Delgado de Carvalho, que mandara imprimir quinze mil cartões postais com o retrato de D. Pedro II e cinco mil com o do pretendente, para distribuição no Brasil. A perspectiva de grandes mudanças gerava entusiasmo e o 7 de setembro foi comemorado na França.

Foi porém de curta duração esse arrebatamento e diante do fracasso do projeto de Lindolfo Câmara, fez-se nova tentativa. Em 20 de julho de 1912 o deputado carioca Maurício de Lacerda, que exerceu o cargo de oficial de gabinete de Hermes da Fonseca entre 1910 e 1912 e atuava politicamente junto às organizações operárias da capital, apresentou ao congresso este novo projeto:

> Art. 1.o - O Governo repatriará os restos mortais de Pedro de Bragança (ex-imperador do Brasil) a bordo de um navio da esquadra nacional.
>
> Art. 2.o - O corpo do ex-imperador será, a expensas do Governo da República, depositado em um dos cemitérios da Capital Federal, sendo-lhe, no ato da transladação, prestadas as honras de Chefe de Estado.
>
> Art. 3.o - Fica o Governo autorizado a abrir os necessários créditos.
>
> Art. 4.o - Revogam-se as disposições em contrário.

Com ele, assinavam dezessete deputados: Rego Monteiro, Rafael Pinheiro, Cunha Vasconcelos, Joaquim Pires, Sales Filho, Souza e Silva, Flores da Cunha, Raul Alves, Otávio Mangabeira, Dias de Barros, Dionísio de Cerqueira, J.Augusto do Amaral, Floriano de Brito, Manoel Reis, Torquato Moreira, Mário Hermes e Felinto Sampaio. O projeto, como os anteriores, apoiava-se na argumentação de estar o regime consolidado, mas sua leitura no plenário suscitou acalorada discussão sobre a periculosidade do retorno dos despojos. A estratégia de Maurício de Lacerda foi dissociar os dois temas, visando talvez facilitar ao menos a aprovação do traslado. Surpreendentemente propôs no mesmo dia um segundo projeto:

> Art. 1.o. Fica revogado o decreto do Governo Provisório da República que baniu a ex-família imperial do Brasil, sem prejuízo, contudo, dos direitos, deveres ou obrigações pela mesma contraídos, em virtude de disposições expressas de direito comum público ou privado.
>
> Art. 2.o. O repatriamento da família de Bragança importará na sua completa renúncia a quaisquer pretensões dinásticas em todo o território nacional.

Este novo projeto trazia as assinaturas de Rafael Pinheiro, Cunha Vasconcelos, Otávio Mangabeira, Dias de Barros, Floriano Brito, Mário Hermes, Torquato Moreira e Felinto Sampaio. É sua notável a vinculação a Hermes da Fonseca pela presença, entre os signatários de seu filho, o capitão Mário Hermes, líder da bancada da Bahia, além de Otávio Mangabeira, representante do mesmo Estado e igualmente do grupo de apoio ao presidente da República. Seus termos sugerem tentativa de contemporização com os irredutíveis opositores à revogação do banimento para obter o retorno dos príncipes, que diziam ter perdido a nacionalidade brasileira, "uma vez alistados em exército estrangeiro."

A estratégia parlamentar de minimizar a atuação política de D. Luís foi derrotada não apenas pela oposição no Congresso, mas também pelo próprio pretendente. Pronunciou-se sobre a questão em 1 de setembro de 1912 a Vicente de Ouro Preto, numa carta logo impressa e divulgada, onde barrou a cláusula que subordinava a revogação do banimento à renúncia "por parte dos membros de nossa Família, que dela se prevalecerem, de seus direitos presentes ou futuros ao trono do Brasil". Em sua carta-manifesto reafirmou a disponibilidade dos Orléans e Bragança perante a nação, caso fossem chamados a debelar alguma crise. Ao recusar-se a renunciar aos direitos ao trono eventualmente restaurado, mantinha-se em posição de reserva moral: "O exílio é duro; ao exílio, porém, e mesmo a um exílio perpétuo nos resignaremos, de preferência a aceitar o pensamento de atraiçoar o nosso dever, a nossa Pátria!"

Justificou sua posição dinástica autorizada pela história que o colocara em situação de pretendente: "O nosso dever, dever que resulta da própria história brasileira, que justificou, justifica e justificará o que a República mesma não hesita em qualificar de, *direitos*, havemos de cumpri-lo, sem fraqueza, quaisquer que sejam as consequências do nosso modo de agir".

Mas foi além e pela primeira vez manifestou-se claramente na mesma direção que havia sido a de D. Pedro II e D. Isabel. Recusava-se a "pescar uma coroa em águas turvas", decorrentes de uma guerra civil, mesmo não renunciando a suas pretensões, fundadas no "atavismo" e na sociologia contemporânea. O papel que reivindicava para si, inspirado no bisavô brasileiro, seria o de um "defensor perpétuo" da nação conforme desígnios da Providência, oferecendo a garantia de que não iria fomentar rebeliões, para com isso retirar obstáculos ao retorno dos exilados.

Contrário aos projetos atuou o deputado Pinheiro Machado, presidente da Câmara e do Partido Republicano Conservador. Diante da ameaça de derrota, os deputados Irineu Machado e Martim Francisco apresentaram em 19 de dezembro de 1912 em emenda substitutiva proposta, em caráter de urgência, do traslado dos despojos de

D. Pedro II e d.Teresa Cristina pelo primeiro navio de guerra nacional que alcançasse o porto de Lisboa. A operação seria custeada pelo governo da República. Mesmo com a intervenção favorável do deputado João Severiano da Fonseca Hermes, que além de irmão do presidente era líder da Câmara, o projeto naufragou.

Segundo João Alfredo, a movimentação feita em torno das declarações de Oliveira Lima em favor da monarquia, que se verá adiante, pesara negativamente ao levantar celeuma em torno da causa. O episódio foi interpretado pelo conselheiro como negativo, pois as declarações de Oliveira Lima teriam agitado a opinião pública. "Eu tinha aconselhado expectativa pacífica do ato com que o governo queria dar satisfação ao sentimento nacional. Em paz, provocaríamos de seguida o complemento das devidas glorificações para o qual contribuiria todo o Brasil". Visto por este ângulo, o silêncio inicial de D. Luís pode ser interpretado como parte da estratégia de evitar atos impetuosos que colocassem em risco a tramitação do projeto. Mas a publicação de sua carta endereçada a Vicente de Ouro Preto e a agitação em torno de Oliveira Lima em dezembro de 1912 indicam as dificuldades do movimento monarquista e mesmo a manipulação de que foi alvo em momento conturbado da política nacional, quando as batalhas entre civilismo e militarismo abriram divisões profundas.

Um paladino da monarquia, Oliveira Lima

Durante o período de 1903-1904, estava em andamento uma redefinição das convicções políticas do historiador e diplomata Manoel de Oliveira Lima (1857-1928) no sentido de reavaliar a forma de governo monárquica, opção que o marcou a partir daí como especialista em história do Brasil Império.[5] Essa foi a temática de seu livro *D. João VI no Brasil*,[6] obra de revisão historiográfica da análise que consagrara a transferência da Corte portuguesa para o Brasil como fuga do príncipe regente e abandono da nação portuguesa às tropas napoleônicas. A essa visão pessimista da saída atabalhoada da Corte diante do avanço dos soldados de Bonaparte, que expressava na época o ponto de vista português sobre a questão, contrapôs a interpretação de que ocorrera opção

5 *O movimento da Independência*. São Paulo: Melhoramentos, 1922; *dom Pedro e dom Miguel*: a querela da sucessão, 1826-1828. São Paulo: Melhoramentos, 1925; *O Império Brasileiro*: 1822-1889. São Paulo: Melhoramentos, 1927; *D. Miguel no trono*: 1828-1833. Coimbra: Imprensa da Universidade, 1933.

6 LIMA, Oliveira. *D. João VI no Brasil*. Rio de Janeiro: Tip. do *Jornal do Comércio*, 1908.

diplomática ponderada. Ao apresentar a figura desse rei como personagem-símbolo da unidade nacional e da continuidade ao mundo luso-brasileiro, a obra contribuía para solidificar a interpretação monarquista da História do Brasil.

A publicação de *D. João VI no Brasil* em 1908, ano seguinte ao da visita de D. Luís ao Rio de Janeiro, fez parte da estratégia de propaganda monárquica desenvolvida no Instituto Histórico e Geográfico Brasileiro, que, em comemoração ao centenário da vinda da Corte, instituíra em 1903 um concurso para premiar uma monografia sobre o monarca. Vencedor do certame, Oliveira Lima passou a manifestar mais explicitamente adesão ao que denominava monarquismo teórico, impulsionado pelo contato estabelecido com D. Luís em 1910. O Brasil monárquico foi por ele interpretado como modelo de paz, ordem e prosperidade diante da caótica América Hispânica, onde a ausência de reis constituíra empecilho à união nacional. Endossando as críticas dos monarquistas à falta de liberdade de imprensa na República, ressaltava em contraponto a postura liberal e tolerante de D. Pedro II. Respondendo aos críticos do poder moderador que forneciam aos republicanos seu principal argumento na análise da política imperial, procurava evidenciar que o monarca utilizara com parcimônia o direito que lhe garantiam a Constituição do Império e o Ato Adicional.

Retomou o discurso monarquista que, desde o início da República, construíra desse período um paradigma e com ele legitimara práticas políticas restauradoras. Tal interpretação coincidente com alguns posicionamentos do campo republicano crítico da República liberal-oligárquica, que recorria ao passado para melhor explicitar suas divergências em relação ao regime vigente desde 1889. Oliveira Lima tornou-se um dos representantes dessa historiografia ao pensar em uma alternativa para os problemas decorrentes do federalismo e do domínio oligárquico. Alcançara tal conclusão pelo temor de que o caudilhismo das repúblicas hispano-americanas viesse a se instalar no Brasil.

Seu primeiro contato com o príncipe data de 1910, no pavilhão brasileiro da Exposição de Bruxelas, onde ocupava o cargo de ministro plenipotenciário do Brasil. O encontro tanto o sensibilizou que logo em seguida escreveu um artigo sobre a família imperial, manifestando-se contra o exílio como "iniqüidade histórica" e defendendo o traslado dos imperadores falecidos. Lançou-se também em defesa da revogação do banimento do príncipe exilado:

> Derivou-se mesmo para meu espírito uma impressão de melancolia, que acentuava a personalidade simpática de D. Luís, príncipe sem pretensão e entretanto dotado de nobreza, que as distrações da Europa, as grandes viagens ao Transvaal, ao Turquestão

> chinês e à Bolívia, e os prazeres das cortes parentes não fizeram olvidar, menos ainda desprezar, o país maravilhoso que seu bisavô proclamou livre, que seu avô amou como nenhum outro brasileiro o amou melhor, pelo qual seu pai expôs a vida nos campos de batalha e que serviu na paz com dignidade e zelo incomparáveis, e que sua mãe alforriou de uma infâmia secular.[7]

O artigo publicado em *Le Brésil* e depois em *O Estado de São Paulo* procurava convencer seus leitores da ausência de periculosidade do traslado: "A República não se mostrará todavia realmente forte senão no dia em que puder mostrar-se magnânima, em que for possível, sem perigo público e sem abalo político, a revogação de um decreto de proscrição incompatível com as franquias existentes".

Oliveira Lima apresentava a revogação do banimento como ato simbólico e inofensivo. Em sua argumentação apaziguadora, afirmava que a Monarquia não se defendera em 1889 e perecera sem luta. Quanto ao príncipe, asseverava ser incapaz de provocar uma guerra fratricida para tentar recuperar o trono: "Uma coroa apanhada no sangue queimaria a fronte do neto do grande soberano". Repetia os argumentos utilizados por D. Luís em 24 de agosto de 1910, quando escreveu ao historiador expondo a situação da causa e os caminhos para a ação:

> Sempre defenderei a causa da Monarquia tradicional no Brasil, por julgar essa forma de governo a que melhor se adapta à mentalidade latina em geral e à do nosso País em particular; mas o que também é certo é que nunca procurarei impor as minhas opiniões pela violência. Como o Sr. muito bem sei, a Restauração, se se fizer, só poderá ser o resultado duma manifestação livre e indiscutível da vontade nacional. Essa manifestação espero obtê-la um dia por uma propaganda franca e leal, como a pode fazer num país livre qualquer chefe de partido; mas nunca permitirei que ela tome a forma desastrada da guerra civil, o mais contraproducente dos meios de propaganda. Acrescento que nem mesmo sou partidário, como alguns monarquistas, da política: Quanto pior, melhor! A Restauração, para poder tornar-se prolífica, não deverá erguer-se sobre as ruínas do País. [....]. Foi essa a razão da minha intervenção na recente questão das candidaturas presidenciais. Os meus amigos, estou convencido, hão de sustentar o governo do Marechal Hermes, contanto que ele siga fielmente o seu programa atual, programa que muito se parece, como verá pelo folheto que lhe mando, com o da carta-manifesto que há dois anos dirigi aos Chefes do partido Monarquista.

---

7 LIMA, Oliveira. Um príncipe brasileiro no Pavilhão do Brasil em Bruxelas. *O Estado de São Paulo*, 9 de setembro de 1910.

A carta foi publicada por Oliveira Lima no jornal *O Estado de São Paulo*,[8] onde era colaborador. Trocas intelectuais consolidaram a aproximação política mediante a oferta de obras escritas por ambos. D. Luís preservava o espaço de interlocução e procurava contornar as divergências sobre o presidente recém-empossado, ao assinalar as expectativas da aliança eleitoral: "O marechal Hermes fará, estou certo, tudo o que estiver em seu poder. Infelizmente o nosso Congresso que não brilha pela independência das convicções dos seus membros, não me inspira a mesma confiança".[9]

Notório civilista, Oliveira Lima não se pautava exatamente pela coerência de atitudes, e suas verdadeiras intenções ao tomar posição a favor de D. Luís são obscuras, tanto que chegou a expressar-se desiludido com o apoio dos monarquistas à candidatura Hermes. Mas, mesmo assim, continuou a divulgar suas convicções acerca das vantagens da monarquia. Em fevereiro de 1911, poucos meses após a posse do novo presidente, D. Luís escreveu-lhe agradecendo sua contribuição na propaganda e aparando arestas, dizia-se desiludido com a atuação do novo presidente.

Os caminhos da política revelaram-se complexos, uma teia de interesses cruzados a envolver campanhas de grande repercussão nacional. Tomar partido significava realizar escolhas nem sempre coerentes ou de fácil compreensão. Quanto a Oliveira Lima, inegavelmente seduzido pelos contatos com o príncipe, o entusiasmo pela causa persistia. O quadro relativamente tranqüilo do cultivo das simpatias monarquistas seria radicalmente alterado ao final da viagem ao Brasil em dezembro de 1912, pois logo ao chegar ao Rio de Janeiro concedeu a célebre entrevista ao jornal *Gazeta de Notícias*, "declarando-se monarquista".[10] A entrevista teve repercussão bombástica e levou Oliveira Lima a logo em seguida pronunciar-se para amenizar suas declarações, mas colocou-se em situação ainda pior.[11]

A celeuma mantida pela imprensa não pode ser compreendida fora do contexto do civilismo e do movimento em torno da segunda candidatura de Rui Barbosa à presidência da República. O diplomata retornara ao Brasil comprometido com a nova campanha de Rui Barbosa. Esse foi o motivo da exploração do episódio pela imprensa, em especial as acusações de ser ele um mensageiro de D. Luís. Transformou-se num "caso" que culminou com a recusa do Senado, orquestrado pelo seu vice-presidente

8 *O Estado de São Paulo*, 22 de setembro de 1910.

9 Carta de D. Luís a Oliveira Lima, Eu, 1/11/1910.

10 Dr. Oliveira Lima. *Gazeta de Notícias*, Rio de Janeiro, 10 de dezembro de 1912; *Diário Popular*, 11 de dezembro de 1912 e *Correio do Norte*, 11 de dezembro de 1912.

11 *O Imparcial*, 12 de dezembro de 1912.

Pinheiro Machado, em aprovar sua indicação para o posto na legação de Londres, feita pelo ministro das Relações Exteriores Lauro Müller. Diante do grande escândalo, o senador gaúcho ainda sugeriu a Oliveira Lima retratação pública, mas ele se recusou a tanto; preferiu solicitar a aposentadoria do serviço diplomático.

Monarquia e República

Entre 1912 e 1913 D. Luís escreveu *Sob o Cruzeiro do Sul* e o *Manifesto de Montreux*, seus mais importantes textos políticos, numa última tentativa de impulsionar a causa da restauração. O relato da viagem ao Brasil, publicado inicialmente em francês e logo traduzido para o português, constitui um marco pelo conteúdo memorialístico e historiográfico da queda da Monarquia.[12] *Sob o Cruzeiro do Sul* traz reminiscências da infância no tempo do Império mescladas aos acontecimentos que culminaram com o exílio, construídos a partir da memória familial. Este balanço da queda do Império constitui sua mais elaborada interpretação do episódio e revela batalhas pela memória da transição do Império para a República.

Antes dele, seus pais haviam iniciado um trabalho memorialístico sobre o acontecimento. Em cartas a amigos, o conde d'Eu procurou explicar a deposição de D. Pedro II e o banimento da família, em testemunho direcionado para justificar sua postura. No extravasar de mágoas, tentou "demonstrar os serviços prestados [...] ao Brasil", em resposta às críticas recebidas por sua atuação como príncipe consorte.[13]

Por sua vez, D. Isabel teve o cuidado de redigir durante a viagem rumo ao exílio notas de suas impressões, de grande conteúdo emocional, posteriormente completadas no período da residência em Cannes e organizadas num texto que se tornou conhecido como *Memória para meus filhos*.[14] Em seu relato a República surge como um golpe inesperado,

12 *Sous la Croix du Sud* foi publicado pela editora Plon e alcançou logo diversas edições, custeadas pelo autor que despendeu 4.600 francos nas três primeiras delas. Diante da grande repercussão logo passou a trabalhar na versão para o português, para que atingisse maior número de leitores: "Não quero que se possa dizer por lá que a minha língua materna não me é tão familiar como o francês" (Carta de D. Luís a Cunha Bueno, Eu, 15/11/1912).

13 DAIBERT, Robert. Princesa Isabel (1846-1921): a "política do coração" entre o trono e o altar. Tese de Doutoramento, Rio de Janeiro: UFRJ, 2007, p. 264.

14 Inicialmente o texto foi intitulado *Narração dos acontecimentos de 15 de novembro de 1889, feita por S.A.I.R. a Senhora Condessa d'Eu*. A memória foi transcrita pela família e enviada ao IHGB em 1935 com o título *Notas da Princesa Isabel, Condessa d'Eu, redigidas a bordo do navio Alagoas e depois em Cannes*(Cf. DAIBERT, R., *op. cit.*, p. 265-266). Mais recentemente, o historiador Bruno de Cerqueira publicou-a na íntegra em *D.Isabel I, a Redentora*, p. 80-88.

sequer suspeitado pelos ministros do Império, circunstância paralisante que teria impossibilitado ao imperador qualquer reação, além de manter a família refém de batalhões revoltados. É fácil verificar em seu texto o afastamento em relação às grandes questões enfrentadas como herdeira do trono no final do reinado de seu pai, em especial as críticas à sua religiosidade exacerbada, o descontentamento dos fazendeiros com a assinatura da Lei de 13 de maio, a impopularidade do marido. O ressentimento pela ausência de defesa do regime levou-a de certo modo a culpar os ministros do último gabinete, por terem os membros da família sido presos numa armadilha, o "ratoeiro". A inação de D. Pedro II na ocasião assim se explicaria pela incúria do conselho de Estado.

Em data imprecisa (1905 ou 1908) elaborou outro documento, em momento de maior tranquilidade, superado o grande impacto da destruição de um projeto de vida truncado pelo revés político. Conseguia refletir mais profundamente sobre o advento da República e seu relato dirigiu-se principalmente para o detalhamento do golpe militar, versão consagrada pela família. Quanto à questão religiosa, atribuiu-a à imprudência dos bispos, mas ao pai censurou não ter obtido silêncio, isto é, abafado o conflito[15] que opusera o trono e o clero.

Em *Sob o Cruzeiro do Sul,* D. Luís reelaborou a memória construída por seus pais. Repetiu os argumentos da historiografia monarquista construída desde o 15 de novembro: seis dias após o baile da Ilha Fiscal, uma sedição militar imprevista, rapidamente, em questão de horas, derrubou o Império que, em sessenta anos de "calma e prosperidade", conduzira o Brasil ao desenvolvimento. Endossou a tese tradicional: a República resultara de sedição militar fomentada por "alguns militares indisciplinados e descontentes". Sem encontrar resistências, tratou-se, nada mais, nada menos, de "simples parada de tropas" que, surpreendentemente, derrubou o Império, sem derramamento de sangue. O barão de Ladário, ferido no braço, teria sido a única vítima das armas.

O adendo significativo foi a constatação de ter sido realizada com o alheamento do povo que, se não atacou, também não defendeu o trono. Perante a indiferença popular e decorrente abandono da família imperial, o Império desmoronara "como um castelo de cartas, aos piparotes de alguns soldados revoltados". Registrou a subida dos três irmãos a Petrópolis com o preceptor Ramiz Galvão, a reclusão no palácio, sem informações sobre os acontecimentos no Rio de Janeiro; a ausência de resistência do avô, velho, doente, cansado e incapaz de provocar derramamento de sangue. Depois, a reiteração do momento dramático do embarque no *Parnaíba*, navio de guerra. Ali, como em toda parte, ausência de reação e manifestações. Quase um navio-prisão, situação

---

15 Cf. Daibert, p. 275 e 281, trata-se da autobiografia intitulada *Alegrias e tristezas.*

mantida nas etapas de transferência em baleeira para o paquete *Alagoas* até a Europa, comboiados pelo navio de guerra *Riachuelo*. A impressão de todo esse movimento aparece resumida na fórmula repetida: a família estivera prisioneira dos revoltosos. Seu pai, embora sem influência política, teria tentado negociar com o marechal Deodoro da Fonseca, mas quando sua sugestão foi finalmente aceita, "era tarde demais". Percebe-se a revelação comedida de bastidores e ao mesmo tempo um ajuste de contas do conde d'Eu com os políticos do Império, já que não conseguira conquistar espaço próprio, apesar da atuação na Guerra do Paraguai. Seu ressentimento provavelmente ditara ao filho o relato, que o desagravava diante da rebelião militar.

Cabia-lhe enfrentar, duas décadas depois do evento traumático, um *mea culpa* da família e a busca dos erros do Império para justificar sua proposta de restauração. O principal equívoco de seu avô, na voz concorde dos republicanos e até mesmo de monarquistas, teria sido "preferir, como base de sua autoridade, as idéias abstratas aos fundamentos naturais, que os ensinamentos do passado lhe poderiam indicar". Referia-se ao excessivo liberalismo do imperador no exercício do poder e à tolerância para com a oposição republicana. Sucessivas crises teriam abalado os "alicerces da Monarquia", que acabou perdendo o apoio do exército, do clero e dos proprietários de terras. Teria assim permitido um campo favorável para que idéia de república, antiga aspiração nacional "adormecida", ressurgisse vitoriosa em 1889.

O relato também ultrapassou o viés memorialístico monarquista ao incorporar novos elementos de interpretação, numa versão aceitável também pelos republicanos.Daí a estratégia de expurgar o discurso de perseguições, sedições, prisões e assassinatos recorrentes nos primeiros anos da República. Versão para uso político indicadora de um espaço de entendimento circunstancial com os novos aliados. Incorporou a interpretação republicana já consolidada: a Monarquia caíra em decorrência das três questões, a militar, a religiosa e a servil, habilmente abordadas de modo a não ferir suscetibilidades e garantir adesões. Seu ponto central, a atuação dos militares no processo, ampliou-se com a afirmação de que, em 1889, a monarquia possuía poucos adversários declarados, o regime funcionava perfeitamente e o governante supremo era inatacável tanto do ponto de vista privado como do público. Ao construir sua explicação, deixou clara sua convicção de que a monarquia se assentara em três alicerces, o Exército, o clero e a "propriedade territorial". A eles, D. Luís se dirigiu para fornecer uma interpretação das grandes questões elencadas como responsáveis pela mudança política.

O Exército, primeiro de seus interlocutores, teria errado por agir sem disciplina e realizar a "revolução" vitoriosa em 1889. Mas não podia deixar de reconhecer-lhe o valor demonstrado na Guerra do Paraguai e lamentar a insensibilidade dos "políticos do Império" perante esse desempenho. Solidarizou-se assim com queixas e reivindicações dos militares:

> Entregues a si próprios, insuficientemente ocupados pelos deveres do ofício, os oficiais lançaram-se na política, cujo acesso nenhuma disposição regulamentar lhes interdizia. As teorias positivistas, então muito na moda, espalharam-se nas fileiras, e, por uma interpretação defeituosa, levaram à negação do princípio da autoridade, de que aliás A. Comte havia feito a base de seu sistema. No fim do Império o Club militar do Rio de Janeiro achava-se transformado em um dos focos mais ativos da propaganda revolucionária. A queda do regime foi ali preparada às escâncaras, sob as vistas indiferentes dos ministros - na maior parte civis - encarregados da pasta da guerra (p. 13).

Este era um tema de grande relevância para a articulação política de D. Luís, além de traduzir suas convicções, arraigadas na identidade formada durante a vida militar. Em lugar do soldado-cidadão almejado na formação de oficiais na virada do Império para a República, distanciava-se do pensamento de A. Comte, divulgado nas academias militares, para defender a proposta de atuação meramente "profissional" das forças armadas, limitada à manutenção da ordem e da defesa nacional.

Abordar a questão religiosa não constituía também tarefa fácil. Para não perder o apoio da Igreja, viu-se na contingência de apontar o conflito como "consequência da exageração das doutrinas regalistas herdadas ao Império pela coroa portuguesa", e a tomar a defesa dos bispos de Olinda e do Pará, punidos pelo governo imperial por se insurgirem contra a permanência de maçons nas irmandades e confrarias. A abordagem deste tema permitiu-lhe porém explicitar seu ponto de vista claramente contrário à "união muito estreita da Igreja e do Estado."

Finalmente, a terceira questão não era menos espinhosa. Sua análise da abolição é bastante curiosa pelo malabarismo que realizou ao tentar, num movimento duplo, solidarizar-se com os grandes proprietários lesados, sem colocar-se contra a participação de D. Isabel no processo, ao mesmo tempo garantindo-lhe os dividendos políticos do ato. O contra-discurso republicano, por outro lado, assentava-se no ajuste de contas que a derrubada da Monarquia teria representado para os fazendeiros. Essa interpretação usava também um outro recurso para invalidar a popularidade da princesa, ao diminuir sua atuação no episódio: seja exaltando o papel do Exército em sua recusa de capturar escravos fugidos, seja apresentando o processo abolicionista como resultado de movimento popular.

D. Luís remeteu a questão ao processo da Independência do Brasil, momento que considerava ter sido adequado à abolição, como nas repúblicas hispano-americanas. Defendeu a tese de que a abolição gradual teria sido a melhor saída, num processo "prudente e seguro", isto é, repetia o discurso dos proprietários de escravos que procuraram postergar o mais possível a mudança. Lamentou que o processo tivesse sido acelerado por uma "ativa campanha de imprensa", embora reconhecidamente justo para acabar com a "vergonha" do Brasil. Produziu assim um discurso híbrido e escorregadio para uso político circunstancial. Afastava-se da versão monarquista exaltadora da abolição como a grande obra de D. Isabel. Diante da campanha de imprensa e do "magnífico impulso humanitário" que contagiara também fazendeiros, afirmou não haver restado à sua mãe alternativa se não a de coadjuvante de um movimento social poderoso e afinado com seus sentimentos:

> Em frente da corrente irresistível, minha Mãe, que exercia a regência na ausência do Imperador, não mais hesitou em seguir os impulsos de seu coração. Sem desconhecer a gravidade do ato que praticava, mas pondo a caridade acima da política, a regente sancionou, a 13 de Maio de 1888, a lei definitiva que o gabinete conservador João Alfredo, depois de a ter feito votar pelas Câmaras, submetera à sua assinatura. Em virtude de um traço de pena, de uma forma que sob certos pontos de vista se poderia qualificar de revolucionária, a escravidão encontrava-se para sempre abolida em todo o território do Brasil (p. 160).

A princesa não garantira porém, com a atitude corajosa, o apoio popular ao regime. Nem mesmo os abolicionistas mantiveram-se ao lado do trono, dizia D. Luís consternado. Consideraram, pelo contrário, ter sido transposto o primeiro passo para a implantação da República.

A interpretação de D. Luís não poderia deixar de abordar também uma avaliação da República para justificar sua posição de paladino da restauração. Esse balanço insistiu na instabilidade do regime desde o governo de Deodoro da Fonseca e sobretudo no governo abalado por graves perturbações exercido por Floriano Peixoto, quando ocorreram a Revolta da Armada e a Revolução Federalista. Surpreendentemente para um membro da família imperial, pela primeira vez também admitiu que na ocasião os monarquistas haviam feito "causa comum com os federalistas em armas" e por isso enfrentaram a repressão violentíssima do marechal de ferro. Quanto aos governos civis, prudentemente anunciou ser ainda prematuro julgá-los e reconheceu o progresso material, o desenvolvimento econômico e a obra de saneamento e remodelação do Rio de Janeiro ocorridos desde 1889. O grande problema do Brasil, afirmava, além da instabilidade cambial e da multiplicação de cargos públicos e sinecuras, era político. Sua origem estava na ficção eleitoral:

> Hoje as eleições não passam de uma comédia pejorativa. Por toda parte as oligarquias onipotentes, que empolgaram os governos dos Estados, implantando no Brasil um verdadeiro regime feudal, nomeiam senadores e deputados a seu arbítrio, sem que reste aos adversários dos homens do poder outro recurso além da oposição á mão armada (p. 21).

Esta crítica construía a ponte entre o pretendente à restauração e a dissidência republicana desiludida, numa avaliação do regime em sistema federativo. Justificava sua apresentação no "*p*apel daquele que, restituindo à minha pátria o seu belo equilíbrio d'outrora, a conduziria desde amanhã, pelas vias mais rápidas e seguras, à realização dos destinos superiores que a aguardam" (p. 21).

O discurso de D. Luís procurava legitimar uma atuação voltada para uma política elitista. No entanto, mesmo descrente da possibilidade de mobilização popular para a causa, um fato novo levou-o a revisitar o tema e verificar a existência de um monarquismo ramificado nas camadas populares.

O Contestado, reprise de Canudos?

Uma das mais significativas manifestações populares do período de 1912-1916 foi o movimento milenarista do Contestado, que em resposta à exploração dos sertanejos pelos coronéis propunha o advento da monarquia numa nova ordem social e política mais justa a unir Céu e Terra. De contorno nebuloso, o movimento era contrário à República por ter sido ela responsável pela separação entre Igreja e Estado e pelas doações de terras a companhias estrangeiras, que haviam expulsado os moradores de seus domínios. Em região hoje pertencente aos Estados de Paraná e Santa Catarina, despertou o temor de um novo episódio semelhante ao de Canudos. Sua liderança foi ocupada por diversos místicos, entre eles o "monge" José Maria, pregador e curandeiro que, por volta de 1912, associou vida ascética ao anúncio apocalíptico de um reinado de paz, justiça e fraternidade na região de Curitibanos. Dali, ameaçados, seus seguidores foram para os campos do Irani, no município de Palmas, onde deram combate às tropas do Paraná, comandadas pelo coronel João Gualberto Gomes de Sá

Filho. Celebrizou-se então a derrota das forças da repressão no chamado massacre do Irani, quando um terço dos policiais foi dizimado, com perda de armas e munições. O extermínio do grupo pelo Exército ocorreu somente em 1916.

Sem dúvida o movimento constituiu uma das diversas manifestações de monarquismo popular, aos quais a família imperial nunca parece ter atribuído importância. De fato, é praticamente impossível rastrear alguma ligação entre os sertanejos e os monarquistas aglutinados nos diretórios e centros monárquicos, todos pertencentes à antiga nobreza do Império, à burguesia ou às classes médias civis e militares. Os depoimentos dos sobreviventes do movimento, tomados no decorrer dos inquéritos policiais, embora tenham feito muitas referências à monarquia, não se reportavam aos Orléans e Bragança. A concepção de governo que se pode apreender desses relatos foi qualificada pela historiografia como "monarquismo sertanejo", de manifestação nebulosa e mais explícita desde a morte do "monge" José Maria no Irani. O acampamento de Taquaruçu, formado na sequência deste evento, despertou suspeitas de que a contestação à ordem coronelística seria direcionada para uma tentativa de restauração monárquica. Foi intensamente noticiado pela imprensa num contexto em si só amplamente favorável à exploração e especulação, pois movimentava-se a opinião pública pró e contra a monarquia enquanto se discutia a revogação do banimento e o traslado.

Difundira-se entre os sertanejos um anseio de defesa dos pobres contra os poderosos, apoiada na avaliação da Monarquia como o domínio da lei de Deus e da República como o da lei do diabo e dos coronéis, seus associados. Sempre se pode indagar a veracidade dos depoimentos dos envolvidos, mas para a historiografia um único relato dá conta de terem sido ouvidos "vivas à Monarquia e a D. Luís de Bragança".[16]

Não obstante, a D. Luís chegaram os ecos do movimento levando-o a buscar informações mais seguras sobre o conflito. Seria a tão sonhada chama de mobilização popular em favor da causa? Seria o momento de ampliar sua ação política de cúpula, pelo alto, dirigida às elites civis e militares, apesar de sua concepção da política avessa ou descrente da mobilização popular, que extrapolasse os terrenos da ordem instituída? Ele parece nunca ter-se convencido da possibilidade de uma restauração por iniciativa popular. Em diversas ocasiões manifestou-se neste sentido. Ainda assim, procurou se inteirar do que ocorria no Contestado.

Para sondar a extensão do monarquismo popular, solicitara aos correligionários informações a respeito do conflito, pois tendo ouvido rumores, desconfiava haver en-

---

16 MACHADO, Paulo Pinheiro. *Lideranças do contestado: a formação e a atuação das lideranças Caboclas (1912-1916)*. Campinas: ed. UNICAMP, 2004, p. 216.

tre os "fanáticos de Santa Catarina" "um possível elemento que não deveremos desprezar" (Carta a Cunha Bueno, Cannes, 21/1/1913). Veio às suas mãos uma carta-relatório de um certo Klingelhoefer, esclarecendo a situação. O informante era um militar monarquista, com trânsito nas forças armadas em São Paulo e parece ter atuado como Cândido Guimarães no papel de loco-tenente na constante busca de D. Luís por elos com os militares. Atendendo ao pedido, transmitiu-lhe informações sobre "os movimentos do Paraná", que obteve do tenente-coronel Borba. Seu longo depoimento é bastante significativo:

> à vista das referências que o Snr. faz sobre os acontecimentos do Paraná, concluo que as notícias chegaram aí todas adulteradas; de informações seguras e avisos recebidos da nossa gente passo a relatar o que há. Quando o movimento principiou nos sertões de Campos Novos de Santa Catarina, o governo daquele estado enviou imediatamente para o local o maior contingente de polícia disponível (60 praças) acompanhados do chefe de polícia e com verdadeira ânsia pediu auxílio do governo federal. Atendendo, o governo federal fez seguir da guarnição de Curitiba uma força composta de 200 praças de infantaria com 2 metralhadoras e um esquadrão de cavalaria. De repente, soube-se que os revoltosos se achavam em Palmas, no Paraná, e de fato o governo do Paraná fez seguir para Palmas um batalhão completo de polícia (infantaria) com 2 metralhadoras e um contingente de cavalaria, protestando que o governo do estado tinha recursos suficientes para debelar os *bandidos*, sem necessidade da intervenção do governo federal. Eis que dias depois soube-se de fonte segura que todas as forças do Paraná foram batidas no sertão de Irani, perecendo quase toda, inclusive o coronel comandante da brigada que havia seguido com o batalhão, deixando armas e bagagens em poder dos revoltosos. Isto causou uma impressão dos diabos, e então o governo federal ordenou a partida das forças federais de Paraná, Rio Grande do Sul e até do Rio de Janeiro. Esta medida foi de um efeito terrível no pessoal de calças vermelhas e muitos oficiais, para não seguir, deram parte de doentes.
>
> Com muita dificuldade organizaram uma expedição composta de 700 homens das três armas, que marchou sob o comando do coronel [Basílio] Pirro. Sei que esta gente chegou a Palmas, 30 léguas distante de Irani e mais nada; até agora, como se não existissem os revoltosos.
>
> Os revoltosos usam correspondência cifrada com um carimbo semelhante aos do correio, e tem os seguintes dizeres: 'Império do Brasil - Comando em chefe do Exército Imperial'. A notícia que o Snr. leu no *Le Temps* sobre um tal monge Agostinho é uma blague. Os chefes dos revoltosos são: Manoel Fragoso e Manoel Borba (que coincidência) ex-coronéis em 1890 de Gumercindo Saraiva, e o riograndense José Maria que procuram confundir com o falecido frade João Maria. Um comissário de polícia do Paraná que escapou da hecatombe de Irani informa que os revoltosos tem boa cavalhada, estão bem armados, em ótima posição e que são em número muito superior a 1.000.
>
> Não sei se esta gente fará alguma coisa que preste; o certo é que o general João Claudino, que conhece bem a região, declarou que para desalojá-los da posição que tomaram, será preciso um forte contingente de tropas que o governo atualmente não tem.

Prosseguindo depois com seus próprios comentários, o autor da carta transmitia a D. Luís sua avaliação do movimento messiânico, numa avalanche de entusiasmo. Notável é a associação feita pelo arrebatado militante entre o anseio sebastianista dos sertanejos e a figura do pretendente: "Como V.A. vê é uma coisa extraordinária e eu estou pasmo. Há tempos, creio que 1905, uma vidente disse ao tenente-coronel Borba, que me o repetiu: 'surgirá no sertão um guerreiro que restabelecerá o Imperador'. Será chegada a hora?"

O tema foi logo abandonado, certamente pela inconsistência de um projeto de ação conjunta e D. Luís prosseguiu ao longo de 1912-1913 nas articulações com militares e dissidentes republicanos em busca de uma brecha na política.

O manifesto de Montreux

Em julho de 1912, embalado pela repercussão do livro *Sob o Cruzeiro do Sul*, Cunha Bueno foi ao Rio de Janeiro para tentar reunir os correligionários. Dos antigos, restava ainda João Alfredo, porém seu contato com D. Luís arrefecera havia algum tempo.

A ofensiva culminou com o Manifesto de Montreux. Tudo convergia para isso: as campanhas pelo traslado e pela revogação do banimento, o caso Oliveira Lima, o lançamento do livro. Foi o momento de maior empuxe da campanha de D. Luís. Buscava com afinco um caminho próprio de ação, acalentava ainda o sonho de retornar ao Brasil, sempre apoiado na base política de São Paulo e justificava a ofensiva, dizendo-se obediente do regulamento militar da Áustria. Este, afirmava, "presidiu a formação do meu caráter, constitui uma excelente regra de vida". Recorria a essa formação para aplicá-la uma vez mais na política.

Impacientava-se com o ritmo da mobilização, que não seguia na velocidade desejada. Procurava ganhar espaço na grande imprensa do Rio de Janeiro e para isso estabeleceu contatos com José Carlos Rodrigues, do *Jornal do Comércio*, que apoiava o traslado mas não queria "falar de política". José Eduardo de Macedo Soares, jovem tenente ligado a *O Imparcial*, lhe parecia "um dos mais úteis à causa no momento, muito rico, arrojado". Na *Gazeta de Notícias*, contava com os artigos escritos por Diniz Júnior. No Rio de Janeiro, a chefia do movimento acabara por ficar com Vicente de Ouro Preto, militante aguerrido que carregava nome ilustre e a escolha foi acompanhada pela divulgação das qualidades do novo chefe. Muito combativo na imprensa, segundo D. Luís possuía "todas as qualidades dum soldado e dum comandante de vanguarda". Tinha acesso aos jornais *O Imparcial* e *A Época*.

A estratégia adotada em 1912-13 manteve um diálogo preferencial com as "classes armadas", na tentativa de obter uma reviravolta radical na política. D. Luís anunciava ser "partidário da maneira forte" e aprovava as intervenções federais nos Estados .Propunha a implantação de uma ditadura militar seguida da restauração: "não nos restaria mais senão completar a obra tão felizmente encetada pelos nossos adversários."

Nunca seu pensamento sobre um plano restaurador foi tão claramente exposto. Com essas diretrizes pautou a ação, embalado pela situação caótica da República e aderindo ao "quanto pior, melhor" que havia sido o mote de militantes esperançosos da queda da jovem República dilacerada por suas contradições internas. Relatou a Cunha Bueno que na recepção oferecida pela princesa em primeiro de janeiro de 1912 em Boulogne-sur-Seine, entre os brasileiros presentes estavam alguns oficiais da Marinha, "dispostos a entrar em qualquer movimento que proponha uma saída para a situação atual" (Carta de D. Luís a Cunha Bueno, 13/1/1912). Encontrara-se com o almirante Huet Bacellar, Pedro Lessa e o senador Alfredo Ellis. Bacellar participara da revolta da Armada e em 1893 estivera preso a bordo do *Júpiter* em companhia de outros oficiais rebelados.

Em junho de 1913 um novo manifesto estava pronto, escrito com a colaboração de Martim Francisco, em Montreux, cidade suíça de vilegiatura e cura de águas, à beira do lago Leman. Datado de 6 de agosto, foi publicado em 27 de agosto em folhetos, jornais e, fato surpreendente, no *Diário do Congresso Nacional*.[17] A ação espetacular, bem ao gosto do autor, foi empreendida pelo deputado Maurício de Lacerda, que, na sessão do dia anterior, solicitou autorização para que o documento constasse dos *Anais da Câmara*. A ofensiva fulminante revela a habilidade do parlamentar, ao apresentar um requerimento que também contemplava um discurso de Moniz Freire no Senado. O manifesto foi embutido no bojo de um requerimento duplo, para o qual não atinaram os deputados, havendo apenas oito votos em contrário à publicação do texto de D. Luís. A votação descuidada da Câmara oficializou a proeza, cuja justificativa foi aproveitar em ambos os documentos as críticas à República:

> Na insuspeição do meu republicanismo, aproximo ambos os documentos como peças críticas aos nossos desacertos, recomendando aos meus honrados colegas a sua leitura, uma vez publicados no *Diário do Congresso*, para que se precavenham e acautelem de futuro, pela emenda imediata dos erros que neles nos imputam, da impiedade das críticas e dureza dos juízos que sobre os republicanos alcem os inimigos do regime ou os seus batalhadores e doutos censores.

17 *Diários da Câmara dos Deputados*. I: Diário do Congresso Nacional 27 de agosto de 1943, p. 904-907.

> Pondo termos a esses transvios, teremos respondido proficuamente às palavras do referido manifesto e citado discurso, desalentando as esperanças de um e alentando as esperanças de outro.[18]

O manifesto dirigiu-se de modo amplo aos brasileiros : aos proprietários rurais, aos industriais, às forças armadas, aos operários e ao genérico "povo". Logo na abertura, a menção do Manifesto de 12 de janeiro de 1896, lançado pelo Diretório do Rio de Janeiro, sugere retomada dos vínculos com os "venerandos chefes" e a inclusão de um argumento de legitimidade no discurso, uma causa sem rupturas.

A estrutura do manifesto adotou a fórmula já consagrada: a comparação entre o Império e a República, as vantagens e desvantagens de um e outro regime, para chegar à conclusão previsível: a excelência da monarquia e a legitimidade da defesa da restauração do trono. As vantagens da monarquia consistiam na continuidade administrativa e na isenção política do rei, que por não dever sua posição a nenhum partido, mas à hereditariedade garantida por uma dinastia, poderia agir como supremo árbitro. Pela primeira vez, D. Luís esboçou claramente o perfil do monarca:

> Um soberano não tem partido, não tem ambições pessoais distintas da universalidade, não tem compadres, nem eleitores, não tem bairrismo, nem razão alguma que o obrigue a pensar em outra coisa que não seja o bem público, o qual é forçosamente o seu bem pessoal, o dos seus antepassados, o dos seus descendentes, compreendidos como ele, na própria entidade nacional.
>
> Um soberano não é civil, nem militar, é ambas as coisas, sem preferência por nenhuma delas. É Imperador ou Rei, encarnação viva de todos os elementos nacionais, de todas as aspirações do povo.
>
> Um soberano não é conservador, nem liberal, nem socialista. Será uma coisa ou outra, no exercício do seu poder moderador, segundo o exigirem as circunstâncias e o bem do País.

Seu projeto político permanecia assentado na defesa da modernização da Monarquia: federativa, com partidos políticos fortes, sistema eleitoral como base da verdadeira representação dos interesses nacionais e sustentação militar do trono. Retomava temas presentes desde as últimas décadas do Império no debate político, além de incorporar temas da atualidade gerados pela implantação da Constituição de 1891. Reafirmava a necessidade do "poder moderador", porém sem avançar no tema polêmico do parlamentarismo. Era um discurso tateante e cauteloso, apenas aflorando temas polêmicos e complexos.

---

18 *Anais da Câmara dos Deputados*, sessão de 26 de agosto de 1913, p. 781.

A abordagem do tema da industrialização implicou críticas às chamadas indústrias artificialmente implantadas mediante benefícios e incentivos governamentais, crítica, aliás, partilhada com o setor agrarista da sociedade. Preventivamente propunha uma legislação trabalhista para solucionar problemas resultantes do trabalho assalariado. A abordagem do "problema operário" indicava a atualização da bandeira monarquista como resposta aos problemas da contemporaneidade de uma sociedade que mal iniciava a industrialização. Sua referência certamente estava no movimento operário europeu, mas não perdia de vista os avanços do anarquismo na América do Sul e em especial no Brasil. Em carta a Martim Francisco esclarecia sua posição:

> É preciso dizer que na Bélgica, como aliás nas outras principais monarquias da Europa, as leis protegem muito mais o operário do que nas Repúblicas como na França e nos Estados Unidos. Na América do Sul nada se tem feito até agora nesse sentido; mas não é possível que a questão operária deixe de se apresentar lá um desses dias. Como nada está preparado, ela tomará logo proporções gigantescas.
>
> Veja o que já agora acontece na Argentina.
>
> Quanto a nós monarquistas devemos convencer o operário da verdade de que, no caso duma Restauração, a sua situação só poderia melhorar.

Gilberto Freyre ocupou-se do tema e apontou em D. Luís o papel de pioneiro do "socialismo de Estado", interpretação que carece de esclarecimentos, embora se tenha notícias de um texto do príncipe sobre o tema do socialismo e que pode ter justificado a interpretação do autor.[19]

A retomada da idéia de uma monarquia federativa, já presente em outros textos, indica uma posição afinada com os liberais do Império e republicanos. Os primeiros, em 1871 haviam por intermédio de Joaquim Nabuco apresentado um projeto federalista na Câmara, como recurso para sanear o poder hipertrofiado do imperador e atender aos desejos autonomistas das províncias. Ao longo da década de 1880, a idéia havia sido retomada como recurso para a salvação do regime monárquico, cujo declínio se fazia sentir nos meios políticos. Em vão. Mesmo nos estertores do Império, o gabinete Ouro Preto recusara-se a apoiar a mudança proposta como último recurso pelos liberais e reapresentado por Joaquim Nabuco, em 1889. Ouro Preto havia sido simpático à inovação ao assumir o ministério em junho de 1889 , mas retrocedera. A bandeira ficou nas mãos dos republicanos.[20]

---

19 FREYRE, Gilberto. *Ordem e Progresso*. Rio de Janeiro: José Olympio/INL, 1974, p. 721.

20 LEITE, Beatriz Westin de Cerqueira. *A visão da República no interior das instituições monárquicas: pronunciamentos políticos. História. 100 anos de República.* (Número especial). Unesp: São Paulo: 115-116.

D. Luís já não acreditava, como haviam feito os monarquistas dos primeiros tempos, que a República viria a se auto-destruir; não ruiria pelas urnas, pois o processo eleitoral era viciado. A necessidade de "gestos viris" se imporia, chegada a hora. Propunha-se assim a conduzir o processo. Assinando Luís de Bragança, sintomaticamente omitindo o Orléans, reafirmava a pertença dinástica a ser continuada num terceiro reinado.

O manifesto suscitou imediata reação republicana e a Câmara dos Deputados dedicou-lhe três sessões, em acalorado debate que procurava remediar o cochilo. Em 27 de agosto, a primeira reação foi do deputado Fonseca Hermes, ausente durante a votação do requerimento de publicação do documento. Entremeadas com apartes de Joaquim Osório e Floriano de Brito, o deputado apresentou razões justificar a declaração de voto de 52 deputados, dizendo não terem ouvido o requerimento de Maurício de Lacerda. Como republicanos, protestavam contra a publicação do documento "que nenhum valor tem a não ser o de pretender desmoralizar o vigente regime, em benefício das pretensões pessoais do autor do referido manifesto". A reação caiu sobre a lisura do procedimento, que fez do Poder Legislativo e de sua publicação oficial "veículo da propaganda monárquica". Sem colocar em dúvida o republicanismo de Maurício de Lacerda, externava a perturbação causada pelo episódio, cujas razões não alcançava compreender:

> Se é para despertar as sentinelas da República, se é para avivar no íntimo da alma dos republicanos responsáveis, já na direção administrativa, já na direção política do país, o sentimento de patriotismo contra as hostes monárquicas que se procuram arregimentar e enfileirar contra a República, não foi feliz, a meu ver a estratégia posta em prática por um dos soldados da República. O seu ato, Sr. Presidente, foi antes o motivo para que nós outros nos sintamos desolados, por isto que, no exterior do país, e mesmo no interior, irá acreditar toda a gente, que, descuidosamente, o Parlamento nacional vai sendo encarregado de fazer a propaganda de velhas idéias, que, decaídas em 1889 com os seus mais altos representantes, deram lugar ao nascimento da República, a cuja sombra é indiscutível, é inegável, se tem feito a prosperidade e a felicidade da Pátria.[21]

Logo Maurício de Lacerda apresentou-se para justificar a intenção de seu requerimento: não agira contra a República, era inquestionavelmente republicano e portanto não poderia estar fazendo propaganda monárquica. Seu intuito fora apontar os erros da República.

---

21 *Anais da Câmara*, Sessão de 27 de agosto de 1913, p. 829-833.

No dia seguinte, a discussão foi retomada com a manifestação do deputado Dionísio Cerqueira, novamente criticando Maurício de Lacerda por ter sido o responsável pela publicação do manifesto "dirigido à Nação pelo bragantino desterrado". O volume das críticas resultou em que na sessão do dia 30, novamente o tema voltasse á discussão, com a proposta de retirada dos *Anais do Parlamento*, do texto já publicado no *Diário do Congresso*, apresentada por Joaquim Osório. Maurício de Lacerda e Martim Francisco votaram a favor da proposta, vencedora por 110 votos contra 9. O episódio serviu também para a propaganda de D. Luís por Martim Francisco, que assumiu em plenário ser monarquista. Voltavam atrás após terem obtido o que pretendiam, ver o manifesto publicado em órgão oficial do legislativo federal e em boa hora preferiram não avançar demasiado insistindo em procedimento vetado pela Constituição.

Outra estratégia dos republicanos foi desqualificar o manifesto como plagiário. Para defender-se, D. Luís divulgou o seu método de escrita, reunir materiais coletados em jornais. No caso em pauta, teria anotado as idéias, esquecendo-se porém de registrar a origem. Seriam sete ou oito linhas do texto já publicado por um certo Pacheco , mas a circunstância foi explorada pelos adversários. Aparou o golpe admitindo que cometera um equívoco, mas não agira de má fé. Se saiu "um pouco ferido da refrega, o desastre, para o inimigo, foi ainda muito maior" , disse a Cunha Bueno (Carta datada de Eu, 23/9/1913).

Uma das reações republicanas ao manifesto foi a *Resposta de um brasileiro ao Manifesto Restaurador do Príncipe D.Luiz de Orléans Bragança* de Alberto de Carvalho. Comenta a grande difusão do manifesto e acusa a Assembléia de "sonolenta ou delirante", por dar publicidade a um texto que atentava contra o art. 90 da Constituição de 1891, parágrafo 4.o, que diz : "Não poderão ser admitidos como objeto de deliberação, no Congresso, projetos tendentes a abolir a forma republicana federativa". Incide a Câmara no artigo 146 do Código Penal, que proíbe tais publicações sob pena de um a três meses de prisão celular.

De sua posição republicana exaltada, o autor também criticou o regime e pode ser incluído pelos seus argumentos na lista dos desiludidos com a República. O momento era de crise econômica e política, mas ainda que registrasse a "gangrena da classe política", recusava-se a aceitar a propaganda restauradora. O Brasil não precisa de rei ou pretendente, afirmou, mas de mestres que modifiquem a educação e elevem as consciências. Porta-voz da tese da necessidade de uniformização dos regimes políticos na América Latina, para ele o Brasil não deveria nem poderia destoar desse conjunto. Fulminava o manifesto, que tomara de assalto as páginas do *Diário do Congresso*, sem que essa proeza significasse que "possa o mesmo suceder pessoalmente a V.A., permitindo-lhe os destinos aqui desembarcar sem encontrar dificuldades, e surpreendendo a dormir ou a rir o governo e as câmaras, tomá-los ambos debaixo do braço e lançá-los ao mar, como entes inúteis e malfasejos".[22]

Por seu lado, os positivistas também logo reagiram pela voz de Teixeira Mendes que em setembro de 1913 publicou o panfleto n. 350 do Apostolado Positivista, que dirigia, intitulado *O Império e a República Brasileira perante a Regeneração social.*[23] Insistia na "acusação do Príncipe dom Luís de vir a República deixando de cumprir a parte social do seu programa, talvez por incapacidade do próprio regime para elevar-se ao plano necessário a uma política superior aos interesses de grupos". Atribuiu à República o mérito de ter iniciado a "cessar a opressiva situação em que vivia o proletariado livre no Brasil" mediante concessão pelo governo de férias anuais e outros benefícios aos "proletários ao serviço do Estado", isto é, aos servidores públicos.[24] Teixeira Mendes fez-se defensor da República na argumentação comparativa entre os dois regimes para concluir que D. Luís expressava um comportamento "visionário" e a restauração, um retrocesso.

Nem os militares escaparam à reação republicana desenvolvida em torno desses episódios. No contexto da sucessão de Hermes da Fonseca em andamento, oficiais do Exército que foram fazer instrução militar na Alemanha teriam voltado com suas convicções políticas abaladas, seduzidos pelo militarismo e pela organização das classes armadas nesse país. Despontou uma suspeita de que a Marinha servia de abrigo a monarquistas. Houve perseguições e o presidente da República organizou lista de oficiais suspeitos à República, que seriam desterrados para Mato Grosso. Nessa movimentação parece ter havido influência de Pinheiro Machado, que pretendia disputar a presidência. Os almirantes Alexandrino de Alencar e Huet Bacellar tiveram que dar declarações de fidelidade à República e de não privarem da intimidade de D. Luís. Havia ameaças de desterro[25] a oficiais dessa arma desde o "caso Oliveira Lima" de 1912.

O manifesto também foi altamente mobilizador para os monarquistas. A situação caótica da República justificava uma nova onda de propaganda e um reacender

---

22 CARVALHO, Alberto de. *Resposta de um brasileiro ao Manifesto Restaurador do Príncipe D.Luiz de Orléans Bragança.* Rio de Janeiro: Livraria Cruz Coutinho, 1913.

23 MENDES, R. Teixeira. *O Império e a República Brasileira perante a Regeneração social* : a propósito do Manifesto de S.A.I. o Sr. D. Luís de Bragança, publicado no Diário do Congresso Nacional, 27 de agosto de 1913. *Apud* COSTA, J. Cruz. *O Positivismo na República.* São Paulo: Nacional (Brasiliana v. 291), 1956, p. 151-155.

24 FREYRE, G. *Ordem e progresso, op. cit.*, p. 724.

25 Monarchismo na Marinha, *O Imparcial*, 7 de março de 1913.

de esperanças, se não na possibilidade da restauração, ao menos na necessidade de colocar em evidência os problemas acumulados desde o 15 de novembro de 1889. Abaixo-assinados, cartas, publicações pontilhavam em diversas regiões do Brasil. Vicente de Ouro Preto publicou em 1913 uma série de artigos no jornal *A Época*, para reforçar a propaganda em torno do príncipe e de seu manifesto. Propunha um neo-monarquismo e sinalizava a plataforma de D. Luís como um divisor de águas no movimento. Era o prenúncio de uma nova interpretação da monarquia que defendia o fortalecimento do poder real pela sua menor sujeição ao jogo político-partidário. Para a implantação do novo império idealizava um levantamento da "vontade popular", que autorizaria o Exército a não mais manter a República, única ocasião em que lhe seria lícito imiscuir-se na política.[26]

Surgiram outras publicações monarquistas, como *O Imperador*, de Léo do Amaral e o *Manual do Monarquista,* do general Couto de Magalhães. No Pará articularam-se os simpatizantes em torno de Luís Dias da Silva, formando fileiras em torno da proposta de salvação do Brasil da anarquia republicana. Passada a euforia dos eventos em torno do manifesto, o movimento restaurador entrou numa nova fase de declínio, pois o turbilhão provocado pela imprensa não se sustentou e D. Luís lamentava, no final do ano de 1913, a ausência de ação. Esse foi o tom geral, um declínio rápido e acentuado das esperanças construídas desde a eleição de Hermes da Fonseca. Logo viria a Grande Guerra e com ela o encerramento das iniciativas de D. Luís com vistas à restauração. Restaram os amigos e correligionários fiéis com quem correspondeu-se até o final da vida.

---

26 OURO PRETO, Vicente de. Utopia de hoje, realidade de amanhã; A forma de governo e a eficiência militar de um povo. In: *Monarchia e Exercito*. Rio de Janeiro: Tip. do Jornal do Comércio, 1913, pp. 3-11 e 13-20.

PARTE 10

A inútil carnificina

Sob o signo de Marte

O GRANDE CONFLITO DE 1914-1918 PASSOU AOS REGISTROS DA HISTÓRIA como um dos mais sangrentos do século XX. Iniciada no apogeu de um período de corrida às armas, motivada por rivalidades econômicas, políticas e sociais, a Primeira Guerra Mundial pode ser considerada o ponto culminante das tensões geradas na disputa pelo controle dos impérios coloniais e da hegemonia na Europa. Do ponto de vista da política interna européia, o militarismo crescente na Europa preparava, em tempos de paz, as condições para a guerra que colocou frente a frente dois blocos, o dos países ditos *Aliados* (Inglaterra, França, Itália e Rússia) contra os *Impérios Centrais* da Alemanha e Áustria-Hungria, aos quais se juntou o Império Otomano.

As potências européias se prepararam para a guerra e elaboraram planos militares secretos. O Plano XVII traduzia a paz armada na França e havia sido elaborado por Joffre, chefe do Estado-maior francês já em 1911, prevendo o uso do 5.o exército para barrar possível avanço alemão pelo norte da Bélgica. A França contava ainda com a mobilização de seus aliados russos e britânicos e, desde 1911, fora acordado que em caso de invasão alemã naquele país, haveria deslocamento de uma força expedicionária britânica para seu território. Era sobretudo um "plano defensivo" perante a ameaça que viria do leste.

Quanto ao Império alemão, retomara as aspirações frustradas desde 1871 e com elas foi elaborado o plano do general Schlieffen ao longo da primeira década do século XX. Previa o esmagamento da França a partir de uma ação fulminante em duas linhas, que passavam pelo norte do país e pela Alsácia-Lorena, atravessando a Bélgica para alcançar rapidamente Paris. Uma guerra de curta duração imporia um ritmo de avanço e o deslocamento de enormes contingentes de soldados.

A mobilização da França para a Grande Guerra começou oficialmente em 2 de agosto de 1914, na sequência da declaração de guerra à Sérvia e à Rússia pela Alemanha. No dia seguinte, a Alemanha lançou ultimato à Bélgica anunciando sua intenção de atravessá-la para alcançar a França, a quem declarava guerra pretextando violação de seu espaço aéreo. Em 4 de agosto, o conflito começou oficialmente e nesse mesmo dia a Grã-Bretanha também declarou guerra à Alemanha e ao Império austro-húngaro, seu aliado.

A Força Expedicionária Britânica (BEF) iniciou o desembarque na França em 14 de agosto, em Boulogne, próximo a Calais, para avançar em direção a Le Cateau, nas imediações da fronteira belga. Juntavam-se esforços para o combate aos exércitos alemães que avançavam no território belga, com o envio de cerca de 120 mil homens para lutar ao lado da França. Além de ingleses, escoceses e irlandeses a BEF incorporou soldados do Canadá, Austrália, Nova Zelândia, Índia e possessões africanas. Sua participação foi relevante na primeira fase da guerra, com as grandes operações de Mons, Marne e Ypres.

A família mobilizada

Não é desconhecida a importância dos escritos autobiográficos (diários e cartas) produzidos durante a Primeira Guerra Mundial, dando conta do grande traumatismo que foi o conflito armado. Pela sua enorme amplitude em termos de países afetados, pelas perdas que impôs – poucas famílias na Europa conflagrada deixaram de perder um de seus entes queridos – e pela duração inesperadamente longa, a guerra deixou lembranças de grande intensidade emocional, difíceis de administrar e expressivas de paixões coletivas. Além dos diários de combatentes, existem inúmeros outros deixados por oficiais. Sobretudo no exército britânico estabelecera-se a prática de registro de questões militares, fatos e detalhes significativos e no entanto prudentes em suas anotações.

D. Luís participou da guerra como militar e deixou um diário relatando suas vivências, ocorridas entre 23 de agosto de 1914 e 10 de março de 1915. O texto somente foi publicado em março de 1960,[1] mesmo assim bastante incompleto, com supressões explicitamente sinalizadas, mantendo o idioma em que foi escrito, o francês. A publicação póstuma no 40º aniversário do seu falecimento pode ser explicada tanto pelo tema controverso, como por ser um texto inacabado, o último por ele escrito de que se tem notícia.

Além de apresentar divisões, prática não usual num diário, traz ainda interpolações que indicam claramente terem sido escritas após o final da guerra. Os registros foram escritos em grande parte no calor da hora e reelaborados após o desligamento de D. Luís da BEF (15 de junho de 1915), quando se encontrava com sérios problemas de saúde. Difícil avaliar a extensão da interferência do editor cauteloso, provavelmente pouco familiarizado com o tema hoje validado da confraternização entre os beligerantes:

---

1 ORLEANS E BRAGANÇA, Luís. *Journal de Guerre (excertos)*. In: *Revista do Livro*, Rio de Janeiro, MEC, n. 17, março de 1960, p. 149-188. Os editores do número foram Alexandre Eulálio e Brito Broca.

Não foi sem intenção que interrompemos estes excertos do diário pouco depois das referências aos gestos de fraternidade que correram como autênticos no fronte, por ocasião da noite de Natal de 1914: a partida de boxe entre oficiais inimigos e as visitas dos beligerantes às árvores-de-natal nas trincheiras contrárias.

Sujeito a censura e autocensura, como ocorreu com a correspondência produzida durante o conflito, com veios poéticos e portador dos códigos de sociabilidade cultivados ao longo da vida, o diário mantém o padrão literário dos escritos de D. Luís: quase nada de sangue, de cenas trágicas ou da violência das batalhas, de confrontos corpo a corpo. Os registros bastante sóbrios e comedidos são significativos pelas opiniões do autor sobre a guerra e adquirem maior alcance quando confrontados com a correspondência trocada com Cunha Bueno, além das missivas entre o Conde d' Eu e Amanda Paranaguá, baronesa de Loreto. As cartas enviadas por D. Antônio ao pai, no mesmo período, são também preciosa fonte pois ele permaneceu na BEF até o final da guerra.

Os dois irmãos foram incorporados como agregados ao Estado-maior do exército britânico logo no início do conflito , na fase da grande ofensiva alemã na Bélgica e na França. No entanto, nada consta no relato sobre as negociações que envolveram a entrada de D. Luís na BEF recém-desembarcada em Boulogne, região de Pas-de-Calais. A incorporação de d.Antônio, pelo contrário, foi noticiada.O jornal *Les amis de la France* publicou sua carta endereçada ao presidente Poincaré, onde prestava contas do posicionamento político de ambos:

> Após haver retornado, desde o início das hostilidades austro-sérvias, ao regimento de hussardos austro-húngaros no qual eu servia como oficial há doze anos, eu entreguei minha patente a S.M. o imperador Francisco José logo que se produziu a agressão alemã contra a França.
>
> Ao chegar esta manhã a Paris, minha intenção era de pedir-vos uma audiência. Eu queria, assim como meu irmão e primos, colocar minha espada a serviço da França. Fizeram-me compreender a inutilidade desta iniciativa. Vós não poderíeis, Senhor Presidente, me dar outra resposta que aquela que havíeis dado aos príncipes de minha família que já se apresentaram a vós.
>
> No momento de oferecer meus serviços a uma das potências aliadas da França, eu quero no entanto, uma vez mais, colocar-me à disposição do país que durante longos séculos nossos antepassados serviram com brilho. Se um dia a lei de 1886 for abrogada, a França me verá acorrer logo.
>
> Eu espero, enquanto isso, ter a alegria de me bater na mesma frente de batalha que a dos exércitos que ela envia contra o inimigo comum das nações civilizadas da Europa.

O documento indica, como todo o contexto em que se deu a incorporação, o ingresso dos dois irmãos no conflito na condição de príncipes franceses, pois segundo a lei n. 16 744 de 22 de junho de 1886 os membros das famílias que reinaram na França não poderiam entrar nos exércitos de terra e de mar desse país. D. Luís foi explícito ao relatar a Cunha Bueno os motivos de seu engajamento: fora recusado pela França, terra de seus antepassados. Para afinal conseguirem ingressar na BEF os irmãos valeram-se das relações cordiais mantidas com o rei Jorge V, cuja coroação em 1911 fora assistida por D. Luís.

A grave situação exigia um posicionamento, mas havia outros obstáculos. D. Luís havia passado para a reserva em 1908, antes de seu casamento, mas D. Antônio, permanecendo solteiro, não conseguiu do pai autorização para desligar-se do exército austro-húngaro, embora, desde 1912, diante das hostilidades que sacudiam os Bálcãs, tivesse insistido muito e inutilmente para retornar à França.

A narrativa do *Journal de Guerre* inicia-se com a frase emprestada de Júlio César e que teria sido pronunciada em momento decisivo, às margens do Rubicão: " *a sorte está lançada*". Não há menção do episódio detonador do conflito, o assassinato do arquiduque Francisco Ferdinando da Áustria, herdeiro do trono dos Habsburgo e sua esposa, a condessa Sofia Chotek, duquesa de Hohenberg, em Serajevo a 28 de junho de 1914. O silêncio é tanto mais significativo quando se considera que D. Luís o conheceu pessoalmente.

O relato de Gastão d'Orléans à baronesa de Loreto completa o registro parcimonioso do *Journal de Guerre*. Septuagenário, alistara-se como membro da guarda cívica em Eu, organizada pela Câmara Municipal com o fim de policiar as entradas da cidade. Inspirada na organização que havia sido criada na Bélgica após a invasão alemã, a guarda *eudoise* foi logo dissolvida em 1.o de setembro de 1914 pois "não podendo sem os militares oferecer nenhuma resistência só serviria para atrair violência sobre a cidade quando houvesse receio de aproximação das forças inimigas".

Quanto aos seus filhos, explicou à amiga:

> Foram oferecer-se ao Governo Francês, o Luís discretamente em visita ao Presidente da República e o Antônio por carta que a sra. talvez visse publicada nas folhas. Achando-se em Boulogne-sur-Seine e nós aqui [em Eu] não nos consultaram antes de dar esses passos, de que só soubemos quando cá nos apareceram no dia 9 do corrente. Mas eu não podia deixar de aprovar esse ato de coragem. O sr. Poincaré muito atenciosamente disse ao Luís que sentia não poder admiti-lo no exército francês, por opor-se a isso a legislação vigente e lhe aconselhava procurar um dos exércitos aliados. Foram pois para Inglaterra onde o Rei de muito boa vontade os fez autorizar a juntar-se ao Estado-maior do corpo expedicionário inglês na França. De volta de Londres, já fardados seguiram pois para este

destino neste domingo 23. O Pedro entendeu não oferecer-se, principalmente creio, por causa do braço que o tolhe algum tanto no serviço ativo (Carta de Gastão d'Orléans a Amanda Paranaguá. Eu, 26/8/1914).

A incorporação dos dois irmãos à BEF como tenentes foi intermediada pelo embaixador da França na Inglaterra. D. Luis poderia ter se dispensado de tal passo por ser pai de três filhos, mas é de se salientar o contexto antigermânico que empolgou a França naquele momento em que o sentimento nacionalista contagiava todas as classes sociais. Houve manifestações antimilitaristas, com comícios e protestos contra a guerra, na vã tentativa de interromper o desenlace fatal que se anunciava. Foram logo reprimidos, a campanha pela mobilização nacional era enorme. Especialmente no norte do país, a máquina policial muito ativa confirmava a ruptura entre o tempo de paz e o tempo de guerra. Berlim era o alvo do nacionalismo francês, que se insurgia contra o "imperialismo alemão".

A mobilização separou a população entre os que se alistaram e os que ficaram: mães, esposas, filhos menores. Os que partiam, merecedores de aplausos e os demais, encarregados de cuidar dos soldados feridos e dos que se tornariam soldados no futuro imediato. Uma nova realidade instalou-se, reforçada pelo decreto de estado de sítio em todo o território, restrições às liberdades individuais, censura, interdição de reuniões, necessidade de salvo-conduto para viagens. Alemães e austro-húngaros foram evacuados de cidades, presos, vigiados, internados em campos. A suspeita espalhava-se alimentada por denúncias e cartas anônimas na imprensa. Havia um serviço de informação que elaborara o *Carnet A* com o nome dos estrangeiros residentes na França, enquanto o *Carnet B* continha os nomes de 2.500 estrangeiros suspeitos de espionagem .

Diante disso, é muito improvável que tivesse ocorrido ato intempestivo dos dois príncipes. Tudo indica que atenderam ao forte apelo nacionalista e às demonstrações patrióticas do momento. Trata-se de um percurso complexo pois, a tentativa de ingresso no exército francês, sendo-lhes recusada, resultou em nova iniciativa, desta vez junto ao seu primo, o rei Alberto da Bélgica, igualmente mal sucedida. Nas sucessivas recusas pode-se supor o peso tanto de sua condição de príncipes da família real da França quanto o parentesco com os Habsburgo da Áustria, além do fato ineludível de terem servido no exército austro-húngaro, situado no campo político inimigo. Uma vez aceitos pelo rei da Inglaterra, regressaram de Londres já em uniforme de oficiais, com seus ordenanças, devendo seguir para a frente de batalha na região próxima ao castelo d' Eu.

A forte pressão social para o alistamento indicava a transformação da França em nação armada. Começavam a chegar à Normandia os primeiros trens de feridos dos campos de batalha da fronteira da Bélgica, logo acomodados em enfermarias e hospitais improvisados em Eu e no Tréport. O conde d'Eu assinalou sua participação e a do filho mais velho na recepção aos que retornavam do *front*, logo acrescida pela direta atuação de D. Isabel, D. Pedro e suas noras no socorro dos feridos. O relato de Latapie confirma ainda a doação de dez leitos ao hospital em Eu. A família juntou-se aos esforços de transportar os feridos, visitá-los, doar-lhes alimentos e medalhas religiosas nos hospitais provisórios durante o frio inverno de 1914. Os Orléans e Bragança atendiam ao chamado para a guerra, um chamado à unidade nacional, em condições muito especiais.

Não se pode esquecer também outro complicador, a situação de d.Elisabeth, cuja família residia no Império Austro-húngaro. O registro do conde d'Eu é bastante significativo, inclusive por indicar sutis divisões internas na família Orléans e Bragança: "Só a infeliz Áustria é que está sendo esmagada pelos constantes desastres. A nossa Elsie que tem aí seus 4 irmãos e sem notícias nem da família é de uma coragem admirável". Tal situação pode ter pesado no não alistamento de D. Pedro na guerra e na sua permanência na retaguarda, amparado por ostensiva propaganda feita pela família e incorporada ao *Journal de Guerre*.

Aos brasileiros era preciso dar uma justificativa, o que foi feito por D. Luís em carta dirigida a Cunha Bueno, em 25/11/1914, como resposta às críticas recebidas por entrar na guerra e sobretudo por fazê-lo no exército britânico. A corrente germanófila no Brasil cobrava coerência e foi preciso oferecer uma explicação:

> Eles dizem que a minha posição de pretendente me impunha, no conflito atual, à mais estrita neutralidade e alguns até nem ocultam as suas simpatias pela Alemanha e pela Áustria que, ao seu ver, representam o princípio conservador e monárquico confrontado com o espírito liberal e maçônico da França e mesmo da Inglaterra.
>
> O meu ponto de vista é diferente. Acho que o conflito não interessa somente os países que nele se empenharam, mas também todo o mundo civilizado que não pode sancionar o atentado inqualificável da Alemanha contra a paz dos seus vizinhos e sobretudo contra a neutralidade da desgraçada Bélgica. Não devemos tolerar que tratados solenes - única garantia dos fracos, sejam qualificados de simples 'tiras de papel' consoante declaração do chanceler Bethmann-Holveg. O imperialismo sem escrúpulos do Kaiser não ameaça somente o velho mundo, mas também o novo onde a anexação de regiões há muito cobiçadas, como as nossas províncias do Sul, seria ainda mais fácil do que a da Bélgica. Se aceitássemos, sem protesto, a afirmação cínica da superioridade teutônica sob o ponto de vista da raça e do ineludível dever que lhe compete de governar o mundo, que argumentos poderíamos opor à invasão do nosso próprio território?

> Sempre fui grande admirador da Alemanha e o que tenho visto nesta campanha ainda confirma o conceito lisonjeiro que fazia da sua organização social e militar. A sua causa porém, nas circunstâncias atuais, não se pode defender. O triunfo germânico resultaria na constituição duma nova organização política e econômica do mundo com a qual eu pelo menos nunca hei de concordar. Foram essas e algumas outras razões que me decidiram a abandonar a Áustria, onde só conto amigos, para seguir a sorte dos Aliados que representam, no meu entender, as idéias de justiça e de liberdade que sempre deverão ser a base da nossa política nacional.

Convicções partilhadas,seguiram os dois irmãos para a guerra. Saíram do castelo d'Eu, localizado próximo da cidade de Amiens, onde haviam passado para despedirem-se dos pais. Um esforço coletivo andava em curso na família. D.Pedro e Gabriel de Bourbon-Sicílias, irmão de d.Maria Pia, foram conduzi-los em automóveis até Amiens, base da BEF, em busca de seus respectivos postos, enquanto seus ordenanças e cavalos viajaram de trem.

A partida dos combatentes naquele momento do início da guerra era motivo de entusiasmo popular e as estações ferroviárias tornaram-se centro dessa movimentação. A nota pitoresca era o fato de os combatentes levarem seus próprios cavalos para o campo de batalha, pois no início da guerra cavalos eram requisitados e reunidos em grande quantidade, tanto para servirem de montaria e transporte. Como afirma Keegan, "Os exércitos de 1914 permaneciam napoleônicos em sua dependência dos cavalos: a proporção entre cavalos e homens foi calculada em um para três".[2] Mas além dos cavalos, posteriormente os príncipes receberiam do pai seus próprios automóveis, nos quais se deslocavam pelo território conflagrado.

A emoção da partida está vivamente registrada no relato pois era o início da guerra, marcado pelo grande entusiasmo dos recém ingressados, apoiados por manifestações populares. O percurso dos mobilizados em direção aos seus quartéis generais assemelhava-se a D. Luís a uma marcha triunfal, pois a população francesa aplaudia os combatentes acreditando serem os salvadores diante da progressão inquietante dos alemães. Aclamações, flores lançadas por moças endomingadas e saudações paternais dos que não estavam mais em idade de se alistar davam ao movimento dos homens mobilizados um aspecto de "circuito", como registrado pelo príncipe. Não obstante, seu relato é o de um oficial que empregava sua formação e experiência para avaliar o desenrolar das ações militares, dominado pela sensação de estranhamento por estar integrado a um exército regido por princípios de organização diversos daqueles aos quais estivera habituado.

2 KEEGAN,John. *História Ilustrada da Primeira Guerra Mundial.* Rio de Janeiro: Ediouro, 2005, p. 89.

Na torrente caqui em retirada

Passando por Amiens os dois irmãos alcançaram Le Cateau, onde se situava o quartel general das forças britânicas. O momento era crítico, pois forças da BEF acabavam de desembarcar na véspera, 22 de agosto, em meio à retirada francesa da fronteira com a Bélgica no Sambre e à declaração de guerra da Áustria-Hungria àquele país. Fracassara a ofensiva do general Maunoury na Lorena em direção a Sarrebourg na Bélgica e o desastre chegara para os franceses com o colapso do 3.o Exército, a imobilização do 4.o Exército e o massacre dos Corpos Coloniais. O desembarque da BEF sob o comando do marechal de campo sir John French era providencial naquele momento de recuo francês e a correspondente grande ofensiva alemã na Bélgica. No entanto, apenas entrada nas operações, a BEF dava combate no canal Mons-Condé e logo batia também em retirada, seguindo o movimento geral do exército francês para o leste e para o sul. Em poucos dias, o deslocamento por vilas e aldeias assinalava a execução possível do Plano XVII de Joffre, visando conter o avanço alemão por meio de cerco em funil. As forças britânicas cavavam as primeiras trincheiras defensivas , logo abandonadas na grande retirada pontuada pelas batalhas de Landrecies e Le Cateau, perdidas para o exército de Von Kluck.

Em Le Cateau, a distância entre os exércitos britânico e alemão era de cerca de cinquenta quilômetros quando D. Luís chegou. Encontrou membros da nobreza francesa conhecidos, incorporados ao exército britânico como intérpretes: o barão R. de Rotschild e o príncipe M. Murat. No primeiro contato com o exército britânico, a acolhida foi amistosa mas logo se seguiu o desapontamento com a falta de informações sobre a situação, incompatível com o posto que iria ocupar como oficial de ligação. Seria um dos militares encarregados de transmitir ordens e informações no interior do exército, podendo atuar entre exércitos ou entre unidades militares. Recém desembarcados, os ingleses estavam ainda ambientando-se e, a seu ver, davam pouca importância ao inimigo. Exasperado com a situação, sedento de informação, impaciente, D. Luís criticou logo de início a atitude "descuidada" dos oficiais do Estado-maior inglês: "Eles esperam, sorriso nos lábios, como se se tratasse de uma boa partida de pólo em perspectiva". A famosa fleuma britânica parecia-lhe adequada chave de leitura para a atitude do comando da BEF.

Seu descontentamento não se estendia às tropas: antes era endereçado aos Estado-maiores dos exércitos britânico e francês por demonstrarem excesso de otimismo e desconhecimento da real situação, que avaliava inquietante pois conhecia a força militar do inimigo. Assinalou a "calma imperturbável" do comando enquanto se travavam batalhas: "dir-se-ia que a guerra se passa a mil kms daqui". As únicas informações eram as dos aviadores que seguiam a cada hora os movimentos do inimigo. Das decisões do Estado-maior não era informado, ao contrário do que impetuosa e ingenuamente supunha de início poder esperar.

E no entanto, recebeu acolhida à altura de sua linhagem: jantou com o marechal John French e foi alojado no QG. Logo chegaram as tão esperadas informações sobre a batalha de Maubeuge, cidade situada na fronteira da Bélgica: "pequenos destacamentos percorrem o país, pilhando cidades, queimando vilarejos, fuzilando habitantes inofensivos". Duas palavras resumiam sua interpretação da estratégia alemã naquele momento: brutalidade e compromisso, pois apesar de reconhecer o poderio alemão, interpretou a ocupação da Bélgica como aquisição de uma base de negociação e a solução próxima para o conflito. No primeiro contato com a situação de guerra, nutria a esperança de que a vinda dos russos, já em ação contra o Império Austro-húngaro, decidisse logo a guerra. A seguir, D. Luís foi encaminhado ao 1.o Corpo do exército britânico, situado em Maubeuge e comandado por Douglas Haig, enquanto d.Antônio deveria juntar-se ao 2.o Corpo, em Bavai, comandado por Horace Smith-Dorrien.

Com os canhões troando ao longe, lá se foram os dois irmãos em automóvel à procura de seus exércitos, cavalos e ordenanças. Andaram erráticos pelo caminho de Landrecies, buscando Maubeuge, àquela altura já evacuada, cruzando com intermináveis comboios de munições, tropas em movimento e preparação de defesa com corte de árvores, abertura de trincheiras e traçado de redes de arame farpado. O recuo, aliado acompanhado pelo êxodo da população civil, compunha um quadro desolador de fugitivos a pé ou em carros. Completamente desorientados, os dois irmãos não conseguiam alcançar seus respectivos QG, apenas localizaram conhecidos como o duque de Westminster, o duque de Guise e um príncipe de Croy que fazia parte da Cruz Vermelha. Era o caos da retirada para Saint-Quentin e do avanço das tropas alemãs, que já haviam cruzado a fronteira da Bélgica na corrida em direção a Paris.

Em Bavai, onde encontraram "rostos sombrios e fechados", os dois príncipes não conseguiam ninguém para se ocupar deles. Para D. Luís, era um cenário de incoerência e desconexão da ação inglesa, pois não conseguia realizar uma avaliação de conjunto da situação. Uma possível interpolação posterior indica que a anotação foi revista ao afirmar que conforme "irá aprender mais tarde", o exército britânico esperava sólido apoio dos dois flancos pelos exércitos franceses mas teria sido abandonado a si mesmo perante 4 ou 5 corpos do exército alemão. Sua avaliação da atuação da BEF foi naquele momento pautada pela desconfiança sobre sua capacidade guerreira. Faltando-lhe a noção ampla do quadro da movimentação, não lhe escapou no entanto a ausência dos franceses ao encontro dos aliados, previsto para o canal Mons-Condé, quando afirmou: "Há uma semana, desembarcando em Paris, sir John [French] exprimia a esperança de encontrar ainda um pequeno lugar na linha de combate para seu exército. Deram-lhe esse lugar, e muito maior provavelmente do que ele desejava."

Deslocou-se pelos acampamentos registrando impressões sobre os oficiais ingleses: mantinham calma "verdadeiramente estupefaciente", mesmo sendo batidos e não pareciam dispostos a tomar os alemães a sério, antes confiando na ineficiência de sua artilharia. Conhecendo de perto o treinamento das escolas militares situadas do outro lado do Reno e a força guerreira dos exércitos do Kaiser, acrescentou o comentário irônico: "Eu me acautelo de perguntar por que então recuamos. Meu curto contato com os E. M. britânicos já me ensinaram que o silêncio é de ouro, em certas circunstâncias". Logo em seguida haveria a retirada de Bavai para Landrecies. Aliviado ao constatar que não se tratava de derrota, lamentava tanto heroísmo desperdiçado com o esmagamento dos exércitos aliados pelo inimigo.

Montado em seu cavalo Amoïno, D. Luís acabou juntando-se em Vieux Mesnil ao Irish Horse , esquadrão encarregado da guarda pessoal do general Haig. Ali sentiu-se confortável na convivência com *gentlemen* de maneiras corretas, elegantes e com "fria distinção", que não se deixavam abalar pela batalha sangrenta ocorrida no dia, nem comentavam as perdas sofridas. Perplexo com tal conduta, aos poucos ia situando-se no modo de agir dos ingleses: "Todo mundo, exceto o General e seu chefe de E. M. sem dúvida, ignora a situação. O inglês não se ocupa senão do que lhe diz respeito. Cada um se limita, do ponto de vista militar, ao exercício de suas funções. Como eu irei aprender mais tarde, as operações do exército não são um assunto de conversação admitido senão quando se trata de vitórias". Ansioso por discutir os pormenores da batalha, frustrou-se pela falta de oportunidade de fazê-lo entre os oficiais daquele que doravante era também o seu exército.

Ali ocorreu seu primeiro contato direto com o inimigo em 25 de agosto, quando foi encarregado de interrogar dois prisioneiros alemães, tarefa de que se desincumbiu acontragosto e sem muito êxito. A presença de patrulhas de ulanos nos arredores de Vieux Mesnil trouxe-lhe inquietação, ainda mais por constatar que os ingleses não atribuíam a essas tropas o significado de perigo iminente da chegada dos soldados inimigos. Possuía suficiente experiência para identificar nesses componentes da cavalaria ligeira alemã o papel de batedores, que desde a guerra franco-prussiana marcaram profundamente o imaginário coletivo dos franceses. Seus grupos de reconhecimento impressionavam pelo armamento, pelo chapéu de pele conhecido como *chapka* e eram associados aos massacres e às pilhagens, sua aparição indicando que logo viriam tropas mais numerosas, provocando angústia e pânico nas populações civis e inquietação entre os combatentes. O relato expressa a tensão entre a formação militar austríaca e os padrões do exército britânico.

Nem mesmo o general Haig escapou na ocasião ao seu comentário amargo: "sem dúvida quer inspirar confiança a suas tropas. No momento crítico ele quer se colocar no posto de maior perigo. Tanto faz! Considerando-se a marcha endiabrada do inimigo, que em quarenta e oito horas cobriu 40 kilômetros, a situação não é nada tranquilizadora". De fato, o 1.o exército alemão de von Kluck impunha um ritmo acelerado no seu avanço, ao qual correspondia recuo em velocidade semelhante dos exércitos aliados.

Tolhido em seu ímpeto, D. Luís salientava que seu dever era seguir o exemplo do Estado-maior, condição que lhe despertava "amargas reflexões", pois a situação em Vieux Mesnil era interpretada como alarme falso. Divergia da noção de perigo externada pelo comando e seus temores eram justificados, pois logo ocorreram ataques dos alemães ao sul do local onde estavam acampados. A trezentos metros, rajadas de metralhadoras e detonações das baterias inglesas eram prontamente respondidas pelo outro lado. Logo se dava conta de estarem presos entre dois fogos. Era a retirada de Landrecies de 27 de agosto com o deslocamento para Grand Fayt, já que o exército não podia alcançar Guise ou La Capelle. Pela região de Pas-de-Calais, o 1.o exército inglês deslocava-se entre aldeias abandonadas pela população local em meio a obuses, canhões e *shrapnells*.

A frustração do príncipe por chegar ao campo de batalha em momento de retirada, com os exércitos aliados perseguidos pelo inexorável avanço alemão, permeia todo o relato desses primeiros dias: "Um combate em pleno dia – é tudo o que eu desejo; mas esta fuga vergonhosa, nas trevas, através das linhas de um inimigo invisível, tem alguma coisa de terrivelmente desmoralizante". O grande recuo pela linha do Oise e do Serre, acompanhando a margem esquerda do Oise (Ribermont, Siry, Bressy, Chatillon-sur-Oise , Moy, Siri-les-Minières) desorganizara os exércitos aliados que sofreram pesadas perdas, perseguidos por três colunas inimigas conforme relatavam os aviadores encarregados de vôos de reconhecimento.

E no entanto, em meio ao caos, D. Luís admirou o exército inglês bem treinado, disciplinado, resistente, formado por "soberbos homens de guerra, de rostos bronzeados", que ao passarem pelo general Haig e pela bandeira da Inglaterra "sorriem ferozmente de todos os seus dentes". Os *tommies*, como eram carinhosamente chamados, em homenagem ao poema homônimo de Rudyard Kipling , tinham a força de cantar durante a retirada "*It's a long, long way to Tipperary*". Heróis anônimos que respeitava: "Admirável tropa. A maior parte dos homens não dormiu nada, ontem eles fizeram uns trinta quilômetros mas nada denuncia sua fadiga, nem mesmo seu mau humor. Eles vão em passo leve e ritmado, despreocupados e alegres, como colegiais em férias".A admiração pelas tropas britânicas permanece ao longo do diário e corresponde às condições dos combatentes desembarcados em Pas-de-Calais, diferenciados entre os exércitos europeus por constituírem força regular de soldados profissionais e reservistas, calejados nos combates pelas guerras coloniais do império britânico. Portavam uniforme caqui e equipamento leve, práticas aprendidas nas guerras contra os boers e que facilitavam a camuflagem e o deslocamento em longas marchas.

Não menos heróicos lhe pareciam os aviadores , pilotos e observadores, recobertos de couro dos pés à cabeça, que impassíveis, pensava, participavam da guerra: "magníficos heróis! Para eles a morte no decorrer da campanha parece quase uma certeza. É uma questão de dias. Que importa? Eles são alegres e despreocupados como se tivessem acabado de fazer um simples passeio nos ares". A inovação que o uso de aviões, balões e *zeppelins* trazia à guerra não o surpreendia estava familiarizado com eles.

O "espantoso" silêncio do Estado-maior sobre os acontecimentos o deixava porém perplexo e reforçava o sentimento de culpa por estar abandonando a população local indefesa diante do avanço alemão. Sempre recuando para o sul (La Fère, Coucy), ouvia surpreendentes vivas à França e à Inglaterra. Inabalável naquele momento a confiança da população francesa no general Joffre: "Tudo que ele faz é bem feito. Se nós recuamos, é que as necessidades estratégicas impõem a retirada" era sua observação ferina, sinalizando a responsabilidade pelo aniquilamento de milhares de soldados. Nesse momento de retirada ocorreu seu primeiro contato com um trem de feridos, em maior parte silenciosos e resignados embora de um vagão com clarabóia cheia de palha

> escapem gemidos prolongados que fazem estremecer. Padres ajudam a transportar os infelizes sobre macas. Um odor acre de ácido fênico satura a atmosfera. É a nossa primeira visão dos horrores da guerra. Até aqui nós poderíamos acreditar estarmos em tempo de manobras. O sangue dos feridos nos chama à realidade.

Observando a população civil em êxodo, relatou o impacto da guerra desde a batalha de Landrecies. A retirada sinalizava derrota. Os caquis chegaram a causar surpresa em Coucy, onde os *rêirtes* (antigos cavaleiros alemães) eram esperados. A generosa doação de vinhos ao exército britânico nas vilas, para evitar que as adegas caíssem em mãos dos inimigos, era a resistência possível no momento. E sempre vinha o sentimento de culpa por abandonar essa população à sua própria sorte, sem oferecer resistência ao avanço alemão. Permanecer nas vilas significava correr o risco de violência, como ocorreu com alguns prefeitos que haviam sido fuzilados pelos alemães. Nesse sentido discordava do governo francês pela propaganda otimista sobre a guerra, impedindo que a população civil ocultasse mantimentos.

Sempre recuando, D. Luís acompanhou seu exército em direção ao sul passando por Laon, Soissons, Vauxbin. A 3 de setembro, a caminho de Coulommiers, se perguntava sobre a eficácia da estratégia de retirada dos aliados para atrair o exército Von Kluck para uma armadilha, o funil formado pelo exército inglês e pelo exército Maunoury. Avaliava a situação como desfavorável, por considerar os alemães capazes de romper as duas alas da oposição. Por trás dessa avaliação,sua formação militar aflora: Talvez eu esteja errado e muito imbuído dos princípios inflexíveis da escola austro-alemã: o ataque frontal procurando romper uma das alas inimigas." Assim lhe parecia que "o plano mais simples é sempre o melhor". O mesmo se dava ao assinalar em seu diário ordens e contra-ordens, desinformação e o encontro de uma companhia de *territoriais* (homens com mais de 34 anos, alocados em regiões específicas e geralmente em setores tranquilos ou em trabalhos de retaguarda) estacionados como "uma tribo de beduínos" à espera de seu destino.

A partir da primeira semana de setembro, os registros sinalizam a preocupação com o avanço dos alemães em direção a Paris, e embora D. Luís não tenha participado de operações nessa cidade, cuja defesa foi confiada ao general Gallieni e aos seus territoriais, as ações pareciam-lhe descoordenadas. Criticou o abandono da capital pelo seu governo, que partira para Bordeaux à noite, sem comunicar-se com a população, mas sinalizando a possibilidade da iminente queda da cidade em poder dos alemães.

Desde o início de seu relato, reconhecia a força guerreira dos alemães, sua admirável capacidade bélica, sua incomparável rapidez nas primeiras operações, seus esforços de resistência e coragem. Muito realista, em momento algum subestimou sua tenacidade e intenção de avançar decididamente pelo território francês. No centro de sua narrativa encontram-se experiências pessoais no exército austro-húngaro e é de se perguntar qual seu estado de espírito e os conflitos internos que pode ter vivido ao entrar na guerra, em lado oposto àquele em que fizera sua carreira militar.

Mas não deixou de registrar o temor das chamadas atrocidades alemãs, que constituíram um dos elementos-chave da propaganda aliada. Esta difícil questão foi abordada com meias tintas e embora registrasse fuzilamentos de autoridades civis pelos alemães, denunciou também os atos de vandalismo cometidos pelos dois lados beligerantes. Após percorrer um dos campos de batalha registrou os inúmeros cadáveres de soldados alemães insepultos, mostrando a humanidade sofrida dos combatentes e da população, não importa sob qual bandeira se abrigassem.

Lamentou a destruição da catedral de Reims pela artilharia inimiga, como ato de vandalismo gratuito e intencional. Deslocou-se até lá especialmente para verificar o estado em que havia ficado o edifício, que considerava a "mais gloriosa igreja da França". Não por acaso, pois Notre Dame de Reims, antigo santuário da realeza francesa, fora perenizada na memória coletiva juntamente com Joana d'Arc que para lá conduzira Carlos VII para ser sagrado rei. Ao salientar os danos feitas à "catedral-martírio", construía pontos de referência e identificação com o público ao qual se dirigia , amparado pela dimensão simbólica do edifício que abrigara tantas coroações reais.

Esta primeira fase da guerra, a luta pelas fronteiras, causou nele profunda impressão e sua formação na artilharia emerge com força nos relatos. Ainda que abalado com os horrores dos campos de batalha, reconhecia a "beleza sublime dos grandes encontros. Quem não viu um ataque duma divisão francesa apoiada pelo famoso 75 nada viu e a música grandiosa dos enormes obuses alemães concentrados sobre uma linha de trincheiras jamais sairá do ouvido de quem a percebeu" (Carta a Cunha Bueno, *op. cit.*)

A batalha do Marne, travada entre 5 e 10 de setembro de 1914, com grande esforço dos aliados e concentração maciça das tropas para impedir o avanço alemão em direção a Paris, foi suprimida do relato que registra apenas a descida das tropas até a planície para a grande ofensiva geral. O relato mais próximo é datado do dia 22 de setembro, o que representa significativo lapso de tempo, além de outros possíveis registros referentes à batalha de Aisne, em 14 de setembro. Nada foi publicado sobre os combates decisivos que marcaram uma nova fase da guerra com o recuo alemão em terreno já conquistado e a decisão de seu comando de fortalecer e defender as linhas ocupadas, dando início à guerra de trincheiras. Na segunda quinzena de setembro uma grande linha de defesa se estendia separando os exércitos, pondo um fim à "guerra aberta".

Essa nova modalidade de guerra foi interpretada por D. Luís como um período de ociosidade, pela ausência de batalhas. Perguntava-se então quanto tempo ainda duraria o conflito, aliás a mesma pergunta que todos se faziam, após poucos meses de uma guerra prevista para ser de curta duração, como traçado nos planos dos oponentes. O recuo alemão perante a contra-ofensiva aliada no Marne alterava o panorama e a imobilidade dos exércitos despertava a impressão de ter chegado ao fim a terrível carnificina.

Porém a proximidade do inverno começava a ser inquietante. Sentia os efeitos da vida ao ar livre sob temperaturas em declínio num inverno que se aproximava rigoroso. A frágil saúde começava a ser afetada. Mas, "muito duro para consigo próprio" como observou de perto Latapie, não registrou o impacto. O apagamento de sua vida pessoal do relato ou sua redução à mais mínima dimensão é notável.

A campanha de Flandres

Em auxílio da Bélgica invadida, os exércitos aliados se deslocaram para o norte no mês de setembro de 1914, reforçando a resistência do pequeno exército comandado pelo rei Alberto, que batido em Liège e Namur retirara-se para Antuérpia e depois para Nieuport. Sua estratégia lançou mão dos recursos do terreno ao abrir as comportas do rio Yser para formar uma barreira líquida intransponível, próxima à fronteira com a França .

Foi entre outubro e novembro de 1914 que se travou a primeira batalha de Ypres, com a participação de tropas coloniais indianas, argelinas e cingaleses. Nela foi contido o avanço alemão e estabilizaram-se as linhas de combate, mantidas pelas trincheiras que se estendiam do mar do Norte até a fronteira com a Suíça, com cerca de 475 milhas de extensão. Uma nova modalidade de guerra se instalava, a guerra de posição, também conhecida como guerra de sítio, na qual os protagonistas posicionaram-se face a face em trincheiras protegidas por cavaletes e estacas que sustentavam fieiras de arames farpados, separadas por um espaço conhecido como terra de ninguém, a *no man's land*. Estendidas em linhas paralelas de Nieuport (Bélgica) a Belfort (França), as trincheiras mereceram de um soldado anônimo a metafórica denominação de "grande ferida lívida através da Europa".

A imobilidade dos exércitos dava a falsa aparência de trégua, mas de fato no chamado *front* ocidental a guerra tomava inesperados contornos e anunciava ser de longa duração. O desfecho era procurado por meio do desgaste do inimigo, com os combatentes submetidos a terríveis condições nas trincheiras. Logo um elemento da natureza viria agravar os tormentos impostos por esse tipo de guerra de posições: o inverno.

Os acontecimentos desta fase provocaram em D. Luís uma reflexão amarga sobre o destino da Bélgica. A queda de Antuérpia foi um marco e ao se referir a ela lançou mão do relato das batalhas musicais, mencionando que os exércitos vitoriosos foram ouvidos entoando entusiasticamente os hinos alemão e austríaco que nele despertavam recordações. Mas o dilema presente eram os caminhos seguidos pelo governo da Bélgica. Se o soberano fosse o rei Leopoldo, ponderava, teria agido de outro modo. Atribuiu-lhe um plano de simular uma resistência aos alemães, secretamente acordado entre os estados-maiores belga e alemão e que previa um "balé militar" com a invasão em Liège. A cidade se renderia "após alguns tiros de canhão", em seguida haveria retirada do exército belga para o Meuse, onde se entrincheiraria fortemente. Após manobras diversas, seria concluído um arranjo entre Bélgica e Alemanha, que daria ao exército invasor plena liberdade de ação nas regiões por ele ocupadas e livre trânsito para a França, poupando assim a Bélgica dos horrores da guerra.

No entanto, o rei Alberto agiu de outro modo. Sua reação ao ultimato alemão para que cedesse passagem ao exército de Von Kluck e rompesse assim sua neutralidade, foi negativa. O avanço alemão inexorável visou estrategicamente destruir as fortificações de Namur e Liège, que dificultavam o êxito do plano Schlieffen. Ao apelo pessoal do *kaiser* reiterando suas intenções de não agressão, o rei respondeu com a destruição de pontes, túneis e ferrovias, além de ordenar resistência até o fim em Liège. Ao analisar a situação D. Luís pareceu ignorar compromissos de defesa mútua anteriormente firmados entre a Bélgica, a França e a Grã-Bretanha e que motivaram a decisão do rei dos belgas. Por essa razão, a resistência heróica pareceu-lhe sobretudo decisão pessoal intempestiva do rei, ainda que tivesse implicado em ruína do país, devastação das cidades, de seus campos e esmagamento de dois terços de seu exército. "Mas ela [a Bélgica] conserva sua honra e sua glória", salientou. A decisão, lamentada em suas consequências, foi aprovada por D. Luís com base no código militar de honra nacional presente no relato com grande força e na não menos intensa convicção do que constituía uma nação:

> Que vai acontecer com o infortunado Rei? É preciso ter a alma bem calejada para resistir, sem fraquejar, a tais catástrofes. É preciso sobretudo ter uma maravilhosa e inabalável idéia do dever para não lamentar ter lançado seu país numa aventura, heróica sem dúvida, mas que aos espíritos terra-a-terra poderia parecer uma verdadeira loucura".

Ao chegar a Poperinghe, após a batalha de Ypres, D. Luís foi autorizado a visitar o rei Alberto, refugiado em Furnes desde a queda de Antuérpia. O teor da conversa relatada girou em torno dos costumeiros temas da destruição do país, das atrocidades alemãs e da duração da guerra. Nesse momento, em fins de outubro, espantava-se com o poder de destruição das cidades pelos exércitos em luta e foi no interior desta passagem que aproveitou para mencionar cautelosamente o tema das consequências pessoais de seu engajamento na luta contra os impérios centrais. Tratava-se de decisão sem retorno, pois não poderia mais ir à Alemanha nem à Áustria, rever os conhecidos que lá deixara.

A constatação levou-o ao questionamento das origens da guerra e de seu próprio posicionamento. Ponderava serem os alemães apoiados pelo Vaticano e portadores de sentimento religioso, evidenciado pelos livros de oração carregados pelos soldados prisioneiros, enquanto a França e a Inglaterra seriam afiliadas à franco-maçonaria, a Rússia perseguidora de católicos, o Japão dominado pelo paganismo e a Sérvia, país de bandidos O diário oscila, pois, entre aceitar os alemães como bárbaros, em vê-los como os 'legítimos crentes" e em constatar que na situação de guerra não há melhores nem piores.

Os últimos relatos do diário dizem respeito à guerra de trincheiras e à aproximação do inverno, anunciado desde novembro, com a primeira neve e a chuva fria que a acompanhou. À medida que o tempo piorava, D. Luís avaliava a situação. Temia a ação das intempéries sobre o moral das tropas e evocava a retirada das tropas napoleônicas da Rússia ao se recordar do "general inverno" como o "terceiro inimigo comum".Embora não fosse um combatente, começou a se preocupar com elas, relatando o que ouvira dizer a respeito: "a vida nas trincheiras é um pesadelo segundo os que retornaram, as noites são assustadoras, ninguém pode dormir. Durante as horas que precedem a aurora, sobretudo alucinações coletivas se apossam de homens e oficiais. Os casos de loucura se repetem". Muitos combatentes queriam sair sem permissão ou mesmo render-se ao inimigo. Cheias de água e lama que pouco a pouco congelavam-se, as trincheiras eram lugar de tormento e miséria. Para conhecê-las, a 8 de dezembro visitou Fosse-Calonne, aldeia belga localizada na linha de fogo e retalhada por valas profundas de dois metros. O inimigo estava em alguns pontos a cerca de cinquenta metros de distância.

Fraternizações no armistício de inverno

A trégua de Deus remonta às tradições militares da Idade Média e traduzia comportamento cortês pela suspensão de combates durante festas religiosas, especialmente Páscoa e Natal. Pela intervenção do papa Bento XV, essa prática foi proposta para o Natal de 1914 e embora não tenha sido aceita pelos comandos das forças beligerantes, foi adotada pelos soldados das trincheiras, especialmente pela infantaria. Em muito contribuiu para isso a apropriação pelos combatentes do significado simbólico do Natal, festa máxima da cristandade, resultando em confraternizações espontâneas entre as tropas.

Entrincheirados frente a frente, os soldados decidiram de modo diferente do determinado por seus superiores, estabelecendo em mútuo consentimento uma trégua não autorizada, muitas vezes sob vistas grossas de seus oficiais. Com a imobilidade nas valas sob frio e neve, imersos na água e na lama por vezes até os ombros, nos dois lados beligerantes, desenvolvera-se entre os soldados da primeira linha o ódio aos que ordenaram e comandavam a guerra. A apatia geral se instalara após os meses de violentos combates e enfraquecia os *jusqu'au boutistes* – defensores da guerra até o aniquilamento do adversário. Desenvolveu-se então entre os soldados de ambos os lados uma sociabilidade muito especial, que comportou momentos de camaradagem, contatos amicais sabiamente ignorados e entendidos como pausa necessária, ou duramente reprimidos pelos Estados-maiores como prejudiciais ao espírito guerreiro de suas tropas. Oficiais chegaram a participar de alguns eventos, como os encontros entre as tropas entrincheiradas a pequena distância, no terreno entre elas. Houve até mesmo trocas de visitas entre os ocupantes de trincheiras opostas.

Desde os acordos para socorro aos feridos e enterro dos mortos até o conserto dos aramados (inclusive com empréstimo de ferramentas do oponente) e reconstrução dos túneis, várias foram as formas de suspensão das hostilidades e instalação de uma fraternidade abundantemente documentada na correspondência dos combatentes. Entre elas, não menos significativa, o combate ritualizado que simulava, com tiroteio para o alto ou alongado, um combate feroz que não atingia o inimigo ou estabelecia cargas em horários e dias rotineiramente cumpridos, permitindo ao oponente precaver-se.

Com a aproximação do Natal de 1914, produziu-se assim o evento extraordinário da trégua relatado no *Journal de guerre* como armistício de Natal. Armistício não-autorizado nos exércitos britânicos mediante ordem explícita de seu comandante supremo, o marechal French, que, informado dos acontecimentos nas primeiras linhas, enviou ordem confidencial em primeiro de janeiro de 1915, interditando o uso da bandeira branca e qualquer contato de confraternização, responsabilizando os oficiais pelos atos assim cometidos e permitidos. No entanto, em seu livro intitulado *1914*, publicado logo após o final da guerra, o marechal apresentou uma visão mais amena dos episódios:

> Depois eu refleti profundamente sobre o que havia inspirado tais sentimentos entre os

dois exércitos inimigos no campo de batalha. Não estou certo de que eu me teria oposto a um pedido formal de armistício para aquele dia, se ele me tivesse sido submetido. Eu sempre atribuí a mais alta importância à manutenção do espírito cavaleiresco na guerra, o que foi quase invariavelmente o caso em todas as campanhas dos tempos modernos nos quais este país se encontrou engajado [....] No decorrer das transformações rápidas e caleidoscópicas que se produzem na política mundial, o amigo de hoje pode ser o inimigo de amanhã. Os soldados não devem fazer política, antes devem cultivar um tipo de franco-maçonaria própria, e a exemplo dos cavaleiros de outrora, render homenagem à bravura de um inimigo, logo após a de um camarada, e se rejubilar tanto no combate singular de hoje quanto da carga lado a lado amanhã."[3]

O tema constituiu um subtítulo do diário de D. Luís e suscita a indagação sobre sua importância real no setor britânico. Foi amplamente divulgado pela imprensa britânica que aprovou a "paz provisória" e inesperada entre os exércitos. No setor de Douglas Haig a fraternização foi muito limitada, ao contrário do ocorrido no de Dorrien-Smith, embora ali também ocorressem "contatos informais com o inimigo", mesmo sob ameaça de corte marcial para os que pretendiam viver e deixar viver.

Difícil é avaliar a participação direta de D. Luís nesses episódios, pois o relato publicado é parcimonioso. Em 26 de dezembro ele fora promovido a membro do Estado-maior do 1.o exército britânico, comandado pelo agora general de cinco estrelas Douglas Haig, em decorrência de uma reorganização da BEF que implicou em sua divisão em dois exércitos. "Após madura reflexão eu me junto ao exército", resumiu o príncipe. Uma nota oficial posterior confirmou a decisão e a esclareceu: desde primeiro de janeiro de 1915, D. Luís acompanhou o general Haig e passou para o Estado-maior do primeiro exército da BEF, do qual se retirou por motivos de saúde, após participar de diversas operações na tomada de Neuve Chapelle, Cambrin e Fosse Calonne.

Mas desde novembro de 1914, tomava conhecimento das novas formas de sociabilidade entre os combatentes:

> Eles também devem sofrer e parece impossível que o sofrimento comum decorrente de um 3.o inimigo comum, deixe de aproximar esses homens que se encontram nas mesmas condições de miséria a 200 ou 300 metros uns dos outros. Parece que certos arranjos já foram feitos.
>
> Quando um homem sente a necessidade de deixar sua trincheira para satisfazer às exigências da natureza, ele levanta o braço. Se na trincheira adversária um braço se levanta,

3 FERRO, Marc *et al. Frères de tranchées*. Perrin: LAP, 2005, p. 34.

> ele pode sair impunemente desde que esteja sozinho.
>
> Em certos pontos foram confeccionados cartazes portando a menção *tabaco*. Quando no decorrer de horas de calmaria um desses cartazes aparece de cada lado, um homem pode ir fumar seu cachimbo caminhando diante da trincheira.
>
> De minha parte, eu não vejo inconveniente em que esse sistema se generalize. Esse será o único meio de escapar aos horrores que esperam os adversários no decorrer da estação terrível que começa.
>
> Uma trégua se estabelecerá assim pouco a pouco e se poderá esperar para recomeçar seriamente as hostilidades assim que a primavera chegue.

Embora com precaução, D. Luís não deixou de registrar alguns eventos, como os acordos e arranjos entre os soldados entrincheirados para atender às necessidades fisiológicas, fumar e distender as pernas, partidas de futebol e lutas de boxe disputadas por jogadores dos dois lados. A historiografia registra que no setor britânico, cerca de dois terços dos combatentes aderiu às confraternizações com o *brother boche*, ao passo que em diversos lugares as hostilidades sequer foram interrompidas durante o Natal de 1914. Nos lugares onde as confraternizações ocorreram houve suspensão de combates, concertos musicais, troca de presentes e apertos de mãos.

Até onde se pode perceber no texto truncado do diário, D. Luís transitou para uma posição pacifista após avaliar a desproporção entre o custo das perdas e os ganhos obtidos. Nos últimos registros, clamou abertamente pelo armistício para poupar vidas e não via na *boucherie* resultado que não pudesse ser obtido por meio de negociação. Passara a considerar a guerra resultado da loucura do kaiser, um "cataclismo" a ser evitado a todo custo e sinalizava aos correligionários, germanófilos ou não, que melhor seria o Brasil ficar ausente do conflito.

Sua saúde estava abalada, no físico e nos "nervos" , o reumatismo voltara a se manifestar. Não é de se desprezar a hipótese de uma manifestação depressiva forte que o levou de volta a Cannes, em busca do sol e da família.

De volta para casa

Em 10 de março de 1915 o trecho publicado do *Journal de Guerre* interrompeu-se abruptamente. D. Luís entrara num período de agravamento de seu estado de saúde pelo recrudescimento do reumatismo crônico, agora tornado incapacitante. Foi o início de uma série de estações de cura pelo termalismo em busca da recuperação. Como de costume, os relatórios do conde d'Eu à sua correspondente no Brasil não se detinham em detalhes. O mesmo ocorria com as informações enviadas a Cunha Bueno. A enfermidade, quando não ocultada, era referida de modo "civilizado" ou seja, minimamente detalhada.

Em 7 de abril de 1915 , D. Luís e sua família partiram para Cannes em busca de clima mais ameno pois segundo o relato do pai, "a umidade do Norte lhe dera tais reumatismos nos joelhos que mal podia descer as escadas: assim obteve licença por três semanas". Em 14 de maio de 1915 foi chamado por telegrama oficial ao QG do 1.o exército inglês, mas assim permaneceu ainda em maio, a conselho médico, sem melhora significativa de seu estado de saúde, tanto que acabou indo para uma cura de águas em La Bourboule, mancando em ambos os joelhos inchados, magro e abatido.[4] Nessa localidade situada no maciço de Auvergne, de clima frio e úmido e especializada em tratamento de asmas, alergias e eczemas com águas minerais bicarbonatadas, cloradas e sódicas, seu estado de saúde agravou-se e foi preciso procurar cura em outra estação, em Uriage-les-Bains.

Regressou a Cannes para tentar uma "cura de sol" nas areias quentes da praia. Com alguma melhora, andando ainda com dificuldade, passou o restante do ano de 1915 buscando alternativas como injeções intravenosas de iodo e enxofre. Esteve nos Pirineus Orientais, provavelmente em Le Boulou, onde se praticava termalismo voltado para patologias cardiovasculares crônicas e artrite dos membros inferiores. Tentou também tratamento em Dax.

Depois que D. Luís se licenciou da BEF, seu pai empreendeu uma campanha para obter-lhe uma condecoração, recorrendo às autoridades militares da França e da Inglaterra ainda antes do final da guerra. Para amparar seu pedido, o tenente-coronel A. Jamet, da missão militar francesa adida à BEF, escreveu uma nota esclarecedora do valor da participação do príncipe na guerra:

> Agregado como Tenente do Estado Maior do 1.o Corpo Britânico (o do General Douglas Haig) desde 25 de agosto de 1914, S.A. I. e R. dom Luís de Orleans-Bragança contribuiu com a máxima eficácia para a comunicação com os corpos franceses vizinhos notadamente no combate de Landrecies, a 25 de agosto, e depois durante a retirada, por zonas expostas às incursões de patrulhas alemãs, e particularmente a 3 de setembro, nos arredores de Château-Thierry. Depois da batalha do Marne, assistiu com o 18.o Corpo ao ataque de Montereau-les-Provins a 7 de setembro, no dia 8 ao combate de Trétoire e finalmente de 13 de setembro a 15 de outubro, à primeira batalha do Aisne no setor

4 Cartas de Gastão d'Orléans a Amanda Paranaguá, de Boulogne-sur-Seine, 15/4 e 6/5/1915; de Eu, 17/6, 26/6, 6/7/1915.

> de Bourg-et-Comin, onde assegurou, muitas vezes repetidas, em zonas dominadas pelo fogo de artilharia, a comunicação com os setores vizinhos ao 18.o Corpo.
>
> Durante as trágicas jornadas da primeira batalha de Ypres de 20 de outubro a 21 de novembro, em que a linha inglesa escapou de ser rompida várias vezes, ele prestou serviços dos mais assinalados, contribuindo dia e noite, com inalterável dedicação e energia a toda a prova, para assegurar a comunicação com os Corpos Franceses vizinhos em um setor que, formando uma saliência para dentro da linha inimiga, sofria tiros intensos da sua artilharia; especialmente a 22 de outubro, no combate de Bixchoote; em Zonnebecke com a 18.a Divisão, no combate de Veldhock com os Zuavosède Coronel Eychène e a 31 de outubro.
>
> A datar de 1.o de janeiro de 1915 o príncipe acompanhando o General Douglas Haig, passou para o E.M. do 1.o Exército, e ali continuou a prestar serviços igualmente relevantes, particularmente a 10 de março, por ocasião da tomada de Neuve Chapelle, depois em Cambrin, em Fosse-Calonne, no setor do 10.o Exército.
>
> Nessas diferentes missões, nunca deixou de mostrar-se de uma dedicação a toda a prova, de uma animação comunicativa, de um sangue-frio notável nas mais árduas conjecturas, de uma coragem inalterável no fogo, e de uma compreensão, muito para notar-se, das situações táticas. Sua saúde, gravemente alterada pela rude campanha do Yser, obrigou-o a retirar-se prematuramente do Estado Maior, no qual só deixou amizades, elevado apreço de suas belas qualidades militares e pesar unânime pela sua partida.[5]

Esse depoimento foi apresentado por seu pai ao coronel Huguet, chefe da Mission Militaire Française attachée au Corps Expedicionnaire Anglais, com a solicitação da Legião de Honra para seu filho. Começava um processo bem sucedido, ainda que sujeito aos trâmites de encaminhamento de demandas. Huguet justificou sua impossibilidade de dar andamento ao pedido por não ter D. Luís feito parte da missão militar francesa, julgando mais pertinente encaminhá-lo ao Estado-maior inglês, pois seu nome constava ainda da *sick list*, conforme correspondência trocada com Douglas Haig entre 1916 e 1919. O derradeiro documento trocado entre eles foi uma carta desse general a D. Luís certificando ter ele servido em seu *staff* de agosto de 1914 a julho de 1915 como oficial de ligação entre as tropas britânicas e francesas, com cumprimento inteiramente satisfatório de seus deveres militares , "muitas vezes sob o fogo inimigo".

Atuando também junto às autoridades francesas, o conde d'Eu dirigiu-se ao presidente Poincaré, recebendo como resposta a notícia de que este havia encaminhado ao ministro da guerra notícia sobre a "bela conduta militar do Príncipe Louis de Orléans et Bragance" junto com a solicitação da Cruz de Guerra (Carta de Poincaré a Gastão d'Orléans , 28/10/1918).

---

5 In: *Revista do Livro*, ano V, n. 17, março 1960, p. 187.

Enquanto a saúde do filho declinava irremediavelmente, o pai procurava o reconhecimento pela sua participação na guerra e quem sabe, dar-lhe um alento nos momentos finais da vida. D. Luís postumamente foi nomeado Cavaleiro da Ordem da Legião de Honra e condecorado com a Cruz de Guerra pelo governo francês. Foi também agraciado pelo governo britânico com a British War Medal, a Victory Medal e o Star de 1914-1915, além da Medalha de l'Yser concedida em 4 de abril de 1920 pelo soberano da Bélgica.

Quanto a D. Antônio, participou da guerra até o seu final, como membro do Royal Horses passando de oficial de ligação a ajudante-de-campo do Estado-maior da cavalaria canadense em 1917. Sua atuação foi reconhecida com a concessão da Military Cross em 1917, recebida em 1918. Após o final do conflito, permaneceu incorporado ao exército britânico, onde conseguiu ser aceito no serviço de inteligência. Seu ingresso no exército francês, ambicionado pelo pai, não foi obtido. Faleceu em 29 de novembro de 1918, em decorrência de desastre aéreo ocorrido quando se deslocava em missão da Inglaterra para a França.A guerra havia terminado oficialmente em 11 de novembro com o armistício de Compiègne.

Na igreja Collégiale Notre-Dame et Saint-Laurent, em Eu, uma grande placa memorial registra entre os nomes dos que perderam a vida em decorrência da guerra, S.A.I. et R. Le Prince Louis e S.A.R. Le Prince Antoine d'Orléans et Bragance.

PARTE II

Momentos Finais

Desde a saída da BEF, a saúde de D. Luís entrara em declínio, apesar dos diversos tratamentos médicos experimentados. Em Cannes refugiava-se no clima mais quente, embora lutando contra a umidade do ar, a maresia e os ventos. A invalidez era a sombria perspectiva que se delineava, pois a dificuldade de locomoção solicitava o uso de bengalas e cadeira de rodas. Chegou a realizar em abril de 1917 uma cirurgia na perna para tentar a recuperação.

A enfermidade seguia sua marcha inexorável. Pouco a pouco perdia a capacidade de escrever, como sugere a letra trêmula de algumas cartas, o inchaço das mãos a lhe dificultar a escrita. Em 1919 já não podia mais andar, mas na correspondência enviada aos brasileiros afirmava obstinadamente estar em recuperação, tendo voltado a cavalgar, a andar de automóvel e a levar vida ativa.

Mesmo assim não deixava de interessar-se pela guerra e de manifestar-se aos monarquistas brasileiros, sempre desejosos de conhecer sua opinião sobre os rumos do conflito e especialmente sobre a possibilidade de entrada do Brasil no combate junto aos aliados. Sua avaliação do contexto político entre 1915-18 foi marcada pela perspectiva pacifista e defesa da necessidade urgente do fim do conflito. Temia a completa destruição da "Velha Europa" e sobretudo, que dele resultasse a implantação do socialismo. Com esse estado de ânimo posicionou-se contrário à entrada do Brasil na guerra, por considerar o país pobre e fraco, problemático e indesejável seu desempenho em eventual engajamento armado.

Em 1916, inspirado no panorama político da França, apoiava com relutância a "união sagrada de todos os brasileiros sem distinção de partido" caso o Brasil entrasse na guerra "pelo Direito e pela Liberdade", porém "sem por isso nos deixar arrastar mais longe do que seria conveniente". Em março de 1918, alguns meses após a ruptura da neutralidade brasileira, emitiu orientação aos monarquistas no sentido de se absterem de fazer campanha a favor da guerra. Adotando uma postura pacifista afirmava a necessidade de se colocar o Brasil a salvo de envolvimentos militares: "A nossa ação militar só pode ser, quando muito, representativa; não há de ser ela que poderá patentear, neste momento, a nossa importância de grande potência nascente."[1]

Sua vida terminou em 26 de março de 1920, aos 42 anos de idade, deixando aos cuidados de sua esposa três filhos: D. Pedro Henrique (1909-1981), D. Luís Gastão (1911-1931) e d.Pia Maria (1913-2000). Em 15 de junho 1920, foram celebradas suas exéquias na Chapelle Saint-Louis de Dreux, situada na Alta Normandia e erigida no século XIX para receber as sepulturas dos príncipes de Orleáns. Ali já se encontrava sepultado seu irmão D. Antônio.

Estiveram presentes à cerimônia o duque de Guise, representando o Duque de Orléans e o Príncipe Philippe de Bourbon, representando o Conde de Caserta, sogro de D. Luís. A descrição da cerimônia assinala sua pertença à casa real pelo local do sepultamento e pelos presentes. Precedidos pelos mestres de cerimônias, o duque de Guise, na qualidade de representante do duque de Orléans, e o príncipe Felipe de Bourbon, representando o conde de Caserta, sogro de D. Luís tomaram o lugar ao pé do altar.

> A capela real estava forrada de estofos fúnebres com as armas de Orléans e Bragança.Um grande catafalco muito simples se levantava ao centro da nave, atrás da coroa real velada de crepe. SS. AA.RR. Mgr. o conde d'Eu e o Príncipe Pedro de Orléans e Bragança tomaram lugar na segunda fila, assim como o general de Mac Mahon, duque de Magenta.
>
> Do outro lado da ala principal colocaram-se SS.AA.RR. Madame a Princesa Pia de Orléans e Bragança e seus dois filhos, os Príncipes Pedro Henrique, herdeiro do trono imperial do Brasil e Luís Gastão; Madame a Condessa d'Eu, Madame a Condessa de Caserta e a Princesa Josefa de Bourbon, Madame a Princesa Pedro de Orleans, madame a Duquesa de Chartres.

O caixão recoberto pelas bandeiras da França e do Brasil foi baixado na cripta simples, ornamentada com as armas do Brasil Império.[2] A ele justaram-se mais tarde outros membros de sua família: D. Maria Pia, sua esposa e filho D. Luís Gastão, falecido muito jovem.

1 Carta de D. Luís a Martim Francisco, Villa Marie Thérèse, Cannes, 28/3/1918.

2 *Les obsèques du Prince Louis d'Orléans-Bragance*. Retalho de jornal de origem desconhecida, 16 de abril de 1920.

A morte de D. Luís deixou órfão o movimento monarquista a ele vinculado. Abalou-se a esperança dos defensores da continuidade da luta pelo princípio monárquico de governo, foi o desamparo. No entanto, o sentimento de orfandade foi logo superado por novas perspectivas. Em Porto Alegre, o advogado Armando Dias de Azevedo estava entre os que levantavam a bandeira. Declarava-se "monarquista de arraigadas convicções, devidas ao estudo da política, da sociologia e da história" e pessoalmente ligado a D. Luís.[3] Tentou reorganizar o movimento, mas faltava-lhes a liderança impetuosa do príncipe.

Já se colocava em cena uma nova concepção de monarquia corporativa na qual o "soberano reine e governe e as Câmaras, genuína representação do país, legislem".[4] Em 1928 o filho primogênito de D. Luís, D. Pedro Henrique de Orléans e Bragança, com 18 anos de idade, seria lembrado pelos neomonarquistas agrupados no movimento da Pátria-Nova, fundado por Arlindo Veiga dos Santos no bojo do movimento de renovação católica que arregimentou intelectuais, entre eles Jackson de Figueiredo, no Centro D. Vital. Iniciava-se na década de 1920 numa nova fase do monarquismo que ultrapassava a memória do reinado de D. Pedro II, em direção apontada por D. Luís.

---

3 Carta de Armando Dias de Azevedo a José Francisco de Barros, Porto Alegre, 23/6/1920.

4 Carta de Armando Dias de Azevedo a José Francisco de Barros, Porto Alegre, 18/3/1921.

PARTE 12

Caderno de Imagens

1. D.Luís a cavalo, em Petrópolis (arquivo IDII).

2. D. Antônio, D. Luís e D. Pedro no Brasil, antes do exílio da família (arquivo da Casa de Portugal, São Paulo).

3. D.Luís adolescente, na França (arquivo IDII).

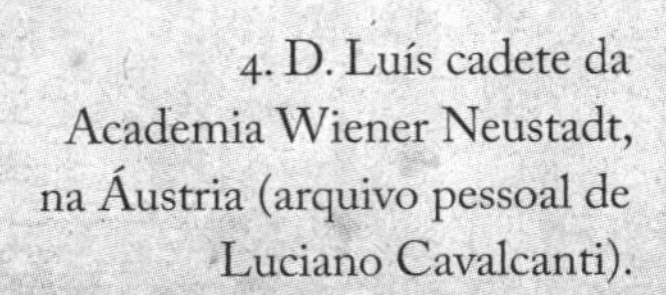

4. D. Luís cadete da Academia Wiener Neustadt, na Áustria (arquivo pessoal de Luciano Cavalcanti).

5. D. Luís em Paris, s/d (arquivo IDII).

LOUIS D'ORLÉANS

AU

Mont-Blanc

15-16 Septembre 1896

TRAVERSÉE D'UNE CREVASSE

(d'après une photographie de M. Tairraz, photographe et guide-chef à Chamonix)

(Extrait de la **Revue du Mont-Blanc**
N^os des 26 mai et 9 juin 1897).

6. Capa do livro Au Mont- Blanc (arquivo pessoal da autora).

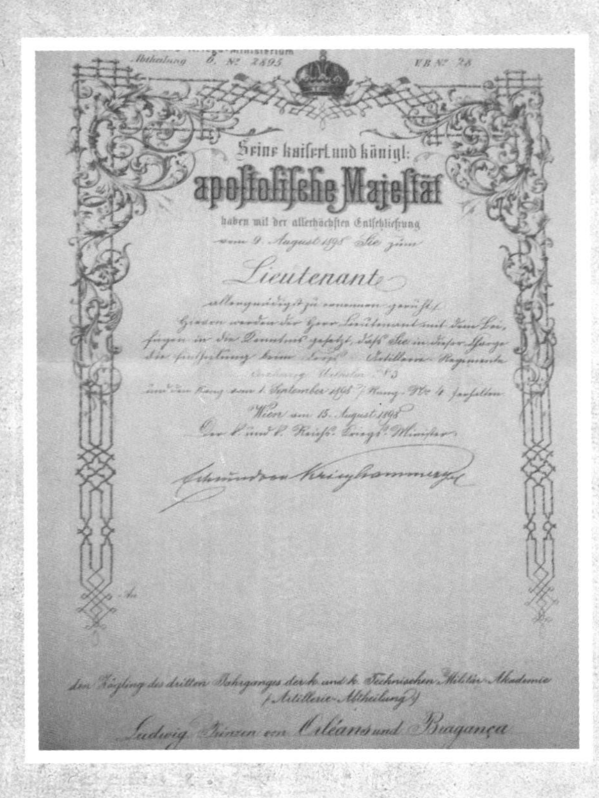

Seine kaiserl. und königl:
apostolische Majestät
haben mit der allerhöchsten Entschließung
vom 9. August 1898 Sie zum
Lieutenant

Wien am 15. August 1898

(Artillerie-Abtheilung)
Ludwig Prinzen von Orléans und Bragança

7. Diploma de lieutenant do exército Austro-Húngaro, Viena, 15 de agosto de 1898 (arquivo Pró-Monarquia).

8. D.Pedro, a princesa Isabel e d.Luís, em uniformes do exército Austro-Húngaro (arquivo da Casa de Portugal, São Paulo).

9. Conde d'Eu e seus três filhos: D. Pedro, D. Luís e D. Antônio (da esquerda para a direita) (arquivo da Casa de Portugal, São Paulo).

10. D. Pedro e D. Luís em uniformes militares (arquivo Pró-Monarquia).

11. D. Pedro, D. Luís e D. Antônio, origem não identificada (arquivo pessoal da autora).

12. D. Luís e Jovino Pernambuco, a bordo do Amazone, em maio de 1907, na baía de Guanabara. Álbum Imperial, número especial, maio 1907 (Arquivo da Faculdade de Direito da USP).

13. A bordo do Amazone, em maio de 1907, por ocasião da visita de d.Luís ao Brasil. Álbum Imperial, São Paulo, número especial, suplemento, maio de 1907 (arquivo da Faculdade de Direito de São Paulo).

14. Recepção de D. Luís a bordo do Amazone, Rio de Janeiro, maio de 1907, in: Álbum Imperial (arquivo Jean Menezes do Carmo).

15. D. Luís e D. Maria Pia provavelmente tirada por ocasião do noivado em 1908 (arquivo IDII).

Le Gaulois du Dimanche

ABONNEMENTS :
12 FRANCS PAR AN POUR LA FRANCE
15 FRANCS POUR L'ETRANGER
Le Gaulois du Dimanche est servi gracieusement à tous les abonnés du Gaulois.

Directeur : ARTHUR MEYER

Bureaux : 2, rue Drouot.

PUBLICITÉ :
MM. HUGUET, MINART ET Cie
11, Boulevard des Italiens, Paris.
Téléphone : 112-45 — 280-88

FIANÇAILLES ROYALES

16. Noivado de D. Luís e D. Maria Pia, capa da revista Le Gaulois du dimanche, Paris, 3-4 octobre 1908 (arquivo da autora).

17. Casamento religioso de D. Luís e D. Maria Pia na igreja de N.S. de Bon Voyage, Cannes, 1908 (arquivo IDII).

18. Carte Postale com foto oficial do casamento de D. Luís e D. Maria Pia, em Cannes, 30 de outubro de 1908(arquivo pessoal da autora).

19. D. Luís e D. Maria Pia em Granada, na Espanha (arquivo IDII).

20. D. Luís, D. Maria Pia e seu filho primogênito D. Pedro Henrique (arquivo pessoal da autora).

21. Charge sobre a restauração, s/i. (arquivo da autora).

22. D. Luís, D. Maria Pia e seu filho mais velho, D. Pedro Henrique, com um ano de idade. A Ilustração Brasileira, Rio de Janeiro, n. 32, 16 de setembro de 1910. (arquivo pessoal da autora)

23. D. Isabel, o conde d'Eu, d.Luís, D. Maria Pia e filhos (1913) (arquivo Jean Menezes do Carmo).

24. Família Imperial Brasileira fotografada no Castelo d'Eu, 14 de outubro de 1914, antes da partida de D. Luís e D. Antonio para a guerra. Da esquerda para a direita, em pé, na primeira fila, D. Luís, D. Antônio e D. Pedro. Na segunda fila estão as noras e os netos D. Maria Pia, com D. Pia Maria , D. Luís Gastão no colo e D. Pedro Henrique; a Princesa Isabel com D.Francisca no colo, o conde d'Eu, segurando a mão de d.Isabel (condessa de Paris) D.Elisabeth e d.Pedro Gastão. (arquivo pessoal da autora).

25. D. Luís e seus filhos D. Luís Gastão e D. Pedro Henrique, em Cannes, cerca de 1919. (arquivo da autora)

26. D.Pedro Henrique, D. Luís Gastão e D. Pia Maria, filhos de D. Luís e D. Maria Pia. In: DELAIR, Mgr. Um jeune prince chrétien. Paris, 1933, p.22.

27. Capela real de Dreux, França, onde está situado o túmulo de D. Luís (foto tirada pela autora em 2008).

PARTE 13

Referências

ARQUIVOS

Casa Imperial do Brasil – Instituto Pró-Monarquia
Casa Imperial do Brasil – Museu Imperial de Petrópolis e Arquivo Grão-Pará
Instituto D. Isabel I, a Redentora
Arquivo pessoal de D. José Palmeiro Mendes, OSB
Arquivo pessoal de Armando Alexandre dos Santos
Academia Brasileira de Letras
Arquivo Público do Estado de São Paulo
Biblioteca Nacional
Cedal/AEL – Unicamp
Instituto de Estudos Brasileiros – USP
Instituto Histórico e Geográfico Brasileiro
Oliveira Lima Library, Washington, d.c.
Casa de Portugal, São Paulo

REFERÊNCIAS

FONTES IMPRESSAS

Obras de D. Luís

Á travers l'Hindo-Kush. Paris: Gabriel Beauchesne , 1906.
Á travers l'Hindo-Kush pelo príncipe Luiz de Orleans e Bragança. *Jornal do Brasil*, 15 de novembro de 1907.

Ascensão ao Monte Branco. *Jornal do Comércio*, São Paulo,31 de julho de 1897.

Au Mont-Blanc. 15-16 septembre 1896. Thonon-les-Bains, Imprimerie A. Dubouloz, 1897. Extrait de la *Revue du Mont-Blanc*, n.os 26 mai et 9 juin 1897.

Dans les Alpes, 1896-1898. Mont-Blanc, Aiguille du Midi, Mont-Rose, Mont-Cervin, Aguille Méridionale d'Arves, la Meije, Barre des Écrains. Paris: Plon-Nourrit, 1901.

De La Paz a Cochabamba. *Álbum Imperial*, São Paulo, ano III, n.3, 4, 5, 6, 1908.

De La Paz a Cochabamba. *Jornal do Comércio*, São Paulo, 4 de novembro de 1907.

De Santa Cruz a Corumbá. *Jornal do Comércio*, São Paulo, 25 de dezembro de 1907.

Excursão aos Alpes. *Álbum Imperial*, São Paulo, ano II, n. 8, 9, 10, 11, 1907.

Excursão aos Alpes. *Jornal do Comércio*, São Paulo, 27 de novembro de 1902.

Fragmentos de uma viagem de D. Luís de Bragança, contada por ele. *Jornal do Comércio*, São Paulo, 3 de novembro de 1902.

Journal de Guerre. In: *Revista do Livro*, Rio de Janeiro, n. 17, ano V, março 1960: 145-195. Apresentação de João do Rio.

Manifesto ao Diretório Monarquista, Cannes, 1909.

Manifesto aos Brasileiros, Montreux, 1913.

Perou et Bolivie: de Mollendo à La Paz. *Le Correspondant*, n.o espécial, Paris, 1910, 9 mars: 1065-1088.

Quinze dias no Transvaal. Notas de viagem. *Jornal do Comércio*, São Paulo, 4 de novembro de 1900.

Quinze jours dans l'Oisans. L'Aiguille Méridional d'Arves. *Le moniteur universal*, Paris, 13 de fevereiro, 13, 14 e 16 de junho de 1900.

Sous la Croix du Sud. Brésil-Argentine-Chili-Bolivie-Paraguay-Uruguay. 4.e ed., Paris: Plon, 1912.

Tour d' Afrique. De Paris a Lourenço-Marques. Au camp des boers. Chasse et retour. Paris: Plon, 1902.

À travers l'Hindo-Kush. Paris: Gabriel Beauchesne & Cie., 1906.

Repertórios de correspondência

ARAGÃO, Pedro Moniz de. Achêgas históricas. *Revista do IHGB*, Rio de Janeiro, v. 244, jul.-set. 1959: 234-254.

______ (org.). Cartas do conselheiro João Alfredo à princesa Isabel. *Revista do IHGB*, v. 260, jul./set. 1963: 339-412.

Barral e da Pedra Branca, Luísa Margarida Portugal de Barros, condessa de. *Cartas a suas majestades: 1859-1890*. Rio de Janeiro: Arquivo Nacional, 1977.

O Príncipe D. Luis de Orleans e Bragança e Euclydes da Cunha. *Revista do Brasil*. Rio de Janeiro, ano I, n. 5, 3.a fase, novembro 1938: 528-529.

Nabuco, Joaquim. *Cartas a amigos*. São Paulo: Ipê, 1949.

Silva, Belmiro Sebastião da. Laet, à luz de documentos inéditos, fiel à Igreja e ao Império. *Verbum*, Universidade Católica, RJ, t. XVI, fasc. 2-3, 1958: 125-135.

Memórias sobre os Orléans e Bragança

Bragança, D. Isabel de Orléans e. *Memória para meus filhos*. Cannes, 30 de maio de 1890. In: Magalhães Junior, Raymundo. *Deodoro, a espada contra o Império*. São Paulo: Nacional, 1957 (Brasiliana, v. 12-A), v. II: 395-403.

Bragança, Isabel de Orleans, condessa de Paris. *De todo coração*. Rio de Janeiro: Francisco Alves, 1983.

Bragança, D. Luiz de Orleans e. *Carta aos srs. membros da Assembléia Nacional Constituinte*. São Paulo, 7 de setembro de 1987.

Bragança, Pia Maria de Orleans, condessa René de Nicolay. *Le temps de ma mère*. s/d.

Daunt, Ricardo Gumbleton (org.). *Diário da Princesa Isabel* (Excursão dos condes d'Eu à província de S.Paulo em 1884). São Paulo: Anhembi, 1957.

Delair, René (Monseigneur). *Um jeune Prince Créthien*. Louis-Gaston d'Orléans-Bragance, 1911-1931. Récits et souvenirs. Paris: Imp. Saint-Paul, 1933.

Latapie, Albert. *Lembranças de um lacaio da Casa de Orleans e Bragança no exílio*. Datilografado, 86 p.

Orleans, Gaston d', conde d'Eu. *Viagem militar ao Rio Grande do Sul*. São Paulo: Brasiliana, 1936.

Ramiz Galvão, barão de. Gratas reminiscências. *Revista RIHGB*, v. 152, 1925: 859-61.

BIBLIOGRAFIA

Sobre D. Luís

Azevedo, Armando Dias de. O conde d'Eu. Discursos proferido no IHG do Rio Grande do Sul por ocasião do centenário das comemorações de nascimento, a 28 de abril de 1942.

______. O Príncipe D. Luís. *Diário de Notícias*, 8 de junho de 1926.

AZEVEDO, Sebastião Moreira. O Príncipe Perfeito. *Revista Genealógica Latina*, São Paulo,1, 1949: 121-126.

AULER, Guilherme Martinez. Aspectos da vida de D. Luiz de Bragança. *Revista do Instituto do Ceará:* 96-108.

______. A infância de dom Luiz do Brasil. *Revista Genealógica Brasileira*. São Paulo, n. 2, 1.o semestre de 1940: 435-437.

______. D. Luiz do Brasil. *A Ordem*, março 1941: 268-271.

______. Últimos momentos de dom Luiz do Brasil. *Revista Genealógica Brasileira*. São Paulo, ano II, n. 4, 2.o semestre de 1941: 317-319.

CARVALHO, Alberto Marques de. *Resposta de um Brasileiro ao Manifesto Restaurador do Príncipe D. Luís de Orléans*. Rio de Janeiro: Cruz Coutinho, s/d.

DELGADO, Alexandre Miranda. *O Imperador Magnânimo*. Ed. do Autor, 1992.

FREYRE, Gilberto. *Ordem e progresso*. Rio de Janeiro: José Olympio, 1974.

LACOMBE, Lourenço Luiz. *Isabel a princesa redentora*. Petrópolis, IHP, 1989.

LAPPARENT, A. de. Deplacements princiers. *Le correspondant*, 25 mai 1907, p. 682- 707.

MALATIAN, Teresa. *Oliveira Lima e a construção da nacionalidade*. São Paulo: Edusc/ Fapesp, 2001.

MENSAGEM. Boletim do Círculo de Estudos Brasileiros "João Camillo de Oliveira Torres". Porto Alegre.

MOUTINHO, Nogueira. No centenário de dom Luís. *Revista da Academia Paulista de Letras*. São Paulo, ano XL, n. 103, nov. 1983, p. 69-85.

RIO, João do. Viagem ao exílio (...). *Povo*, n. 186, 29 julho 1919.

Suas Altezas em balão. *Jornal do Comércio*, 2 de fevereiro de 1904.

Um Príncipe alpinista. *Jornal do Comércio*, 27 de agosto de 1898.

SANTOS, Armando Alexandre dos. *Dom Pedro Henrique*. O condestável das saudades e da esperança. São Paulo: Artpress, 2006.

______. *A legitimidade monárquica no Brasil*. São Paulo: Artpress, 1988.

TORRES, João Camilo de Oliveira. *Interpretação da realidade brasileira* (Introdução à história das idéias políticas no Brasil). Rio de Janeiro: José Olympio, 1969.

VERÍSSIMO, José. Ingleses e boeres na guerra. *Correio da Manhã*, 15 agosto 1902.

VIANNA, Hélio. Correio Imperial – um jornalzinho de príncipes. *Tribuna de Petrópolis*, 1957.

______. *Letras Imperiais*. Rio de Janeiro: MEC, 1961.

______. D. Luis de Orleans e Bragança. *A Nação,* Rio de Janeiro, 26 de janeiro de 1933.

______. Um grande petropolitano: dom Luis de Orleans e Bragança. *A Tribuna de Petrópolis,* 28 de janeiro de 1933.

______. Um Principe brasileiro ao redor do Brasil. *Carioca,* Rio de Janeiro, 28 de novembro de 1936.

Veiga, Alberto. *Habeas-corpus a favor da banida Família Imperial Brasileira.* Lisboa: Imprensa Africana de Antonio Tibério de Carvalho, 1913.

Sobre o Segundo Reinado

Amaral, José Ubaldino Motta do. *O marechal visconde de Maracaju (memória histórico-genealógica).* Rio de Janeiro, 1995.

Argon, Maria de Fátima Moraes. *Família Imperial. Álbum de retratos.* Petrópolis: Museu Imperial, 2002.

Barman, Roderick J. *Citizen Emperor.* Stanford University Press, 1999.

______. *Princesa Isabel do Brasil.* São Paulo: Unesp, 2005.

Besouchet, L. *Exílio e morte do imperador.* Rio de Janeiro: Nova Fronteira, 1975. 2.a ed., *Pedro II e o século XIX.* Rio de Janeiro: Nova Fronteira, 1993.

Calmon, Pedro. *A Princesa Isabel: a "Redentora".* São Paulo: Cia. Ed. Nacional, 1941.

Carvalho, José Murilo de. *D.Pedro II.* São Paulo: Companhia das Letras, 2007.

Cascudo, Luís da Câmara. *O conde d' Eu.* São Paulo, Nacional, 1933. (Brasiliana, 10)

Celso, Afonso (Afonso Celso de Assis Figueiredo). *Contradictas Monarchicas.* Rio de Janeiro: Livraria Moderna, 1896.

______. *O imperador no exílio.* Rio de Janeiro: Francisco Alves, 1929.

______. *Aos monarchistas.* Rio de Janeiro: Livraria Moderna, 1895.

______. Sessão Magna Comemorativa. *Revista do IHGB.* Rio de Janeiro, v. 139, t.85, 1919: 585-627.

______. *Visconde de Ouro Preto (excerptos biographicos).* Porto Alegre: Livraria do Globo, 1935.

Cerqueira, Bruno da Silva Antunes de (org.). *D. Isabel I a Redentora: textos e documentos sobre a Imperatriz exilada do Brasil em seus 160 anos de nascimento.* Rio de Janeiro: Instituto Cultural D. Isabel I a Redentora, 2006.

Cima, Marcelo del e Roberto, Yolanda (orgs.). *A Família Imperial Brasileira em antigos & raros cartões postais.* Petrópolis: Museu Imperial, 1991.

Costa, Emilia Viotti da. *Da Monarquia à República*: momentos decisivos. 3. ed., São

Paulo: Brasiliense, 1985.

Daibert, Robert. *Isabel, a "Redentora" dos escravos*. São Paulo: Edusc/Fapesp, 2004.

______. *Princesa Isabel (1846-1921)*: a "política do coração" entre o trono e o altar. Tese de doutoramento, Rio de Janeiro: UFRJ, 2007.

Del Priore, Mary. *O Príncipe maldito*. Rio de Janeiro: Objetiva, 2007.

______. *Condessa de Barral*: a paixão do imperador. Rio de Janeiro: Objetiva, 2008.

Dumont, Santos. *Os meus balões*. 2. ed., Rio de Janeiro: Irmãos di Giorgio, 1956.

______. *O que eu vi, o que nós veremos*. Sao Paulo, Tip. Piratininga, 1918.

Fleury, Oscar. *Os inimigos da República*. Petrópolis, Tip. da Gazeta Fluminense, 1899.

Freyre, Gilberto. *Ordem e progresso*. Rio de Janeiro: José Olympio/INL, 1974.

Guimarães, Argeu. *D. Pedro II nos Estados Unidos*. Civilização Brasileira, 1961.

Janotti, Maria de Lourdes M. *Os subversivos da República*. São Paulo: Brasiliense, 1986.

Lago, Pedro e Bia Corrêa do. *Coleção Princesa Isabel*. Fotografias do século XIX. Rio de Janeiro: Capivara, 2008.

Leite, Beatriz Westin de Cerqueira. A visão da República no interior das instituições monárquicas: pronunciamentos políticos. *História: 100 anos de República* (número especial). São Paulo: Unesp, 1989: 115-116.

Lessa, Clado Ribeiro de. O segundo ramo da Casa Imperial e a nossa marinha de guerra. *Revista do Instituto Histórico e Geográfico Brasileiro*, Rio de Janeiro, v. 211, abr.-jun. 1951: 118-133.

Lima, Manuel de Oliveira. *O Império Brasileiro*. São Paulo: Melhoramentos, 1927.

______. *D. João VI no Brasil*. Rio de Janeiro: Typ. do Jornal do Commércio, 1908.

______. *Memórias (Estas minhas reminiscências...)*. Rio de Janeiro: José Olympio, 1937.

______. *O movimento da Independência*. São Paulo: Melhoramentos, 1922.

Malatian, Teresa. *Os cruzados do Império*. São Paulo: Contexto; Brasília: CNPq, 1990.

______. *Império e missão*. Um novo monarquismo brasileiro. São Paulo: Companhia Editora Nacional, 2001.

Martim Francisco Ribeiro de Andrada. *Contribuindo*. São Paulo: Monteiro Lobato, 1921.

Montalivet, Le Comte de. *La confiscation des biens de la famille d'Orléans*. Souvenirs historiques. Paris : Imp. De J. Claye, 1871, Extrait de la *Revue des Deux Mondes*, 1.er déc., 1871.

Monteiro, Tobias. *Pesquisas e depoimentos para a História*. Belo Horizonte: Itatiaia;

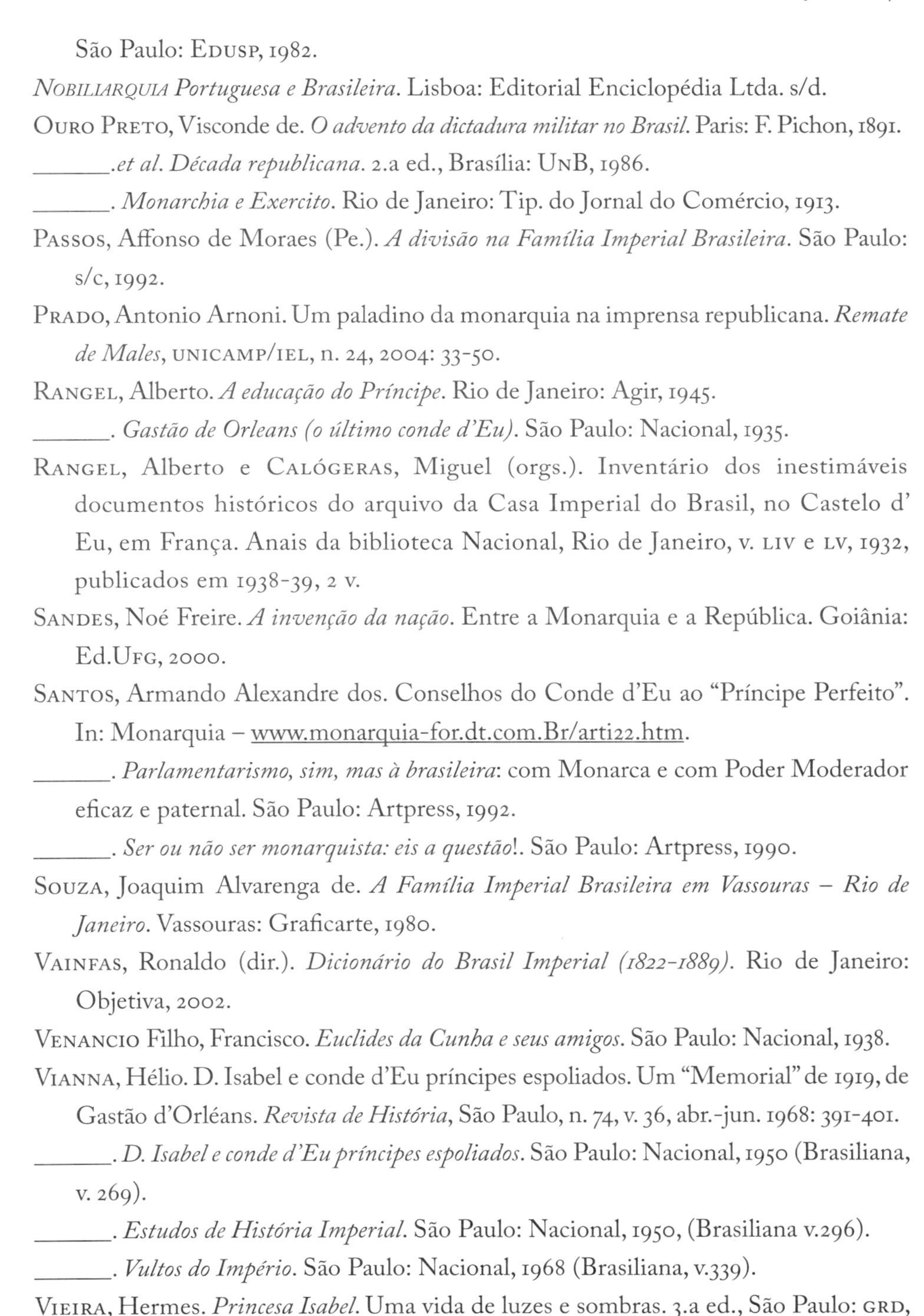

São Paulo: Edusp, 1982.

Nobiliarquia Portuguesa e Brasileira. Lisboa: Editorial Enciclopédia Ltda. s/d.

Ouro Preto, Visconde de. *O advento da dictadura militar no Brasil*. Paris: F. Pichon, 1891.

______.*et al. Década republicana*. 2.a ed., Brasília: UnB, 1986.

______. *Monarchia e Exercito*. Rio de Janeiro: Tip. do Jornal do Comércio, 1913.

Passos, Affonso de Moraes (Pe.). *A divisão na Família Imperial Brasileira*. São Paulo: s/c, 1992.

Prado, Antonio Arnoni. Um paladino da monarquia na imprensa republicana. *Remate de Males*, unicamp/iel, n. 24, 2004: 33-50.

Rangel, Alberto. *A educação do Príncipe*. Rio de Janeiro: Agir, 1945.

______. *Gastão de Orleans (o último conde d'Eu)*. São Paulo: Nacional, 1935.

Rangel, Alberto e Calógeras, Miguel (orgs.). Inventário dos inestimáveis documentos históricos do arquivo da Casa Imperial do Brasil, no Castelo d' Eu, em França. Anais da biblioteca Nacional, Rio de Janeiro, v. liv e lv, 1932, publicados em 1938-39, 2 v.

Sandes, Noé Freire. *A invenção da nação*. Entre a Monarquia e a República. Goiânia: Ed.Ufg, 2000.

Santos, Armando Alexandre dos. Conselhos do Conde d'Eu ao "Príncipe Perfeito". In: Monarquia – www.monarquia-for.dt.com.Br/arti22.htm.

______. *Parlamentarismo, sim, mas à brasileira*: com Monarca e com Poder Moderador eficaz e paternal. São Paulo: Artpress, 1992.

______. *Ser ou não ser monarquista: eis a questão*!. São Paulo: Artpress, 1990.

Souza, Joaquim Alvarenga de. *A Família Imperial Brasileira em Vassouras – Rio de Janeiro*. Vassouras: Graficarte, 1980.

Vainfas, Ronaldo (dir.). *Dicionário do Brasil Imperial (1822-1889)*. Rio de Janeiro: Objetiva, 2002.

Venancio Filho, Francisco. *Euclides da Cunha e seus amigos*. São Paulo: Nacional, 1938.

Vianna, Hélio. D. Isabel e conde d'Eu príncipes espoliados. Um "Memorial" de 1919, de Gastão d'Orléans. *Revista de História*, São Paulo, n. 74, v. 36, abr.-jun. 1968: 391-401.

______. *D. Isabel e conde d'Eu príncipes espoliados*. São Paulo: Nacional, 1950 (Brasiliana, v. 269).

______. *Estudos de História Imperial*. São Paulo: Nacional, 1950, (Brasiliana v.296).

______. *Vultos do Império*. São Paulo: Nacional, 1968 (Brasiliana, v.339).

Vieira, Hermes. *Princesa Isabel*. Uma vida de luzes e sombras. 3.a ed., São Paulo: grd,

1990.

Obras gerais

Action Française Étudiante – Nos maîtres. Le blog des étudiants royalistes. http://afe.joueb.com.

Adduci, Cássia Chrispiniano. Para um aprofundamento historiográfico: discutindo o separatismo paulista de 1887. *Revista Brasileira de História*, São Paulo, v. 19, n. 38, 1999.

Aragão, Pedro de Moniz. João Alfredo e a candidatura do Marechal Hermes. *Revista do IHGB*, Rio de Janeiro, v. 244, 1959: 249-250.

Auras, Marli. *Guerra do contestado: a organização da irmandade cabocla*. São Paulo: Cortez; Florianópolis: UFSC, 1984.

Bach, André *et al. Léxique des termes employés em 1914-1918*. In: *CRID 14-18*, 2006.

Barreiro, Irlys Alencar Firmo. Os guias turísticos em Berlim. *Tempo Social*, v. 17, n. 1, 2005: 299-320.

Bourdieu, Pierre. *Coisas ditas*. São Paulo: Brasiliense, 2004.

Broca, Brito. *A vida literária no Brasil*. 3.ed., Rio de Janeiro: José Olympio, 1975.

Brown, Malcolm. "Un jouyeux entracte". In: Ferro, Marc *et al. Frères de tranchées*. Perrin: LAP, 2005, p. 13-74, p. 34.

Carvalho, José Murilo de. "Forças Armadas na Primeira República: o poder desestabilizador". In: Fausto, Boris (dir.). *O Brasil Republicano – sociedade e instituições (1889-1930)*. Rio de Janeiro; Difel, 1977: p. 181-234.

______. *A formação das almas – o imaginário da República no Brasil*. São Paulo: Companhia das Letras, 1990.

Castries, Duc de. *Le grand réfus du Comte de Cha*mbord. La légitimité et les tentatives de restauration de 1830 à 1886. Paris: Librairie Hachette, 1970.

Costa, João Cruz. *O Positivismo na República*. São Paulo: Nacional , 1956 (Brasiliana, v. 291).

Dézert, Bernard e Bastié, Jean. La géographie em France. *Belgeo*, 2004,1: 69-79. In: http:socgeo.org.

Duroselle, Jean-Baptiste. *La Grande Guerre des Français*. Paris: Perrin, 2002.

Elias, Norbert. *Os alemães*. Rio de Janeiro: Jorge Zahar, 2007.

______. *A sociedade de corte*. Lisboa, Editorial Estampa, 1987.

Febvre, Lucien. *Martinho Lutero, um destino*. Lisboa: Ed. ASA, 1994.

Ferro, Marc. *A Grande Guerra (1914-1918)*. Lisboa: Edições 70, 1993.

______ *et al. Frères de tranchées*. Perrin: LAP, 2005.

Gay, Peter. *A experiência burguesa da rainha Vitória a Freud. O coração desvelado*. São Paulo: Companhia das Letras, 1999.

Fonseca Filho, Hermes da. *Marechal Hermes*. Dados para uma biografia. Rio de Janeiro, s.c.e, 1961.

Guimarães, Lucia Maria Paschoal. *Da Escola Palatina ao Silogeu*: Instituto Histórico e Geográfico Brasileiro (1889-1938). Rio de Janeiro: Museu da República, 2006.

Gunning, Tom. "O retrato do corpo humano: a fotografia, os detetives e os primórdios do cinema". In: Charney, Leo e Schwartz, Vanessa R. (orgs.). *O cinema e a invenção da vida moderna*. São Paulo: Cosac & Naify, 2001: 39-80.

Hahner, June E. *Relações entre civis e militares no Brasil (1889-1898)*. São Paulo: Pioneira, 1975.

Hobsbawm, Eric J. *A era dos impérios*. 9. ed., Rio de Janeiro: Paz e Terra, 2005.

Holloway, Thomas H. *Vida e morte do convênio de Taubaté*. A primeira valorização do café. Rio de Janeiro: Paz e Terra, 1978.

Holzschuch, Myriam Houssay. Mother city: une géographie historique de Cape Town, de la colonisation européenne à la veille de la ségrégation (1652-1900). *Clio en Afrique*. L'histoire africaine em langue française, n. 3, 1997-1998. www.up.univ-mrs.fr/clio-af.

Keegan, John. *História ilustrada da Primeira Guerra Mundial*. Rio de Janeiro: Ediouro, 2005.

______. *La Première Guerre Mondiale. Paris*: Perrin, 2003.

De Laguerivière, Jean. *L'exploration de l'Afrique, une enterprise très littéraire*. Société Internationale d'Étude des Littératures de l'Ère Coloniale – SIELEC. www.sielec.net/pages_site/DESTINATIONS/AFRIQUE/Afrique.htm

Leite, Miriam Lifchitz Moreira. *Livros de viagem* (1803-1900). Rio de Janeiro: UFRJ, 1997.

Lejeune, Dominique. *Les societés de Geographie em France et l'expansion coloniale au XIX.e siècle*. Paris: Albin Michel, 1993.

Machado, Paulo Pinheiro. *Lideranças do contestado: a formação e a atuação das lideranças Caboclas (1912-1916)*. Campinas: Unicamp, 2004.

Martins, Luís. *O patriarca e o bacharel*. 2.ed., São Paulo: Alameda, 2008.

Métayer, Fabrice. Des français à la conquête de l'Afrique occidentale. Le regard d' Henri Gaden à travers sa correspondance, 1894-1899. *Clio em Afrique*, n. 9, 2003. www.up.univ-mrs.fr/clio-af.

Monteiro, Douglas Teixeira. Um confronto entre Juazeiro, Canudos e Contestado. In: Fausto, Boris. *O Brasil Republicano III* (sociedades e instituições, 1889-1930). Rio de Janeiro: Bertrand Brasil, 2006.

______. *Os errantes do novo século*. São Paulo: Livraria Duas Cidades, 1974.

Nora, Pierre. *Les lieux de mémoire*. v. 1. La République. Paris: Gallimard, 1997.

Ouro Preto, Visconde *et al. Década Republicana*.2.a ed., Brasília, 1986.

Pourcher, Yves. *Les jours de guerre*. La vie des français au jour le jour 1914-1918. Paris: Plon, 1994.

Pratt, Mary Louise. *Os olhos do império*. Relatos de viagem e transculturação. Bauru: Edusc, 1999.

Queiroz, Maurício Vinhas de. Messianismo e conflito social. São Paulo: Ática, 1977.

Rodrigues, Leda Boechat. *História do Supremo Tribunal Federal*, t. II (1899-1910). Rio de Janeiro: Civilização Brasileira, 1968.

Salgueiro, Valéria. Grand tour: uma contribuição à história do viajar por prazer e por amor à cultura. *Revista Brasileira de História.* São Paulo, 2002, v. 22, n. 44: 289-310.

Schorske, Karl. *Viena fin-de-siècle*. Política e cultura. São Paulo: Companhia das Letras, 1988.

Surun, Isabelle. L'éxploration de l'Afrique au XIX.e siècle: une histoire pré-coloniale au regard des postcolonial studies. *Revue d'Histoire du XIX.e siècle*, 2006-32, http://rh19.revues.org.

Tuchman, Barbara W. *A torre do orgulho*: um retrato do mundo antes da Grande Guerra, 1890-1914. Rio de Janeiro: Paz e Terra, 1990.

Venayre, Sylvain. La Belle époque de l'aventure (1890-1920). *Revue d'Histoire du XIX.e siècle*. Société d'Histoire de la Révolution de 1848 et des révolutions du XIX.e siècle, 2002-24. http://rh19.revues.org.

Yriarte, Charles. *Les Princes d'Orléans*. Paris: Plon, 1872.

Esta obra foi impresso em Santa Catarina no inverno de 2010
pela Nova Letra Gráfica & Editora. No texto foi utilizada a
fonte Adobe Caslon Pro, em corpo 10 e entrelinha 15 pontos.